シリーズ・中東政治研究の最前線 1
中村 覚 監修

トルコ

間 寧 編著
Hazama Yasushi

ミネルヴァ書房

巻頭言
「関わりのある他者」中東に関する地域研究と政治学の協調と融合へ

中東における政治規範と構造的変動の考察
　中東では，9・11事件，2003年の英米によるイラク侵攻，2011年以降の民主化運動の展開と蹉跌などの衝撃的で予測不可能な政治変動が続いた。この過程では，民主主義，多文化主義，市民社会，市場主義経済などの政治的規範性が中東では実現できるのか否か，比較政治学や政治経済論に関わる問題が改めて浮上している。また，21世紀の中東は紛争やテロリズムが多発する事態に追い込まれている。にもかかわらず，これまでの中東の国際関係論は，大国の中東政策や大量破壊兵器の不拡散問題等に関する研究で一定の成果をあげてきたが，域内関係やテロリズム問題等に関する中東のパターンや戦略に関する研究は希少なままである。中東諸国と日本の関係に関する研究は，端緒についたばかりである。

　「シリーズ・中東政治研究の最前線」全5巻に収録した各論考は，政治学と地域研究の方法を組み合わせて，中東政治の構造的変動を解明しようとしたものである。各巻は，比較政治学的研究と国際関係論的研究の両方を配し，21世紀の中東政治の構造とその変動に関する最新の研究成果を組み込む構成をとっている。本シリーズは，中東政治に関わる膨大な課題に取り組むために，①日本と中東との関係，②政治学と地域研究の協力と融合，③理論研究と事例研究の有機的な関係という方法論上の3つの柱を構想した。

日本と中東との関係
　各巻は，日本と中東の関係に関する章から始まっている。日本の中東との関わりを起点に据えながら，中東を考察する視点の構築を目指しているからである。日本においては，地域研究と政治学のどちらも，欧米の先行研究を批判的にとはいえ，受容する立場であった。非欧米世界に関する欧米による政治学の

眼差しは，オリエンタリズムを孕むと知られている。また日本の地域研究系の中東政治研究者達は，個性的に研究方法を工夫してきたが，その全体像は総括されていない。中東政治研究は，欧米の研究方法，日本の中東との関わり，中東政治構造の分析の3つに関して，何を目指すべきなのか，明確な視座を模索してよい時期を迎えている。

　オリエンタリズムに対する批判は，研究対象の地域を「観察対象としての他者」と見なしてはならないと戒めた。この批判への対応に関して，これまで政治学は自覚的ではなかった。実のところ，中東は日本にとって「関わりのある他者」である。また，滞日する中東の人々やムスリムのプレゼンスに着目するのなら，中東やイスラームは，すでに「日本の中の一部」ですらある。近年，中東諸国と日本の間では，政府，市民，王族（皇室）の三層が関係を深化させる主体となっている。中東諸国と日本の関係は，エネルギー資源の取引や，国家間の外交のみには還元できない広がりに展開している。日本の民間や市民が，投資，援助や協力，文化交流，研究・教育・スポーツなどの多分野で，中東と交流を拡大している。研究作法上の価値中立には今後も十分に注意しなくてはならないとしても，中東が日本にとって「関わりのある他者」である事実について認識が深まれば，中東に対する日本の視点は，オリエンタリズムを脱し，変化していくだろう。

政治学と地域研究の新しい協力と融合

　本シリーズをご一読いただければ，政治学と中東地域研究は，協調と融合を基調とする新しい均衡の段階へ移行したと共感してもらえると考えている。冷戦終結後，政治学者と中東地域研究者には，中東政治に関して共通する関心が浮上してきた。民主化の蹉跌や再権威主義化，市民社会の可能性，格差や貧困の解消，紛争やテロリズムなどの地域的な安全保障の行方などである。

　特に2000年代に入り，日本の政治学研究者と地域研究者の間には，個人と個人の協力，大学組織や研究協力ネットワークを通じて，有機的な協力関係が築かれ始めていた。また，政治学的視点と地域研究的視点は，すでに発表された論考の中で，あるいはある1人の研究者の思考の中で，緊張と葛藤を孕みなが

らも，アプローチと知識の上で融合を模索する段階に進んでいる。2つの知的な体系の対話は，これまでにそれぞれの長所を併せ持つ研究を蓄積してきた。本シリーズの成果は，政治学の方法による発見と地域研究による探求による発見のどちらの方法も，豊穣な実りを生み出す源泉になると鮮明にするだろう。

地域研究者は，型にはまらない問題に取り組もうとする意欲や動機と，資料を探査する能力を併せ持ち，新しい研究テーマを開拓する意志と能力を備えている。たとえば，民主化問題や国際紛争問題は，主に政治学の理論研究者が取り組んできたテーマだと評されてきた。だが，中東地域に関する勘所をもたない政治学研究者は，中東地域の民主化問題や国際紛争を地域の構造やアクターに即して検討する作業を依然として躊躇っている。他方，中東地域研究者は，地域の行方に強い関心を有するからこそ，政治学的なテーマや方法の意義に着目し，中東を論ずるためのモデルや概念を研磨しようとする。このように社会科学的視点の訓練を受けた中東地域研究者（あるいはその逆）が増えると，政治学は中東に関して論ずる機会を増やす波及効果を受けて，理論水準の向上のためにも新しい含蓄を獲得する恩恵を受けている。政治研究や安全保障研究のように研究上のニーズは高いが，参与観察が容易ではない分野に関しては，中東地域研究者の現地での情報収集力や分析力は職人芸であり，政治学の理論的考察に多くの洞察をもたらすことができる。

政治学と地域研究は，中東における多文化主義，市民社会，民主主義，紛争予防，市場主義の実現可能性に関して強い関心を共有する。本シリーズは，それらの価値がなぜ中東では難しいのか検討するだけではなく，中東にも同種の価値観がそもそも備わっているのかについて，検討する視点を大切にする。政治学と地域研究は，特定の国家や政治主体の抱く地域主義，国家主義，民族主義や宗教主義などの党派的態度から一定の距離を置く視点に立つ節度により，諸価値を検討するための共同研究が可能となる。もしも民主主義や市場主義などが平和的に中東で実現されるのなら喜ばしい出来事である。その一方で，それらの中東への機械的な適用は，欧米的価値観を中東に強制するリスクや，平和や繁栄の実現を阻害してしまうリスクを孕んでいると中東政治を観察した者は理解できる。

理論研究と事例研究の有機的な関係

　米国や英国では,「政治学は普遍性を論ずるが, 地域研究は個別事例を論ずる」として両者を対置させる見解が政治学者によって繰り返し著されてきたが (代表的なものは以下。L. W. Pye (ed.), *Political Science and Area Studies, Rivals or Partners?* Bloomington: Indiana University Press, 1995; N. L. Waters (ed.), *Beyond the Area Studies Wars: toward a New International Studies Wars*, Hanover: University Press of New England, 2000.), 日本では地域研究は政治研究の中で一定の地位を得てきたと指摘されてきた (たとえば, 国分良一「地域研究と国際政治学の間」国分良成ほか編『地域から見た国際政治』有斐閣, 2009年を参照)。ここではさらに踏み込んで, 実際には政治学と地域研究の専門性は, 必ずしも普遍的理論とそれが適用される個別事例の分業ではない点を指摘したい。「政治学は理論研究で, 地域研究は事例研究」であるという二項図式は, もはや過去の分け方である。なぜなら, 政治学は地域や国家や越境性を説明できるし, 地域研究は理論研究に貢献できる。このような清新な流動性の中で, 理論研究と事例研究は, 互いを豊かにしている。

　一昔前の研究状況に関して敢えて大分すると, 地域研究は, アイデンティティや政治文化を重視すると見なされ, 他方, 政治学は「合理性」を重視したモデルで説明しようとすると二分法で区別されてきた。だがこのような, 地域研究と政治学の「壁」と称されていた二項対立は, 実は「壁」ではなかった。中東地域研究は, エスニシティ, イスラーム性, 部族などの「文化」で説明すると言われてきたが, 今ではそれらの「文化」は, 政治集団や概念に解体して分析対象とされている。つまり地域研究は, 政治学的な視点や論法を取り入れる改良を進めて, エスニシティ, イスラーム性, 部族等の地域の概念を政治と社会の諸制度, 政党や集団, 行動選択のパターン, 自己認識, 世論, 地域政治における非常に繊細な概念等として再検討しているのである。この過程で地域研究は, 政治学に貢献し, 政治学との垣根を低くする変化を遂げた。また, 政治学は「合理性」では説明できない政治現象を説明する方法を模索してきたが, 地域研究の視点や手法は, 政治学による「合理性」と「非合理性」をめぐる議論を検証し, 代替となる説明を提示するために貢献できるのである。

巻頭言

21世紀における中東政治研究の成果

　本シリーズは，日本における中東政治研究の最新成果を集めた論文集である。中東政治研究の新時代を牽引する斬新なテーマや方法に本格的に取り組んだ成果を披露する。全5巻のラインアップは，第1巻：トルコ，第2巻：シリア・レバノン・イラク・イランの四カ国，第3巻：イスラエル・パレスチナ，第4巻：エジプト，第5巻：君主制諸国である。5人の編著者を中心に総勢40名を超える執筆陣による成果である。

　各巻の章テーマは，以下のように近似している。第1章：日本との関係，第2章：多文化主義，第3章：市民社会，第4章：内政構造，第5章：選挙，議会，政党制等，第6章：地域の外交や安全保障，第7章：大国との関係（対米関係），第8章：テロ対策ないし内戦，第9章：政治経済。ただし，トルコの巻では，地域の外交や安全保障に相当する章に代えて，国内地方政治に関する研究を組み込んでいる。

　各巻で類似したテーマを論ずる構成上の足並みを揃えたことにより，選挙政治や内政構造，大国との関係，政治経済など，地域を骨太に理解するためのテーマと，他方，日本との関係，多文化社会研究，市民社会論，地域政治やテロ対策論など，これまでは希少な研究テーマに重点的に取り組む成果をあげた。中東のサブ地域を横断して類似のテーマを配したので，国家の枠を越えて中東を理解する研究視点に資するであろう。本シリーズが，政治学と地域研究の新しい協力と融合により，その双方と中東政治研究の発展のために貢献できることを切に願ってやまない。

　2019年6月

監修者　中村　覚

トルコ

目　次

巻頭言 「関わりのある他者」中東に関する地域研究と政治学の協調と融合へ

序　章　トルコ政治の枠組み転換………………………………………間　寧…1
 1　トルコ政治の2000年代の枠組み転換……………………………………1
 2　「中心・周辺」枠組み……………………………………………………2
 3　「周辺」強化の要因………………………………………………………3
 4　各章の概観………………………………………………………………10

第1章　日本・トルコ関係………………………………………大曲祐子…17
 ——皇室・政府・市民の「三層外交」——
 1　「親日国」トルコというイメージと実体………………………………17
  先行研究　経済指標と二国間関係
 2　黎明期から関係の実質化まで…………………………………………20
  黎明期：オスマン帝国との接触から第二次世界大戦まで
  戦後の再開，復活　1970〜80年代：政治・経済・文化関係の実質化
 3　冷戦後の戦略的パートナーシップと市民の関係強化………………24
  冷戦の終結：日本の期待は，対トルコ一国からトルコを含む多国間関係へ
  援助対象から多国間援助協力のパートナーへ：国際協力機構（JICA）の取組み
  防災協力：震災を乗り越えるための相互の助け合い
  2000年以降：戦略的パートナーシップの時代へ
 4　皇室，政府，市民の「三層外交」……………………………………29
  エルトゥールル号式典の友好式典化と日土関係への波及効果
  「三層外交」の事例：アナトリア考古学研究所
  市民交流：学術・教育・自治体・友好団体等が紡ぐ関係の広がり
 5　過去・現在，そして未来へ……………………………………………34

第2章　多文化主義………………………………………………柿﨑正樹…43
 ——公正発展党のアレヴィー政策の事例から——
 1　トルコ社会の多様性とアレヴィー……………………………………43
 2　欧米とトルコにおける多文化主義……………………………………44
  欧米諸国における多文化主義導入の経緯

目次

　　　トルコにおける「マイノリティ」概念
　　　トルコにおける多文化主義の登場
　3　トルコ政治史におけるアレヴィー……………………………………48
　　　トルコ共和国とアレヴィー　　アレヴィーに対する政治的暴力
　　　アレヴィー社会運動
　4　公正発展党によるアレヴィー政策……………………………………51
　　　アレヴィー社会の政治的要求　　「アレヴィー・オープニング」
　　　「アレヴィー・オープニング」に対する批判
　　　イスラーム的多文化主義の限界　　政治に翻弄されるアレヴィー社会
　5　今後の見通し……………………………………………………………58

第3章　市民社会 ……………………………………………… 幸加木　文 … 65
　　　―― 世俗・宗教軸と対政権軸 ――
　1　政治と市民社会をめぐる問題 …………………………………………65
　2　市民社会に関する論点と関心 …………………………………………66
　　　市民社会に関する論点　　市民社会への関心
　3　市民社会の政治的位置づけと経緯 ……………………………………69
　　　共和国初期〜1970年代：市民社会の解体と形成
　　　1980〜90年代：統制から自由化へ
　　　AKP政権第1期（2002〜07年）・第2期（2007〜11年）：市民社会の発展
　　　AKP政権第3期以降（2011年〜）：政権の権威主義化と市民社会との対立
　4　公正発展党政権期における市民社会組織の諸相 ……………………77
　　　宗教的市民社会組織　　世俗的市民社会組織
　　　世俗的／宗教的CSOの比較
　5　二元論を超えて…………………………………………………………86

第4章　政治体制 ………………………………………………… 間　寧 … 95
　　　―― 経済，宗教，政権支持 ――
　1　一党優位制の台頭から定着へ …………………………………………95
　2　一党優位制下の投票行動 ………………………………………………96
　　　台頭から定着へ　　業績投票から亀裂投票へ？
　3　研究設計…………………………………………………………………98

　　　　　データ　　従属変数　　独立変数　　他のデータセットとの比較
　4　分析結果 ·· 103
　　　　　政権支持における両極化　　宗教性と政権支持
　5　価値観戦略の限界 ·· 109

第5章　政党制 ·· 荒井康一 ··· 115
　　　　── 10パーセント阻止条項への有権者と政党の戦略 ──
　1　トルコの政党制に関する研究 ·· 115
　2　阻止条項と戦略投票の理論 ·· 118
　　　　　阻止条項とは　　戦略投票の理論
　3　トルコにおける阻止条項と多党化 ·· 119
　　　　　トルコの選挙制度　　トルコにおける多党化の背景
　4　トルコにおける戦略投票の実態 ·· 122
　　　　　世論調査の影響　　国会議員選挙と地方選挙の差異
　5　阻止条項と政党の戦略変化 ·· 125
　　　　　政党の戦略　　親クルド政党の戦略
　6　高い阻止条項と政党制 ··· 127

第6章　地方行政 ··· 山口　整 ··· 133
　　　　── 分権化から再権威主義化へ ──
　1　地方行政の再権威主義化 ── ケマリスト体制から公正発展党政権へ ········· 133
　2　地方行政の矛盾と分析の視角 ··· 134
　　　　　地方行政の特徴と先行研究の傾向
　　　　　地方行政におけるケマリスト体制の矛盾と制約
　　　　　分析の視角としての親イスラーム政党・クルド問題
　3　AKP政権による地方分権化のアジェンダ化 ··· 137
　　　　　第1期AKP政権による地方行政関連諸法の改正
　　　　　AKP政権はなぜ地方分権化をアジェンダ化したのか
　　　　　AKP政権の楽観的なクルド問題観と地方分権化
　4　地方分権化の後退 ·· 142
　　　　　改正広域市法の成立とその性質
　　　　　クルド問題の混迷化と「補完性の原理」

　　　　生存戦略から政権基盤の強化へ
　　　　クーデタ未遂事件と地方行政の強権化
　5　トルコ地方行政はどこへ行くのか……………………………147

第7章　外　交　　　　　　　　　　　　　　　　　今井宏平…155
　　　── 米国中東政策の「請負」理論とその検証 ──

　1　国際秩序安定化政策としてのオフショア・バランシング……155
　2　オフショア・バランシングの理論的考察………………………156
　　　　グランド・ストラテジーとしてのオフショア・バランシング
　　　　責任委譲国と責任請負国の関係
　　　　オフショア・バランシングの理論的課題
　3　中東におけるオフショア・バランシング………………………160
　　　　中東におけるオフショア・バランシングの史的展開
　　　　責任請負国としてのトルコの位置づけ
　4　事例研究 ── オバマ政権下での公正発展党の域内外交 ………164
　　　　オフショア・バランサーを志向したオバマ政権
　　　　公正発展党の外交ドクトリン
　　　　オバマ政権第1期（2009〜12年）のトルコとアメリカの関係
　　　　オバマ政権第2期（2013〜16年）のトルコとアメリカの関係
　5　評　価 ── オバマ政権下でトルコは責任請負国だったのか……174
　6　オフショア・バランシングの課題………………………………175

第8章　国内治安　　　　　　　　　　　　　　　　岩坂将充…179
　　　── クルド問題における和平の試みと失敗 ──

　1　クルド問題「解決」の試み………………………………………179
　2　PKKとトルコ………………………………………………………180
　　　　PKKをめぐる研究とその動向　　PKKとその歴史
　3　軍事的アプローチから政治的アプローチへ……………………185
　　　　オザルによる政治的アプローチの試み　　AKP政権と「民主的開放」
　4　AKP政権と「解決プロセス」……………………………………191
　　　　「解決プロセス」の開始　　ドルマバフチェ合意およびオジャラン書簡
　5　遠のくクルド問題「解決」………………………………………194

第9章　政治と経済 ……………………………………… 間　寧…201
　　　　　── 経済自由化と社会的保護 ──
　　1　経済自由化政策の貧困層への影響 …………………………… 201
　　2　AKP政権下での成長と分配 …………………………………… 202
　　　　　経済成長　　所得分配
　　3　貧困層の相対的厚生 …………………………………………… 205
　　　　　客観的指標と主観的指標の差異　　社会移転の進展　　社会移転の限界
　　4　経済自由化の現実主義 ………………………………………… 212

終　章　「周辺」強化の定着過程 ……………………… 間　寧…219
　　1　「周辺」強化がもたらしたもの ……………………………… 219
　　2　政治制度 ………………………………………………………… 220
　　　　　非公式な制度化　　大統領制下での選挙力学
　　3　社会的多様性 …………………………………………………… 222
　　　　　多様化政策の限界　　社会の分断性と重層性
　　4　国内治安と国際関係 …………………………………………… 224
　　　　　対PKK交渉方法と功績独占動機　　国際・対日関係

あとがき　229
索　引　231

トルコの政党名一覧

略称	日本語名	トルコ語名	英語名
AKP	公正（と）発展党, 公正開発党	Adalet ve Kalkınma Partisi	Justice and Development Party
ANAP	祖国党	Anavatan Partisi	Motherland Party
AP	公正党, 正義党	Adalet Partisi	Justice Party
BAĞ	独立, 無所属候補	bağımsızlar	indipendent
BBP	大統一党	Büyük Birlik Partisi	Great Union Party
BDP	平和民主党	Barış ve Demokrasi Partisi	Peace and Democracy Party
BP	統一党	Birlik Partisi	Unity Party
CGP	共和信頼党	Cumhuriyetçi Güven Partisi	Republican Reliance Parey
CHP	共和人民党	Cumhuriyet Halk Partisi	Republican People's Party
CKMP	共和農民国民党	Cumhuriyetçi Köylü Millet Partisi	Republican Peasants and Nation Party
CMP	共和国民党	Cumhuriyetçi Millet Partisi	Republican Peasants and Nation Party
DEHAP	民主人民党	Demokratik Halk Partisi	Democratic People's Party
DP	民主党	Demokrat Parti	Democratic Party
DemP	民主党	Demokratik Parti	Democratic Party
DSP	民主左派党	Demokratik Sol Parti	Democratic Left Party
DTP	民主社会党	Demokratik Toplum Partisi	Democratic Society Party
DYP	正道党	Doğru Yol Partisi	True Path Party
EDÖB	労働, 民主主義と自由主義ブロック	Emek, Demokrasi ve Özgürlük Bloku	Labor, Democracy and Freedom Block
FP	美徳党	Fazilet Partisi	Virtue Party
GP	信頼党	Güven Partisi	Reliance Party
GenP	青年党	Genç Parti	Young Party
HADEP	人民（の）民主主義党	Halkın Demokrasi Partisi	People's Democracy Party
HDP	人民（たちの）民主党	Halkların Demokratik Partisi	Peoples' Democratic Party
HEP	人民（の）労働党	Halkın Emek Partisi	People's Work Party
HP	人民党	Halcı Parti	People's Party
MÇP	民族主義者労働党	Milliyetçi Çalışma Partisi	Nationalist Work Party
MDP	民族主義者民主党	Milliyetçi Demokrasi Partisi	Nationalist Democrat Party
MHP	民族主義者行動党	Milliyetçi Hareket Partisi	Nationalist Action Party
MP	国民党	Millet Partisi	Nation Party
MSP	国家救済党	Milli Selâmet Partisi	National Salvation Party
RP	福祉党, 繁栄党	Refah Partisi	Welfare Party
SP	幸福党, 至福党	Saadet Partisi	Felicity Party
SHP	社会民主人民党	Sosyal Demokrat Halkçı Parti	Social Democratic Populist Party
TBP	トルコ統一党	Türkiye Birlik Partisi	Unity Party of Turkey
TİP	トルコ労働者党	Türkiye İşçi Partisi	Workers' Party of Turkey
YTP	新トルコ党	Yeni Türkiye Partisi	New Turkey Party

出所：荒井康一作成。

中東地図

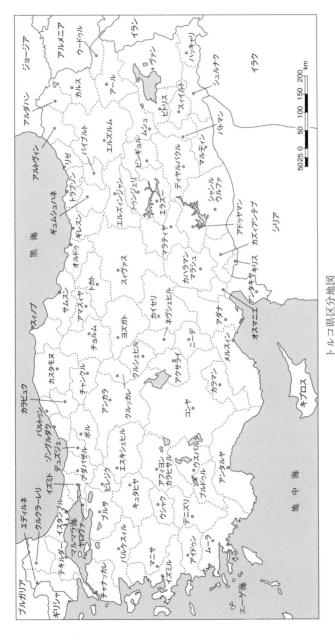

トルコ県区分地図

注：○は県庁所在地（il merkezi）。県庁所在地名は以下を除き県名と同じ。アンタキヤ（ハタイ県）、イズミト（コジャエリ県）、アダパザル（サカリヤ県）。

序章

トルコ政治の枠組み転換

間 寧

1 トルコ政治の2000年代の枠組み転換

　トルコでは1923年の共和制樹立以来，西欧的近代化を志向する「中心」が伝統的価値観を持つ「周辺」を抑えて政治を支配してきた。「中心」とは軍部や司法府という国家エリートとその支持者，「周辺」とは宗教など伝統的価値観や独自の民族・宗派意識を持つ勢力である。この構図が大きく変わったのが2000年代である。過去約20年間のトルコ政治は，簡潔に言えば，「中心」に対して「周辺」の権利と能力が強まる (empowered) 過程だったと言える。本書はその現象を，内政，外交，経済から分析した試みの成果である。本書の計画では，各章のテーマを定めたが，それらを束ねる共通テーマをあえて設けなかった。にもかかわらず，各章の議論は何らかの形で「周辺」強化という構造変容を描くことになった。本書の総合的知見がこのような下からの積み上げにより得られたことは，その信憑性について著者一同に自信を与えてくれる。

　本書の各著者が明らかにするように，第1に内政では，軍部や司法府という「中心」が政治的影響力を失い，「周辺」の親イスラームの公正発展党 (AKP) が長期政権を確立した。国家イデオロギーは，トルコ民族以外の民族意識を認めない一元的国民国家主義から，多様な民族や宗派の存在を認める方向に変質したし，地方行政に対する内務省権限が弱まった。市民社会においても，イスラーム関連組織が基本的人権など普遍的価値観を訴えることで影響力を増した。第2に対外関係では，欧米圏の周辺部と見なされてきたトルコが，ユーラシア圏の中心としての位置どりを志向し，中東地域での自らの戦略的価値を高めた。

また国際社会で地政学的かつ価値観的に周辺に存在するトルコと日本が，両者間の経済的・地理的疎遠性にもかかわらず，政治や文化交流の点で関係を深めている。第3に経済では，貧困層の厚生の改善が見られた。

トルコ政治における上述の変化のすべてが「周辺」強化で説明されるわけではない。「周辺」の中身は以下で論じるように多様であり，すべての勢力の権利と能力が向上したとは言えない。それでも，従来の「中心・周辺」枠組みが再考を迫られているとは言えよう。本章では，まず「中心・周辺」枠組みとは何か，次に「周辺」の権利と能力の強化を可能にした政治経済的構造変化を論じる。その上で，「周辺」強化を実証的に分析した各章の位置づけと概観を示す。

2　「中心・周辺」枠組み

トルコにおける最も重要な社会的亀裂が「中心・周辺」であると論じたのはマルディンである（Mardin 1973）。彼によれば，トルコではオスマン帝国以来，スルタンとその臣下の官僚からなる「中心」と遊牧民や部族などの原始的共同体からなる「周辺」が社会における最も重要な対抗軸を形成していた。スルタンは多くの官僚を非ムスリムから登用し，共同体ではなくスルタンへの帰属意識を強く持つ官僚を養成しようとした。青年トルコ人革命（1908年）や共和制樹立（1923年）などの近代化過程を経た後も「中心・周辺」亀裂は，その「中心」が世俗主義とトルコ国民国家を擁護する国家エリートに入れ替わった形で存続した。すなわち共和国初期に共和人民党（CHP）は西洋化した地方エリートと連携して一党独裁政権を維持し，一般大衆を疎外した（Özbudun 1970, 400）。

ただし「周辺」は次第に，「中心」の公式文化（official culture）への反発の性格を強め，原始共同体的差異を超えた連帯が地方の間で広がった。「周辺」の連帯の代表的な現れが，1946年の複数政党制移行後の民主党（DP）の台頭である。同党は，敬虔ムスリム，農民，実業家という多様な反「中心」諸勢力から横断的な支持を得て，1950年にトルコ初の政権交代を果たした。DPはCHPに比べてより大衆的支持基盤を持っていたがその政権は次第に独裁化すると

1960年に軍事クーデタで転覆された。

このクーデタが「中心」が「周辺」からの権力奪回を目的としていたとは言い切れないものの、結果として軍部という「中心」による政治制度管理に道を開いた。1961年の総選挙ではDPの後継政党である公正党（AP）が台頭、その後2回の総選挙で与党となったが、1971年の軍部の「書簡によるクーデタ」で政権から追われた。この間、APの経済界支持基盤は大資本と中小資本に分裂し、後者を代弁する親イスラーム政党が1970年に結党されていた。その影響もありAPは1973年の総選挙では第一党に返り咲けなかった。この時期はどの政党も連立を組まなければ政権を樹立できなかった上、政権は短命で治安も悪化した。

1980年には極左右派テロ応酬を収束させるとの名目で軍事クーデタが起きた。1980～83年に政権を維持した軍部は、1960年クーデタ時に比べて政治体制再構築により深く関わった。憲法体制は民主主義の点で後退、旧政党と旧政治家は政治活動を禁じられ、1983年の民政移管総選挙には新設3党しか参加を認められなかった。その中で「中心」と「周辺」の両要素を持つ祖国党（ANAP）が勝利し単独政権を築いたが、前国軍参謀総長である大統領は世俗主義擁護のために拒否権行使や違憲立法審査請求を辞さなかった。旧政治家は1987年総選挙から政界に復帰、また1989年以降は大統領に軍部出身者はもはや選出されなくなった。それでも軍部は、その政治的関与を国家安全保障会議の場で合法化されていたし、クルド武装組織であるクルディスタン労働者党（PKK）との戦いを事実上主導していた。半「周辺」的ANAP政権が1991年総選挙で退陣した後は2002年まで連立政権が続いた。「周辺」を広範に代弁する政党は、AKPが2002年に政権に就くまで現れなかった。しかしこの間、「周辺」が台頭する条件は醸成されつつあった。

3　「周辺」強化の要因

トルコにおける今日の「周辺」強化の要因は、1990年代に3つの領域で形成されていた。第1に、トルコの急速な経済・政治的グローバル化である。その

うち経済的グローバル化は1990年代には世界の経済的グローバル化より速く進み（図序 - 1），民主化と資本費用低下を促進した。民主化に関しては，国外からトルコに向けた衛星民間放送が1980年代末に始まったのをきっかけに国家独占が有名無実化し，1993年にテレビ・ラジオ放送の国家独占規定が撤廃された。イスラーム系団体も放送局を開設したことで，公共放送でも「中心」と「周辺」の競合が始まった。トルコと欧州連合（EU）の関税同盟は1995年に締結されたが，欧州議会は同協定批准の条件として，トルコ憲法の民主化を求めた。これに対応した1995年の憲法改正が市民社会組織への法規制を緩和したことで，「周辺」勢力の活動を促進した。

　資本費用低下としては，1989年の資本取引自由化による外国資本の流入や1995年末に発効した EU 関税同盟が，イスラーム系金融や中小企業の台頭を促した。金利や輸入品価格の低下は低所得層にも消費の機会を広げた[8]。これは経済界における「中心・周辺」関係にも変化をもたらした。トルコ経済の成長はイスタンブルなど国内西部の大企業が牽引してきたが，1990年になると内陸部（中央アナトリア）で「アナトリアの虎」と呼ばれる輸出志向中小企業が急成長したのである[9]。西部大企業の経営者が世俗主義志向だったのに対し，アナトリアの虎には宗教心の強い経営者が多かった[10]。彼らは独立企業家連盟（MÜSİAD）を1990年に結成して，西部大企業が1970年代に結成したトルコ産業家実業家協会（TÜSİAD）に加盟できない中小企業を吸収するとともに，親イスラーム政党との関係も構築した。資本額では圧倒的に劣るものの，企業数では TÜSİAD を上回ることが（Tanyılmaz 2015, 105），MÜSİAD およびその後設立されたイスラーム系企業家団体の政治力の源泉となった[11]。

　政治的グローバル化（図序 - 2）では，トルコは第二次世界大戦以降，経済開発協力機構（OECD），欧州会議（Council of Europe），北大西洋条約機構（NATO）をはじめとする多様な国際機関に加盟してきたこともあり世界平均を上回ってきたが[12]，その傾向は1990年に強まり，トルコの国際社会との関係を緊密化した。1990年代，トルコは冷戦構造崩壊で旧ソ連圏に誕生した新興独立国家などに対しビザ発給条件を緩和し（Kirişci 2006, 350-353），またイラク，ソマリア，ジョージア，クロアチア，ボスニア・ヘルツェゴビナ，マケドニア，コソヴォなどで

序章　トルコ政治の枠組み転換

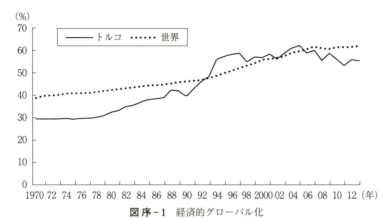

図序-1　経済的グローバル化

注：経済的グローバル化は，貿易額（対GDP）（22％），外国直接投資残高（対GDP）（27％），証券投資残高（対GDP）（24％），外国人に対する所得支払い額（対GDP）（27％），非関税障壁（23％），平均関税率（28％），対貿易課税（対歳入比）（26％），資本勘定規制（23％）の合成指標（各項目の比重は括弧内の値）。
出所：Dreher（2006）のデータより筆者作成。

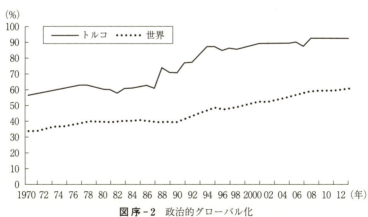

図序-2　政治的グローバル化

注：政治的グローバル化は，国内大使館数（25％），加盟している国際機関数（27％），国連安全保障理事会決議による任務への参加（22％），国際条約数（26％）の合成指標（各項目の比重は括弧内の値）。
出所：Dreher（2006）のデータより筆者作成。

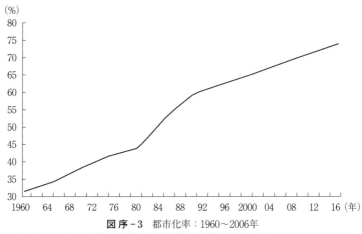

図序-3 都市化率：1960〜2006年
注：総人口に占める都市人口（県庁・郡庁所在地の市内人口）の比率。
出所：World Bank ウェブサイト（https://data.worldbank.org/）データより筆者作成。

国連平和維持活動に参加して非西欧圏における存在感を増し（Perry and Smith 2013），AKP政権が多元的外交を展開するための基礎を築いた（今井 2015；間 2010）。

　第2に，国内人口移動である。都市における「周辺」出身者の人口比が高まることで「周辺」の政治的影響力が強まるとともに，「周辺」文化の「中心」への浸透，たとえばアラブ音楽風のトルコ歌謡曲（アラベスク）の広まりなどが見られた。1980〜90年代半ばまでが都市化の速度は最も高く，1985年頃に都市人口が農村人口を上回った（図序-3）。都市への農村人口の大規模流入は，都市の拡大部分における「周辺化」をもたらした。「周辺」からの移住者の多くは国有地を非合法的に占拠して建てた住居を自宅としたり，増築後に賃貸あるいは転売したりしていた。インフラが整備されていないこのような都市「周辺」部の住民の日常生活を手助けしたのが，1990年代に入って組織政党化した親イスラーム政党（RPからAKPまで）だった。親イスラーム政党は，1994年以降の統一地方選挙で，市長および市議会選挙で第一党の座を維持して国家統治制度の「周辺」で基盤を固めた。(13)

　親イスラーム政党市政が総選挙のための最大の集票マシンと化したことで，「周辺」が「中央」を攻略する準備が整ったことは，国内移民最大の受け入れ

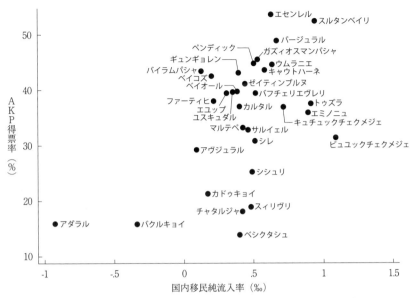

図序-4 国内移民純流入率と親イスラーム政党（AKP）得票率：2002年総選挙イスタンブル県の郡別結果

注：国内移民純流入率とは、国内移民流入率から国内移民流出率を差し引いた比率（1000分の1表示。以下も同様）。国内移民流入率とは、県外から該当郡への国内移民流入数が該当郡人口に占める比率。国内移民流出率とは、該当郡から県外への国内移民流出数が該当郡人口に占める比率。国内移民数は、1995年から2000年の間に関するもの。1995年と2000年の国勢調査の人口統計からTurkStatが算出した。国内移民純流入率とAKP得票率の間のピアソン相関係数は0.484、アダラル（諸島郡）を除いても0.376（有意水準はそれぞれ0.005と0.037）。

出所：トルコ統計局（TurkStat）ウェブサイト（http://www.turkstat.gov.tr）データより筆者作成。

県であるイスタンブル県の例からも読み取れる。同県ではAKPが初勝利した2002総選挙で、国内移民純流入率が多い郡ほどAKPの得票率は高かった（図序-4）。ただし、親クルド政党である民主人民党（DEHAP）も、AKPと同様の、しかもより顕著な傾向を示していた（図序-5）。DEHAPのこの傾向は、国内移民の最大の供給源が国内東部そして特にクルド地域であることによる。いずれにしても、宗教性とクルド民族という「周辺」を最も代弁する政党が、国内移民者の間に強い支持基盤を打ち立てたと言える。

第3に、「中心」の国家エリート自身も「周辺」台頭の種を蒔く結果となったのが、1982年憲法による宗教教育の促進である。1980年クーデタ後に軍部主導で制定された同憲法は、トルコ・イスラーム総合という国家イデオロギーを

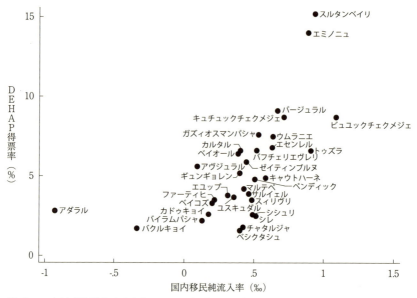

図序-5 国内移民純流入率と親クルド政党 (DEHAP) 得票率：2002年総選挙イスタンブル県の郡別結果
注：国内移民純流入率と DEHAP 得票率の間のピアソン相関係数は0.624, アダラル（諸島郡）を除くと0.712（有意水準はいずれも0.001）。
出所：TurkStat ウェブサイト (http://www.turkstat.gov.tr) データより筆者作成。

採用した。これは，ウンマ（ムスリムの共同体）の概念とトルコ民族主義の融合で，左翼主義に対抗するイデオロギーだった。軍部はそれまで世俗主義を固守してきたものの，1970年代末の左右両派テロの経験から，社会の安定化のためにはイスラーム的倫理が有益と考えた（Eligur 2010；間 2004）。

具体的政策として軍事政権は，実質的には宗教授業である「宗教・倫理授業」を小中学校で義務とする規定を1982年憲法に盛り込んだ。さらに，聖職者養成校（İmam-Hatip Liseleri）から大学の神学部以外の学部への進学を可能にする教育基本法改正を1983年に実施した。同校は宗教教育に加えて一般教育をも，普通校と同じカリキュラムで行っていた。一般教育と信仰心を同時に身につけることができる利点から，聖職者養成校生徒の比率は1980年代以降急増，1990年代半ばには中高生のほぼ1割に達した（図序-6）。同校学生の中では法学部や政治学部へ進学し，高級官僚職に就く者が急増した。これに危機感を抱いた

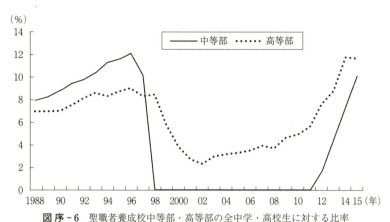

図序-6 聖職者養成校中等部・高等部の全中学・高校生に対する比率

注：聖職者養成校中等部は1997年に閉鎖されたが2012年に再開した（聖職者養成中学ないし聖職者養成高校の中等部として設立）。2014年には聖職者養成通信高校が開設された（グラフの数値に含まれている）。

出所：Çakır, Bozan, and Talu（2004）；T. C. Milli Eğitim Bakanlığı Strateji Geliştirme Başkanlığı（2018）より筆者作成。

　軍部や他の世俗主義勢力の意向を受けて1997年，連立政権が8年間一貫制義務教育を導入して聖職者養成校の中等部を廃止，さらに大学入試で（同校を含む）職業専門高校出身が専門外の学部を受験する場合に0.3の配点比重を課したため同校学生数は急減したが，AKP政権が2010年に配点比重を廃止するとその数は急速に回復した[17]。

　このようにトルコにおける「周辺」の強化は，(1)経済・政治的グローバル化による「中央」の独占的地位の低下，(2)国内人口移動による都市と中央政府での「周辺」の政治的影響力拡大，(3)軍事政権による宗教教育促進政策により促進された。(1)と(2)は国際的または国内的な環境という外生的要因であるため政治主体にとっては避けがたいのに対し，(3)は政治指導者の選択に起因する（ただしその期待とは異なる）内生的要因である。両者を比べると，前者の外生的要因の影響がより強いと言えよう。それではこのような「周辺」強化は，トルコ政治の枠組を具体的にどのように転換させたのだろうか。以下で各章の議論を紹介する。

4 各章の概観

本章に続く第1章「日本・トルコ関係——皇室・政府・市民の『三層外交』」（大曲祐子）は，トルコと日本の交流の歴史について，単なる象徴的な出来事の紹介でなく，日本の皇室，政府，市民のレベルでの多層的な交流の視点に立ち，19世紀から今日まで漸進的に発展してきた過程を膨大な一次資料に基づき描き出す。その中で両国関係における今後の課題も浮き彫りにされている。両国間交流の最前線に立つ筆者ならではの情報量と体験に裏打ちされた実証的議論が展開されている。

第2章「多文化主義——公正発展党のアレヴィー政策の事例から」（柿﨑正樹）は，主に「周辺」に位置する社会集団の多様性と国家による認知を取り上げる。トルコには宗教，言語，民族の点で多様な集団が存在するにもかかわらず，トルコ国家が社会集団の多様性を公に認めるようになったのは1990年代になってからである。同章は宗派的集団であるアレヴィーを例にAKP政権が進めようとした多文化容認政策の目的とその限界を考察する。その目的は，少数派権利をイスラームという枠組の中で認めることにより，AKPがその代弁者になることだった。そのためアレヴィーにとっては，このような制限付き多文化主義は同化主義に近かった。そのためアレヴィー集団は，多文化主義的権利ではなく，より普遍的な市民的権利に基づく平等を求めたことが論じられている。

第3章「市民社会——世俗・宗教軸と対政権軸」（幸加木文）は，政治社会的変化が市民社会に及ぼした影響を分析する。トルコの市民社会はそもそも分断的で，特に世俗派と宗教保守派の対抗軸が顕著だった。しかし市民社会の現状は，世俗派対宗教保守派の二項対立から，より多元的な価値観を包摂する方向に向かっている。それは，世俗派と宗教保守派の多様な市民社会団体がAKP政権に態度を時として収斂させた事件にも見て取れる。同章はトルコ政治と市民社会組織との関係を通時的に捉えた上で，AKP政権期の世俗派と宗教保守派を代表する主要な市民社会組織を比較分析している。

第4章「政治体制——経済，宗教，政権支持」（間寧）は，一党優位制下の政治体制を考察する。一般的に一党優位制の定着期には政権は政策実績よりも価値観に訴えて有権者の支持を固定化しようと試みる。AKPも宗教性の強調で敬虔な有権者の支持固定化を狙っているが，その戦略は功を奏しているのかを4時点の世論調査データを用いて検証した。そして価値観戦略が，(1)疎外された（たとえば非宗教的な）集団の反感を強めるという代償を伴うことと，(2)価値観戦略が宗教的な人々の業績投票傾向を抑えられなかったことを示した。価値観戦略の低調さは，2015年6月総選挙でのAKPの議会過半数喪失や，2017年4月の大統領制導入のための憲法改正国民投票での宗教的保守層の支持低下にも表れていると論じる。

　第5章「政党制——10パーセント阻止条項への有権者と政党の戦略」（荒井康一）が取り上げた10％阻止条項，いわゆる足切り条項は，小党乱立を防ぐ目的で1982年憲法に導入されたが，「周辺」勢力である親イスラーム政党に議席を取らせないことも意図されていた。それが同憲法成立から20年後，当初の意図とは逆に，「周辺」勢力の単独政権樹立に大きく貢献した。2002年総選挙では得票率が34％でしかなかったAKPは同条項がなければ議会議席の3分の2をも取ることは不可能だった。同章は，10％阻止条項が政党制にもたらす影響を有権者と政党の両面で分析した。そして，有権者は自分の投じた票が死票になる状況を，政党は足切りに遭う事態をそれぞれ避けるために戦略的に行動する結果，（極小政党は淘汰されるものの）足切り水準の中小政党が生き残ることにより，二大政党制は実現しなかったと論じた。

　第6章「地方行政——分権化から再権威主義化へ」（山口整）は，AKP政権による地方行政が，当初は分権化に進んだがやがて権威主義化したのはなぜかという疑問を提示した。そして地方分権がAKP政権にとって，まずは国家エリートの影響力を削ぐための，次には政権基盤を強めるための手段だったと論じている。「中心」を支配してきた国家エリートは，単一民族国家と世俗主義という国家原則を，中央集権制により全土に貫徹させてきた。このような国家原則の縛りを弱めるには，地方自治体の権限を拡大することが効果的だった。AKP政権はその初期，「中心」出身の大統領やで司法府の強い抵抗に遭ってい

たからである。しかしAKP政権が第2期以降に国家エリートの力を削ぐと，地方分権の便宜的理由は消滅した。代わりに，大都市自治体による周辺自治体の統合吸収などにより地方自治が後退したのである。

第7章「外交——米国中東政策の『請負』理論とその検証」（今井宏平）は，超大国（米国）が地域大国（事例としてトルコ）に地域秩序の維持を委託するというオフショア・バランシング政策を分析した。同政策でトルコは，冷戦期においては対ソ防衛のための欧州の「周辺」（最前線）国と位置づけられていたが，冷戦構造崩壊後は中東の「中心」的な国としての役割を強めた。しかしオバマ政権下（2005～17年）についての同章の事例分析によると，オフショア・バランシング政策が期待された成果をあげたとは言い難い。その主な理由は，第1に，米国が委託側としての一貫した戦略を持たず単に中東への関与を減らしたこと，第2に，米国が個別政策でトルコの協力を求める一方で，全体政策をトルコに関与させずに進めたことで両者間の信頼が低下したことである。

第8章「国内治安——クルド問題における和平の試みと失敗」（岩坂将充）は，AKP政権が同じ「周辺」勢力として近い関係にあるクルド人に関わる問題への対応を，歴史的背景をも踏まえつつ分析した。それによると，クルド問題を和平で解決しようとするエルドアンの試みは，「周辺」をも包摂するトルコ国民意識という理念とクルド人からの支持固めという思惑から始まった。しかし，親クルド政党の和平過程への関与が深まると，理念と思惑の齟齬が生じた。和平が達成されたとしてもその業績をエルドアンは独占できないからである。彼は理念よりも思惑を優先したことで，和平過程を自ら破棄したように見える。

第9章「政治と経済——経済自由化と社会的保護」（間寧）は，AKP政権下で進んだ経済自由化が所得分配にどのような影響をもたらしたのかをトルコ国家統計局のデータなどを用いて検討した。AKP政権期の新自由主義経済プログラムはいわばその修正版に基づいていたことで，経済成長と同時に所得分配と社会的保護が重視された。第1に，年金・保健の全体水準引き上げではなく官民格差の是正により，貧困層への相対的支給額が引き上げられた。これが同時に，世俗主義エリート支持勢力から親イスラーム派支持勢力への所得再分配であることは，この改革の政治的合理性を示唆する。第2に，社会扶助は，貧

困層を優先しつつもそれより上位所得の家計にも広く支給された。社会扶助はその対象と支給額を法律ではなく，家族社会政策省が一方的に定めるため，国民の社会権というより，政府が与える恩恵と認識されがちである。理論および実践的にも改良修正された新自由主義政策は，トルコのAKP政権の政治経済的現実に応じてさらに合理化され実施されたと論じる。

全9章の分析から導かれる結論を終章「『周辺』強化の定着過程」でまとめ，今後のトルコ政治の展望で締めくくる。

注

(1) 官僚機構でムスリムを相対的に冷遇するこの方法は次第に宗教指導者（ウラマー）層からの批判を招いた。

(2) DP政権期，軍部の政治的影響力，所得，および社会的地位は低下した。これに不満を持つ将校は革命秘密結社を1954年に結成していた。しかしクーデタの直接の原因は戒厳令，野党弾圧，デモ隊への発砲命令だった（Karpat 2004, 241-257）。クーデタの目的が旧秩序の回復ではないことは，この政変が民主的憲法体制の導入と早期総選挙で幕を下ろしたことでも明らかである（Karpat 2004, 248）。

(3) たとえば1961年のトルコ国軍内務法第35条で，国土と憲法で定められたトルコ共和国を守ることが国軍の任務として定められた。

(4) AP政権が社会改革を進めないことに不満を抱いた若手将校が革命政権樹立のためのクーデタを計画したが，それを察知した国軍指導部は，首相に書簡を送って退陣させることで革命的クーデタを阻止した。

(5) それまでは，大統領は建国以来一例を除き軍部出身者であった。また1987年には首相が軍内部の既存序列を飛び越して参謀総長を任命し，文民と武官の力関係の変化を印象づけた。

(6) 他方，1980年代以降のトルコ経済自由化で，国家企画庁を頂点とする経済政策省庁の権限が縮小し，経済官僚の影響力は低下した。

(7) 世界各国のグローバル化をドレハーは，経済的グローバル化（36％），社会的グローバル化（37％），政治的グローバル化（27％）という3つのカテゴリーに基づいて指標化した（括弧内の比率は各カテゴリーの比重）（Dreher 2006）。トルコでは特に，経済的グローバル化と政治的グローバル化が1990年代に進展した。

(8) 銀行は外国市場で低金利で調達した資金を国内で貸し出した（Herr and Sonat 2016, 46）。

(9) 輸出額に占める中小企業（その定義には幅があるが）の比率は，2000年までに10％に達し（OECD 2004, 27），2010年までには50％にも上昇した（TurkStatウェブサイト [http://www.turkstat.gov.tr] のデータより）。

⑽　実際にはアナトリアの虎は，競争的な企業群ではなく親企業と下請けからなる階層構造を形成し，上部の限られた数の企業が利益を吸い上げていた（Özar 2009, 209）。労働者は圧倒的に低学歴で未熟練，経営者の学歴も半分近くが小学校卒業止まりだった（Cizre-Sakallioglu and Yeldan 2000, 500）。

⑾　イスラーム系経済団体である経済企業倫理連盟（İGİDAD）の会員は，グローバリゼーションにより資本蓄積が進んだのに加え，活動領域が広がったとインタビューで述べている（Madi-Sisman 2017, 69）。イスラーム的組織ギュレン派が2005年にトルコ実業家工業者連合（TUSKON）を結成してAKP政権と関係を深めると，MÜSİADはその影響力を奪われた。しかし2016年7月のクーデタ未遂後にその首謀組織のギュレン派が粛正されるとMÜSİADはその地位を取り戻した。

⑿　これら機関へのトルコの加盟年は順に，1948年，1949年，1952年である。またトルコは欧州連合（EU）の前身である欧州経済共同体（EEC）にも1964年に準加盟し，関税同盟への段階的移行が始まった。

⒀　1994年には，最大都市イスタンブル，首都アンカラをはじめとする28の県庁所在地（全県76のうち3分の1以上）の市長職を獲得した。中央集権的なトルコでは中央政府が県と郡に内務官僚である県・郡知事を任命して中央が周辺を統括するが，県議会，市長，市議会，村長，村会は選挙で選ばれる。

⒁　国内移民純流入率とは，国内移民流入率から国内移民流出率を差し引いた比率（1000分の1表示。以下も同様）。国内移民流入率とは，県外から該当郡への国内移民流入数が該当郡人口に占める比率。国内移民流出率とは，該当郡から県外への国内移民流出数が該当郡人口に占める比率。国内移民数は，1995年から2000年の間に関するもの。1995年と2000年の国勢調査の人口統計からTurkStatが算出した。

⒂　親クルド政党は強制解党，新党結成を繰り返している。詳しくは第5章を参照。

⒃　これを都市貧困層（インフォーマル・セクター）による現行システムへの復讐と見なす考えもある（Cizre-Sakallioglu and Yeldan 2000, 501）。

⒄　AKP政権はさらに2012年，8年間一貫制義務教育を廃止，義務教育を小学校4年（入学年齢はもとの6歳から5歳に引き下げ）と中学校4年に分断（さらに高校をもとの3年から4年に）した。これにより聖職者養成校への進学は小学校卒業した9歳から可能になった（http://sahipkiran.org/2016/03/01/444-egitim-sistemi/ ［2018年2月28日閲覧］）。

参考文献

間寧（2004）「トルコの民主化・宗教自由化とイスラーム運動の発展」私市正年・栗田禎子編『イスラーム地域の民衆運動と民主化』東京大学出版会。

間寧（2010）「トルコの「東寄り」——現実と言説」『アジ研ワールド・トレンド』16(11)：46-49。

今井宏平（2015）『中東秩序をめぐる現代トルコ外交』ミネルヴァ書房。

Çakır, Ruşen, et al. (2004) "İmam Hatip Liseleri: Efsaneler ve Gerçekler", Türkiye Ekonomik ve Sosyal Etüdler and Vakfı (TESEV).

Cizre-Sakallioglu, Ümit, and Erinç Yeldan (2000) "Politics, Society and Financial Liberalization: Turkey in the 1990s", *Development and Change*, 31(2): 481-508.

Dreher, Axel (2006) "Does Globalization Affect Growth? Evidence from a New Index of Globalization", *Applied Economics*, 38(10): 1091-1110.

Eligur, Banu (2010) *The Mobilization of Political Islam in Turkey*, New York: Cambridge University Press.

Herr, Hansjörg, and Zeynep M. Sonat (2016) "The Fragile Growth Regime of Turkey in the Post-2001 Period", *New Perspectives on Turkey*, 51: 35-68.

Karpat, Kemal H. (2004) *Studies on Turkish Politics and Society, Social, Economic, and Political Studies of the Middle East and Asia*, Leiden: Brill.

Kirişci, Kemal (2006) "A Friendlier Schengen Visa System as a Tool of "Soft Power": The Experience of Turkey", *European Journal of Migration and Law*, 7(4): 343-367.

Madi-Sisman, Özlem (2017) *Muslims, Money, and Democracy in Turkey*, New York: Palgrave Macmillan.

Mardin, Şerif (1973) "Center-Periphery Relations: A Key to Turkish Politics?", *Daedalus*, 102(1): 169-190.

Organisation for Economic Cooperation and Development (OECD) (2004) *Small and Medium-Sized Enterprises in Turkey: Issues and Policies*, https://www.oecd.org/turkey/31932173.pdf (2017年11月21日閲覧).

Özar, Şemsa (2009) "Small and Medium Enterprises in the Periphery: The Case of Turkey", in Ziya Öniş and Fikret Şenses (eds.), *Routledge Studies in Middle Eastern Economies*, London ; New York: Routledge.

Özbudun, Ergun (1970) "Established Revolution Versus Unfinished Revolution: Contrasting Patterns of Democratization in Mexico and Turkey", in Samuel P. Huntington and Clement Henry Moore (eds.), *Authoritarian Politics in Modern Society*, New York: Basic Books.

Perry, Chris, and Adam C. Smith (2013) "Trends in Uniformed Contributions to UN Peacekeeping: A New Dataset, 1991-2012", New York: International Peace Institute.

T. C. Milli Eğitim Bakanlığı Strateji Geliştirme Başkanlığı (2018) *Milli Eğitim İstatistikleri: Örgün Eğitim*, http://www.kalkinma.gov.tr/Pages/EkonomikSosyalGostergeler.aspx (2018年2月20日閲覧).

Tanyılmaz, Kurtar (2015) "The Deep Fracture in the Big Bourgeoisie of Turkey", in Neşecan Balkan, Erol M. Balkan and Ahmet F. Öncü (eds.), *The Neoliberal Landscape and the Rise of Islamist Capital in Turkey*, New York: Berghahn Books.

第1章

日本・トルコ関係
―― 皇室・政府・市民の「三層外交」――

大曲祐子

1 「親日国」トルコというイメージと実体

　日本と「親日国」トルコの関係は，近年，エルトゥールル号事件[1]に関する映画が製作されたことで，経済関係を超える両国の友好関係が広く知られるようになってきたが，両国間の交流の場の実像はまだあまり知られていない。そこで本章は，日本側の資料を中心に，外交の現場に携わってきた両国の外交官の回顧録，すでに収集・編纂された資料集，様々な講演録，スピーチ，外交青書等を活用する。これらの資料から明らかにできるのは，日本・トルコ関係における皇室，政府，市民による「三層外交」[2]の発展過程である。両国関係は，戦前の黎明期，戦後の復活期，冷戦中の拡大と発展期，冷戦後の定着期を経て進展してきた。この期間，（公財）中近東文化センター附属アナトリア考古学研究所（以下，アナトリア考古学研究所）の取組みは，両国関係を支える「秘話」となっている。現在の両国の友好的かつ良好な関係は，「三層外交」に関わってきたすべての積み重ねである。

先行研究
　二国間関係についての先行研究は限られており，外務省のトルコ専門家である松谷による両国関係の資料をテーマ別に編纂したもの（1999；2005），および通史（1986；2014）があり，本章執筆の上で最も参考にした。外交官によるものにはほかに，元在イスタンブル総領事の武田（1987）が，日本の明治維新とトルコ革命における近代化プロセスの比較研究（Ward and Rustow 1970）とは異な

る対ソ関係の観点から日本とトルコの共通性を見出し，元駐トルコ大使の山口（1991）は，日本独自のトルコ観を持つことの必要性を述べている。遠山（2001；2013）の駐トルコ大使時代の回顧からは，両国交流に多層性を増した1990年代後半の同氏在任中に，現在にも継承されている両国間交流が多層化した過程が見られる。[3]

両国関係とエルトゥールル号事件については，波多野（1999）は両国を近づけるきっかけとして指摘し，三沢（2005a；2008）は外交史および災害史の観点からエルトゥールル号の日本派遣の持つ意味，事件に対する解釈が当時の両国情勢の変化や時代の変遷を経て，事実と異なる逸話が伝承されること，トルコの「親日」の起源や根拠をさらに検証していく必要性を指摘している。長場（2005）や高橋（2008）は，国交樹立前から日本人がトルコで商業活動や情報収集を行っていたことを示している。また，市民交流については，日本・トルコ協会の70年史[4]（1996）に，1926年の協会創立や1971年の再発足などについて記されている。トルコの場合は，外交関係が樹立して3年後に友好団体を設立し，希薄だった両国関係強化のための役割を担っていたのである。なお，同協会の会報誌には両国関係に関する第一次資料が多く含まれている。[5]

トルコ側の対日関係研究については，トゥンジョク（1996）の両国の近代化比較，および複数の研究者による両国史黎明期の研究があるが，未解明な事実も多い。[6] 元駐日トルコ大使アルク（1989）はトルコ側の視点で外交資料を基に100年間の両国史を，元海軍提督アパタイ（Apatay 2008）は，エルトゥールル号事件が両国関係を結び，現在の安全保障交流の軸となっていることを述べている。ペリヴァントルク（Pehlivantürk 2012）によると，過去から現代に至るまで二国間関係にはロマンティシズムが根底にあるという。チョラクオール（Çolakoğlu 2017）は，日米同盟が両国の政治的立ち位置に影響し，関係深化の妨げになりうると指摘している。

随筆等を含めると，日本とトルコの関係（以下，日土関係と略す）について書かれたものは相当数になる。1世紀以上かけて両国民間に醸成された互いに対する「良い」感情が，研究にも表れていることは，日土関係における1つの特徴と言えるかもしれない。ただし，特に随筆等には史実と異なることが伝えら

れているものも散見される。正確な事実の解明のために必要な一次資料の収集と活用が必須である。

経済指標と二国間関係

　日本にとってのトルコの重要性は，まず経済的関係の指標から読み取れる。両国の経済関係は，トルコが自由開放経済政策を導入し，またトゥルグト・オザル首相が訪日した1985年前後から進展を見せはじめた。2002年以降，公正発展党政権の経済政策によりトルコ経済は飛躍的な成長を見せ，トルコは国際的に新興国として注目を集めた。日本もまたそれに倣い，トルコ進出邦人企業数は2015年に200社を超え，対トルコ投資は2016年にトルコから見て10位以内に入るなど，経済関係が強化された。ただし，トルコ経済における日本の貿易や投資の比重は1〜2％にすぎず（荒木 2014, 9），トルコから日本への企業進出はほとんど見られない。また，日土関係は比較的長い歴史を有するが，2000年以降，トルコが近隣諸国や日本以外のアジア諸国との関係強化を図りはじめると，相対的にトルコから見たアジア諸国における日本のプレゼンスが低下し，実際に一時的に投資や貿易額が減少したことで互いに関心を失いつつあると指摘された（Akkemik 2017, 45-56）。再び日本の対トルコ投資や両国間の貿易額が増加傾向にあることから，近年，両国の経済関係は一定の波がありえるとしても，安定基調に入ったと解することができるだろう。

　とはいえ，二国間関係の襞は経済指標のみでは理解しきれない。経済関係の強化も決して簡単な経緯を経たわけではないし，経済関係の数値に表れない実相を孕む二国間関係の1つのモデルが，トルコとの関係であるとも言える。本章は，日土関係について，膨大なデータを基にして，時間軸と主体の相互作用から描き出す方法をとる。つまり，両国関係は，政治，経済，文化の多分野の関係進展が相互作用を繰り返し，総合的に強化されてきたとの作業仮説に立つこととする。言い換えると，政府，財界，市民のレベルでの主体間の多層的な交流が，紆余曲折を経ながらも，ゆっくりと着実に深化してきた。この際に意外であるだろうが，日土関係に皇室が果たした役割を本章は指摘することとしたい。たとえば，アナトリア考古学研究所は，そのようなエピソードである。

以下，第2節では，戦前の黎明期，戦後の復活期，冷戦中の拡大と発展期を論ずる。第3節では，冷戦後の定着期として，戦略的重要性，市民関係の強化を論ずる。第4節では，文化関係，市民外交，皇室外交を論じ，第5節で結論と今後への含意を取り扱う。

2　黎明期から関係の実質化まで

黎明期：オスマン帝国との接触から第二次世界大戦まで

　日土関係の起源は，実はエルトゥールル号事件以前に遡り，19世紀から現在まで，日本人はトルコを拠点として中東，欧州，中央アジアを戦略的に思考しようとしてきた。最初の接触は1873年の岩倉具視遣欧使節団員によるオスマン帝国訪問である（白岩 1999, 12；松谷 2014, 7）。その目的は，当時日本は不平等条約を欧米諸国に強制されていたので，衰退過程にあったとはいえ，一大国のオスマン帝国と対等に友好条約を結ぶ機会を模索していたのである。

　日本側でトルコとの関係構築のための最初の行動は，1887年，小松宮同妃両殿下によるトルコご訪問であった。開国したばかりの日本が西欧諸国に使節を送る場合，皇室の地位は高く，受け入れられやすかったことが皇族の歴訪につながったと言えよう。実は，その答礼としてエルトゥールル号がオスマン帝国から日本へ派遣されたという経緯を辿っていたのである[7]。

　日露戦争の日本の勝利は，その後数十年にわたり，トルコ側の印象を規定し，トルコ側の日本への敬意は，日本のトルコへの接近を促進した（池井 2003, 9）[8]。1907年には，日本はトルコおよび欧州情勢を分析する要所と見なし，武官をアンカラに派遣し，欧州政治の動向を分析していた。1875年以降，国交樹立の模索が続いていたが，第一次世界大戦ではオスマン帝国が同盟国側から参戦したため（内藤 1971, 8），トルコと日本の正式な外交関係樹立は，トルコ共和国建国後の1924年まで待つのだが，速やかに両国の大使館が開設された。日本の中東諸国との関係においては極めて早いと言えよう。翌年，経済交流が開始され，1925年には日土貿易協会が発足し，トルコでは日本商品館が開設され，早速，複数の合弁企業が営まれはじめた。1937年には日土貿易協定が調印された。

日本・トルコ協会の前身である日土協会は、トルコに対する関心が高まり（池井 1999, 152)、対トルコ関係を推進する団体の必要性から、トルコに縁故のある政・財・官界の人々が中心となって1926年に設立され、会報やトルコ語の辞書の発行、土耳其国情博覧会の開催などを行った。1929年には高松宮殿下を総裁に迎えた。日本によるトルコへの関与は、その初期段階から、皇室、政府、財界による三層の関わりだった特徴を拝観できる。エルトゥールル号の遭難と日本側の救援事業以外にも、以上のような関係が戦前に始められていた。

黎明期に関してまとめると、両国ともに戦略的関心から日土関係を開始し、経済関係の潜在性に着目していた。またトルコ語教育、博覧会、エルトゥールル号鎮魂を通じての「意外な」宗教者の交流を含めて、「全分野」での交流という特徴を見て取れた。

戦後の再開、復活

両国の外交関係は、第二次世界大戦の終盤、1945年にトルコが日本に対して断交したことにより一旦途絶えたが、両国が直接戦火を交えることはなかった。復活するのは、戦後に日本が主権を回復してからである。朝鮮戦争時に約5000人のトルコ兵が国連軍として実戦に参加したと知られるが、後方支援の拠点となっていた日本に立ち寄ったトルコ兵が日本に好印象を持ち、帰国してから周囲に伝承したと書き残されている（内藤 1971, 8-9)。

1952年に在京トルコ大使館が、1953年に在トルコ日本大使館が再開された。諸条約や取り決めが整備され、1953年に日土通商航海条約が復活、1955年に日土貿易支払い取極、1957年に日土査証相互免除条約を締結し、両国民の交流や往来の手続きが簡素化された。これらは戦後史の中でも、非常に迅速な国交回復の例であった（今井 2017, 273)。査証免除取極は日本にとり14カ国目と、早い時期に結ばれていた点で注目に値する。日本企業のトルコ進出もこの頃に始まったが、圧倒的な日本の貿易赤字で、商社の各事務所は1950年代末に廃止に追い込まれた[9]（川邉 2016, 95-96)。

戦後の日本とっては、国際社会への復帰が喫緊の課題であった。トルコは国連安保理の非常任理事国メンバー国だったが、1954年の日本による国連加盟決

議案への共同提案国の一国として日本の国連加盟を強く支持した（松谷 2014, 165）。日本の国連加盟は1956年に実現したが，トルコの支持を書き留めておいてもよいであろう。

　1954年の国会議員による訪日を皮切りに，トルコからの要人訪問が重ねられた。特に1958年のアドナン・メンデレス首相の国賓としての初訪日[10]は，両国の友好関係，経済・技術協力を力強く促進する[11]きっかけとなった。メンデレス首相は離日の際に，「日本・トルコ両国の友好関係を深めることはただ両国のためばかりではなく，世界平和に寄与するものと確信する」（松谷 1986, 162）と，世界大の広い視野で語りかけたからである。さらにこれは，1960年のトルコ古代美術展の開催に結びつき，日本の市民の間でトルコの印象をつくりはじめた。戦後も日本側から最初にトルコを訪問した要人は皇族で，1963年の三笠宮殿下（崇仁親王殿下）が妃殿下と共にご訪土になったことは両国の関係性を象徴している[12]。

　1960年代，トルコでクーデタが発生し，メンデレス首相は1961年に処刑されたが，両国政府間の関係は強化された。トルコからは閣僚や議員が日本を訪問し，工場見学等を行っているほか，水力発電技術に対する協力が開始するなど，トルコの日本の技術への関心や技術協力に対する期待は，当時から高かったと考えられる（丸山 1987, 10-16）。

　戦後の日土関係の再開は，単なる戦前の関係の復活ではなく，両国関係が新しい国際社会の中で適切に位置づけられていく方向性へと適確に舵取りされていた。トルコ側の政治的意図，皇室の役割，経済界の期待が，それらを牽引していた。日土関係を条約や手続きにより安定化させ，広がりをもたせる地道な取り組みも開始されていた。

1970～80年代：政治・経済・文化関係の実質化

　1970年代からの日本の対トルコ外交は，政府要人と経済使節団のセットで行われた特徴がある。1970年の経団連による経済使節団の派遣を端緒に日土協会が日本・トルコ協会に改称して再発足するなど，日土間の市民の関係の強化も着実に進んだ（次節参照）。

70年代の早い時期に，日本はトルコの工業力やインフラ整備需要を評価しており，早くからトルコに注目し，ダムや橋梁建設に対して円借款を実施した。第一ボスポラス大橋こそ入札を逃したが，日本政府は，トルコに対する経済協力を継続して取り組む姿勢を見せた。製造業分野の投資は関心を集めたが，トルコ政府の外資運用が厳しかったこと，また70年代末にはトルコ経済が破綻したことなどから実現しなかった（川邉 2016, 96）。経済交流の遅れに対し田中三男元駐トルコ大使は，「わが国の関係当局が内外の情勢に目を開き，既往の概念にとらわれないで，広くかつ高い立場から決断することを強く望む」（田中 1972, 29）と記し，日土関係を中期的視野で見る視点が早くも生まれていたことを示している。

　1970年代末，トルコの経済が破綻し，日本は1979年度～82年度までOECD諸国の中でも米国，西ドイツ，フランスに次いで多い3億5000万ドルの支援を行った。「トルコとの伝統的友好関係および中近東におけるトルコの戦略的重要性の見地から判断を決めた」ことは[13]，日本側が，中東におけるトルコの安定勢力としての政治的重要性を認識していたことを示しており（松谷 2014, 182），岩倉使節以来，トルコの地政学的重要性を日本側は考慮していたが，その新しい段階であったであろう。外交面では，国連総会の場で日本がキプロス問題に関し中立な立場をとったが，トルコは「日本のトルコ支持」（アルク 1989, 209）と評価した（松谷 2014, 175）など，トルコにとっても日本はありがたい存在だったと考えられよう。

　1980年代は，二国間の本格的な人的往来と日本による対トルコ投資が始まった重要な時期である。1983年にようやく，日本の閣僚による初めての訪土を安倍晋太郎外相は果たした。「日本に学べ」「トルコを中東の日本に」と唱えた知日派のオザル首相が1983年に訪日したが，日本側もその呼びかけに応えて文化や人的交流，経済分野での協力を強化しようとした（杉原 1988, 3-5）。1985年のイラン・イラク戦争時の，テヘラン在留邦人救出のためのトルコ航空特別機派遣が起きたが[14]，これは今やエルトゥールル号事件と並び一般に知られるようになった。1986年に三笠宮同妃両殿下が2度目のトルコをご訪問になり，日本側のトルコ「外交」は，皇室が顔になっていた[15]。トルコ側の政治的働きかけ，

戦争という事件，皇室による複数回のトルコご訪問をきっかけにした助け合いなどが見られた80年代であった。

経済面では，1986年に経団連の日本・トルコ経済委員会が設立されたほか，遂に日本の工業部門によるトルコ進出が開始された。自動車産業は現在のトルコの主力産業であるが，アナドール財閥といゞ自動車による日土最初の合弁企業が1985年に設立され，トヨタ自動車，本田技研はそれに続いた。すでに進出していた商社に続き，食品，電機，金融，保険，観光，建設等の様々な業種が進出，投資を行った。品質で国際的に高い評価を受けていた日本製品が国内に流通したことは，日本に対する関心を寄せるきっかけとなったであろう。巨大インフラ事業としてアジアとヨーロッパを結ぶ第2ボスポラス大橋建設工事を日土およびイタリアの企業連合が1985年に落札し，予定工期よりも半年早い1988年7月に完成させた。両国の政財界から多数が集まり，盛大な開通式典が行われた。[16] トルコは「友情の橋」記念切手を発行するなど，経済以外の日本との関係強化に対する意欲が示された（西脇 1999, 7）。1989年の日土航空協定締結等の重要な進展があり，日本からトルコへの投資は着実に増えていった。

日本の中東との経済関係は，エネルギー取引が中心であるとの印象を持たれがちであるが，トルコは，工業化やインフラ整備事業で日本側が着目できる国であった。

3　冷戦後の戦略的パートナーシップと市民の関係強化

冷戦の終結：日本の期待は，対トルコ一国からトルコを含む多国間関係へ

1990年代，トルコは国内の政情不安，冷戦終結，湾岸危機等の影響を受けていたが，一方で，トルコがヨーロッパと中央アジアを見渡す戦略的要衝にある利点を経済的に活用しようとする機会を見出すこととなった。従来より日本政府は，トルコを地域の安定勢力として重要視しており関係強化を図っていた（『外交青書』1991年度版）。日本の経済界はソ連解体によるトルコ系中央アジア諸国との関係や，[17] 1996年に締結したEUとの関税同盟により，新たに地政学的優位性を持ちはじめたトルコを，いち早く着目しはじめ，それは日本企業がトル

コでの事業展開を進めるもう1つの重要なインセンティブとなった。[18]

　冷戦終結頃から日土関係は，航空協定（1989年3月締結，7月発効），投資保護協定（1992年2月署名，1993年3月12日発効），租税協定（1993年3月署名，1994年12月28日発効）諸協定の締結により，さらに安定度を増していた。これは，もちろん，両国間の経済交流や市民交流の発展に寄与していたのである。

　政治と外交は，上記のような経済関係の強化を支えていた。日本からは，1990年に海部総理が首相として初めてトルコを訪問した。[19]トルコ側要人の訪日は，1990年代前半も活発であった。1992年にスュレイマン・デミレル首相，1995年にタンス・チルレル首相が訪日した。デミレル氏（第9代大統領：1993~2000年）はオザル路線を踏襲して対日関係を重要視した。1990年代後半にトルコは内政が不安定な時期が続き，政府間の往来はやや滞ったが，関係の危機を乗り越えていったと言える。

　1990年代には，1980年代に本格化した政治と経済の交流が，文化交流の強化にも波及していった。日本では1992年に2つの大学にトルコ語専攻科が設置された。文部科学省の奨学金制度により日本で学ぶトルコ人留学生数も増加した（後述）。1989年のトルコ航空の定期便就航は，日本人観光客をトルコへ呼び込む一助となった。

　1990年はエルトゥールル号事件100周年にあたり，両国で慰霊式典や文化交流等の記念行事が行われた。慰霊碑のあるメルスィンでの式典ご臨席のため，寛仁親王殿下は初めてトルコをご訪問になった。慰霊碑の中に樫野崎の土の入った瓶をご発見になった寛仁親王殿下は，両国民の共通の価値観を見出されたことを後になって語られた。[20]日本ではトルコから初めて軍艦が派遣され，オルハン・カラブルト海軍総司令官が参列するという盛大な式典が行われた。

　このように，90年代は，80年代までに築かれた二国間係関係を基軸に，トルコを取り巻く国際情勢の変化からトルコの戦略的重要性が再認識され，政治，経済，文化交流においては二国関係の広がりが見られることとなった。

援助対象から多国間援助協力のパートナーへ：国際協力機構（JICA）の取組み

　トルコの発展と安定は，トルコ周辺地域の安定につながる。特に，エネルギ

ーで中東地域に依存する日本にとり，トルコが周辺の安定に対する役割を重要視している。この意味は，2段階で変化した。最初は，トルコそのものの開発や発展が日本や地域に波及するという戦略性であった。

やや遡るが，初めて日本がトルコに対して援助を行ったのは1959年の研修生の招聘で，以降，有償資金協力は2017年8月までで累計29案件6972億円，無償資金協力は2015年度までの累計が交換公文ベースで41億円，技術協力は2015年度までの累計がJICA経費ベース475億円となっている。また，JICAの派遣専門家は2017年8月までに1560人，研修参加人数は5222人にのぼる。[21]

1991年にトルコ国際協力開発庁（Türk İşbirliği ve Koordinasyon Ajansı Başkanlığı；以下，TİKAと略す）が設立，以降，JICAとTİKAによる第三国支援が促進され，TİKAは国際援助での貴重な協働パートナーとなっている（今井 2017, 281）。2000年代半ば以降，トルコは援助受け入れ国から援助供与国へ転換した。トルコでの第三国研修は，1997年に開始され，2018年1月までに20のプログラムと76のコースが開講され，34カ国1083名が参加する実績をあげた。その分野は，水産養殖分野，エネルギー効率化分野，防災，災害対策工場，鉱物探査，アフガン警察の訓練に見られるような安全管理等に及ぶ。

JICAが現在注力している事業の中には，2018年1月時点でトルコに避難しているシリア難民約350万人への支援策として，トルコの自治体に上下水・廃棄物処理施設の増設協力事業等がある。日本としては，トルコとの協力を通して，単独では実施の難しい分野に援助が可能になっていると言えるだろう。また，日本にとってトルコとの関係は，トルコとの二国間関係のみならず，多国間外交の一部として機能しているもう1つの証左である。[22]

防災協力：震災を乗り越えるための相互の助け合い

JICAのトルコに対する支援には，防災・災害対策能力の向上が挙げられる。地震に関する協力は1952年に開始し，以降，地震観測システム構築，主要インフラの耐震補強，防災教育等に対する支援を行っている。[23]

1999年8月，トルコ北西部で死者約2万人を出したマルマラ地震が発生した。地震発生直後に高村正彦外相が現地を見舞ったこともあり，日本からの緊急援

助は速やかに行われたが,これは現在の両国間交流の要の1つである防災関連での協力が強化されるきっかけとなった。海上自衛隊は阪神淡路大震災の中古仮設住宅を輸送艦で被災地に届ける「ブルーフェニックス大作戦」を実行,日土間で継続して行われていた安全保障交流の成果であり,海上自衛隊にとり自衛艦の派遣は国外への震災人道支援を成功させた経験となった。輸送された仮設住宅は「トルコ日本村」に設置され,被災者の生活を支えた。同地震に際しては,発生当時に日本のNGOが緊急人道支援に駆けつけたほか,JICAのシニア・ボランティア等による被災女性の自立支援,防災教育を普及する活動が行われ,日本政府と市民が協力した事例となった。この時に緊急支援活動で派遣された兵庫県神戸市の職員が2007年に神戸トルコ友好協会を組織し,以後,両国の少年サッカー交流試合を行ったり,防災教育に協力したりするなどの活動を継続している。[24]

2011年の東日本大震災に際して,トルコの緊急支援隊は宮城県七ヶ浜町で,米国救助隊に次ぎ長期間にわたり救助活動を行ったほか,駐日トルコ大使ら,在住トルコ人たちが自主的に東北地方で炊き出しを行った。また,トルコの子どもたちから被災地の子どもたちへ届けられた多数のメッセージや,心の支援活動といった厚情も忘れられない。同じ年の11月にトルコ東部ヴァンで起きた大震災では日本のNGO職員2名が被災し1名が犠牲となったが,この時トルコ側は手厚く扱った(内藤 2012, 334)。[25]

日土関係は,エルトゥールル号事件,戦争,震災といった危機を乗り越えるための政府と市民の協力により,親しみを増し,強化されてきた。両国の共通の価値観が関係強化に寄与しているのである。

2000年以降:戦略的パートナーシップの時代へ

2000年代に入り,両国関係は一層本格化した。2000年代は様々なエピソードがある。一般の日本人の多くがトルコを意識したのは,日土代表が対戦した2002年日韓ワールドカップからかもしれない。翌年,2003〜04年に「日本におけるトルコ年」が行われ,数十万人が足を運んだ目玉事業「トルコ三大文明展」をはじめ,日本全国で約160の行事が開催された。もともとトルコ側によ

る事業だったが，結果的には日本の政府機関，自治体，企業，友好団体等も協力した[26]。「トルコ年」開催中は，2004年にエルドアン首相（当時）が公式実務賓客として閣僚を含む300人規模の訪問団を率いて訪日するなど，閣僚の訪日が相次いだ。日本企業の進出は続いていたが，トヨタのトルコにおける車両生産会社（TMTT）がトルコの輸出第1位企業になり，大成建設によるボスポラス海峡横断地下鉄道（通称マルマライ。2013年に開通）の着工もこの頃であった。

2006年に小泉純一郎総理が総理として16年ぶりにトルコを訪問し，2008年にはギュル大統領が大統領として初めての二国間訪問を果たした。2007年に福岡と大阪にトルコの名誉総領事館が開設され，両名誉総領事がそれぞれの地域でのトルコとの経済を中心とした交流の活性化に努めた。2010年，トルコでは日本の官民協力により，エルトゥールル号事件を起点とした友好120年記念，および1985年のテヘラン在留邦人救出35年の節目に「日本とトルコはもっと近くなれる」をスローガンに「2010年トルコにおける日本年」が開催され，伝統文化からアニメまで，トルコの人々に日本の様々な文化に親しんでもらおうと，186の行事が行われた。これはトルコにおける日本理解促進の一助になった[27]。

2013年の安倍晋三総理の訪土以降，エルドアン首相（現大統領）との首脳往来が頻繁になった。2013年5月の戦略的パートナーシップ構築に関する共同宣言において，政治分野のよりハイレベル交流の促進，地域情勢・国際場裡における協力，経済分野・文化分野・科学技術分野等の各分野で協力とより幅広い分野で交流，防衛当局間の協議の促進，両国議会や官民交流の促進によるさらなる関係強化を目指すことを宣言した[28]。日本の首相や閣僚のトルコ認識には温度差があると見られるが，安倍総理はトルコを最も重要視している総理であると言えよう。2013年10月の日土JV（共同企業体）によるODA事業マルマライ開通式を含め両氏の相互訪問は5回を数え，国際会議の場等での個別会談，あるいは電話会談等も，非常に頻繁に行われている。国家首脳の訪問は二国間外交における最高の形であり，二国間関係の発展を促進させる有効な手段である（Nitch 2007）。日土関係で言えば，安倍総理のトルコとの関係強化策は，2014年の「日・トルコ経済・文化交流促進官民連絡協議会[29]」発足に見られるように，官民一体となって若者人材の育成，既存の日本関連施設・機関等の活用に対す

る支援に取り組んで行く方針が確認されたが，経済的関係や援助協力に安心感をもたらしている。日土関係は二国間関係ではあるが，既述のとおり，欧州や中央アジアを広く視野に入れ，多国間協力を推進するものにつながるのである。

4　皇室，政府，市民の「三層外交」

エルトゥールル号式典の友好式典化と日土関係への波及効果

　エルトゥールル号事件は，事件発生直後の日本国内での国民的な盛り上がりによる支援活動が収まった後，一時期は地方の出来事として風化されかけていた。だが，日土関係者は，エルトゥールル号に関する式典を何度となく繰り返し，形態，参加者，規模などが変化し，新しい形態とされた式典は，日土関係に新しい波及効果を及ぼしてきたようである。[30]

　最初の変化は，20世紀前半からで，追悼式典が，災害活動や防災意識の伝承とは異なる形に変化しはじめた。つまり，友好団体等が，日土友好の基点として事件を位置づけるようになる変化が見られはじめた。1928年に大規模な追悼式典が日土貿易協会と大島村の共同により実施され，翌年6月3日に昭和天皇が大島を慰霊訪問されたことで事件の権威は高まった。[31]それはすなわち，日土関係の格式が高まったことを含意している。トルコ本国へ昭和天皇の行啓が伝えられると，トルコ側も同様の意識を抱くようになり，ヒュスレヴ・ゲレデ大使の発案によって殉難将士の墓地の大々的な改築が決まった。現存する弔魂碑は1937年6月に和歌山県祭主として大島村，近東貿易協会，日土貿易協会，日土協会の連合主催による新墓碑除幕式が執り行われたものである。当時の写真からは，仏教の僧侶，神道の神主，イスラームのイマームが一緒に式典を執り行う様子が窺われる。翌年に駐日トルコ大使館が『日土親善永久の記念──土耳其国エルトグルル号』を日本語とトルコ語で出版した。

　1971年にジェラル・エイジオウル海軍総司令官が串本を訪問したことがきっかけで，メルスィンに串本と同型の慰霊碑が建てられ，串本町とメルスィン市は1975年に姉妹都市になった。[32]1974年に串本町にトルコ記念館が竣工され，盛

大に追悼85年祭が行われたが，同記念館は2015年に改装され，現在もエルトゥールル号事件や両国関係を伝える貴重な資料館となっている。エルトゥールル号に関する記憶や式典は，地方の交流を推進するきっかけともなっている。

皇族として初めて寛仁親王殿下がご臨席になった2000年の式典からは，追悼式典を改め，友好式典に名称が変更された。たしかに，エルトゥールル号事件は，拡大する日土関係の強化を促進する「友好の合言葉」となってきたと言えよう。2008年にはアブドゥラー・ギュル大統領が串本を大統領として初めて訪問し，以後，トルコの閣僚は訪日の際，時間が許す限り串本の慰霊碑で参拝するのがならわしになった。

2010年に行われた120年の串本での式典には，日本・トルコ協会の総裁として寛仁親王殿下が彬子女王殿下とともにご臨席になった。トルコでは「日本年」開催中で，海上自衛隊の練習艦隊がメルスィンに寄港し，盛大に式典が行われた。2015年は125周年を記念し，トルコから軍艦が親善訪問して彬子女王殿下とチチェキ・トルコ大国民議会議長が臨席しての串本での式典や，トルコ主導による数々の文化行事が行われたほか，両国による合作映画「海難1890」が封切られるなど，両国関係が成熟期に入ったことが見てとれた。

このようにエルトゥールル号の式典は，戦前，貿易協会と友好団体による大規模化が見られ，昭和天皇の慰霊碑訪問（1929年）が権威を付与した。意外ではあるが，犠牲者の供養という観点では当然ながら，日本とトルコの宗教者がともに祈りを捧げる姿も見られた。この様子は，トルコと日本で様々な本が出版されて伝えられていた。戦後は，スポーツ交流，地方の交流，姉妹都市提携，経済界の交流，映画化と市民の娯楽，海上自衛隊とトルコ海軍の交流など，幅広い層を土日関係に巻き込んできた。近年では，式典は，拡大する土日の経済関係や市民関係を反映して，両国政府をあげての友好式典となり，より大規模化している。また日土関係の象徴として定着し，式典の華やかさは増している。[33]

「三層外交」の事例：アナトリア考古学研究所

戦前と戦後の両時期，日本トルコ関係の節目あるいは要所で，皇室による国際親善が見出される。戦前は，岩倉使節団に次ぐトルコへの訪問者であった。

戦後は、日本側からトルコを訪問した最初の要人であった。日本・トルコ関係が実質化しはじめた1960年代以降には、三笠宮家を中心にトルコ親善が継続された。日土間の友好団体や文化的な催し、中近東文化センターなどを通して、皇室による日本とトルコの文化交流が支援されてきた。皇室のトルコとの関わりは、日本・トルコ協会にも見られ、戦前（日土協会時代）の総裁は高松宮殿下、戦後は1991年から三笠宮殿下が名誉総裁として関わっておられる。1990年代以降、皇室のトルコご訪問は以前にも増して頻繁になっている。(34)

皇室による日本とトルコの文化交流であるが、1993年の三笠宮同妃両殿下による3度目のトルコご訪問は、チャナッカレ・オン・セキズ・マルト大学の日本語教育科発足、土日基金の定礎式、三笠宮記念庭園の開園等の機会となった。その後、寛仁親王殿下の1998年のトルコご訪問時に、土日基金文化センターとアナトリア考古学研究所がそれぞれ開所した。

ここで、三笠宮家が名誉総裁や総裁として関わっておられる（公財）中近東文化センター附属アナトリア考古学研究所（大村幸弘所長）の取組みを検討する。(35)というのは、皇室、両国の市民および政府の連携が見られるからである。中近東文化センターは1975年に設立され、活動の1つとして1985年にトルコの中央アナトリア地方、クルシェヒル県のカマン・カレホユックで発掘予備調査を開始した。トルコでの研究目的は「文化編年」を構築すること、つまり日本人の手による初の世界史年表を作るという、実は大変壮大な事業目的が掲げられている。やがて、発掘調査研究活動を進めているうちに、トルコでは出土品の持ち出しができないこともあり、現地での研究施設の必要が生じたため、1998年にアナトリア考古学研究所が設立された。

この事業の特徴は、第1にトルコと日本の研究協力事業であると同時に、諸外国の専門家も関わる国際的事業に発展したこと、第2にトルコにおける専門家の人材育成を図り、出土品を現地に保存し、観光業にも寄与し、資産となりつつあること、第3に現地の人々の雇用を創出することによる経済の活性化を図ったこと、第4に現地の青少年の教育に奨学金を出して寄与したこと、第5に、日本のODAが拠出されて研究所の調査による出土品を展示する博物館が作られ、トルコの文化観光省に引き渡されたことが挙げられる。

1986年の第一次発掘調査では 8 名の隊員と17名の労働者で行っていたが，今や，毎年40〜150人の村の労働者を採用し，大所帯での作業を行っている。研究所のあるチャウルカン村の人口は公称2000人で産業に乏しいのだが，同研究所では雇用を生み出すだけではなく，福利厚生が充実しているため，毎年多くの応募者があるという。大村所長はそれぞれの家庭環境等も考慮に入れながら採用を決定している。

　同研究所は村民の生活を支えるだけではなく，地元の青少年の教育の機会拡大にも寄与している。1990年代後半からは中学生以上の青少年のアルバイトの雇用や，発掘調査や遺物の整理作業を手伝う現地の優秀な大学生，短大生を対象とした奨学金制度がある。この奨学金制度は1990年に寛仁親王殿下が準備された資金をもとに始まり，のちに三笠宮殿下のご協力を賜り，1998年からは三笠宮基金奨学金として毎年，数人に対して支給されている。奨学生たちが考古学以外の分野でも社会に出て活躍することは，研究所の社会貢献にもつながっている。また，発掘調査現場では労働者を対象とした「考古学の授業」，地元の子どもや女性向けに講演等を行っているが，それらはすべて遺跡や遺物が地元の人々の財産であることを理解してもらい，次世代に継承していくことを目的としている。これら以外にも，世界各国からの研究者や学芸員の受け入れや育成も行っている。

　この研究所の取組みは高く評価され，トルコの元文化観光大臣は「トルコの文化行政の手本としたい」と述べたほどである（大村 2018，16）。しかし実のところ，研究所の発展は必ずしも順調ではなかった。1998年の設立当時はプレハブで，かつ規模も小さく，恒久的な施設とは言い難かった。そのため，2000年12月に研究所の建設募金委員会が組織され，名誉会長に三笠宮殿下，実行委員長に寛仁親王殿下がご就任になり，両殿下は日本各地で講演会等の行事を行い，またトルコ観光ツアーを組みながら浄財集めにご尽力になった結果，2005年 9 月に研究所はある程度体裁を整えることができた。その後，ODA により2010年にカマン・カレホユック考古学博物館が完成，トルコの文化観光省に譲渡された。2017年 3 月にはトルコでアナトリア考古学研究所の活動の支援組織として三笠宮記念財団が設立され，彬子女王殿下が総裁にご就任になった。同財団

第1章　日本・トルコ関係

は両国の研究者や元大使などの関係者以外に，トルコと日本の財界人が役員に就任したことから，「三層外交」の象徴であるアナトリア考古学研究所を支える体制が整いつつあると言えよう。

　研究所は今や毎年8万人が訪問する人気観光スポットの1つとなり，また，研究所内の日本庭園「三笠宮記念庭園」は地元の人々の憩いの場であるだけでなく，新婚カップルの写真撮影スポットとして人気を博し，地元に対する経済効果を生みつつある。

　アナトリア考古学研究所のエピソードは，皇室，日本とトルコの政府，市民の「三層の交流」，いわば，「三層外交」が結集した事業である。トルコ側は三笠宮家のお力添えをよく認知しており，現地にある大通り「三笠宮通り」は三笠宮殿下の名を冠しており，2012年に寬仁親王殿下が薨去になった時は，追悼看板が立てられたほか，その2年後には追悼コンサートが開催される異例とも言える特別な対応が見られた。

　これらのエピソードを知る両国の関係者の目には，日土関係の拡大の速度がもどかしく感じられがちである。だが両国関係は，着実に進んでいるとも言えるだろう。

市民交流：学術・教育・自治体・友好団体等が紡ぐ関係の広がり

　戦後に注目すると，エルトゥールル号事件が発生した串本で両国の市民関係は始められた。初めて姉妹都市提携を結んだのは1968年の串本とヤカケントで，1972年に下関市とイスタンブル市がそれに続いた。下関市の姉妹都市提携理由は両市の海峡都市としての機能や景観の類似性で，双方の自治体が相互訪問，留学生の受け入れや公園等の施設に対する協力等を通して交流を継続している。

　1965年にトルコ政府による奨学金制度が始まり，現在の日本のトルコ研究に大きく寄与した。1970年代は日土協会を前身とする日本・トルコ協会を筆頭に，友好団体の活動が活発化した。1980年代は，文化面では，日本の市民レベルでトルコへの関心が高まった時期で，1985年にトルコ文明展，1988年にトプカプ宮殿秘宝展，トルコの特集番組の放送，映画の上映，講演会などが行われた。トルコでも徐々に日本に対する関心が高まり，1986年にアンカラ大学歴史・地

33

理学部に日本語・日本文学科が開設，1988年にボスポラス大学文理学部，1989年に中東工科大学現代諸言語学科でそれぞれ日本語教育が開始された。2018年5月の時点で，トルコでは大学の日本語あるいは日本研究の学科をもつ大学が6校あるほか，日本語で教育を行っている高校もある。

1990年代は，前半，経済交流が文化交流に波及し，市民の交流も増えた。しかしまだこの頃，トルコは日本人の間で現在よりもまだよく知られていない，遠い存在だった。そのような状況下において，1992年にトルコ航空の直行便が就航したことは人的往来を促進し，文筆家のみならず一般の旅行者の紀行文等が数多く出版されるようになった。

1990年代前半の要人往来は活発だったと既述したが，1992年のデミレル首相の訪土は，のちの土日基金や日本語で教育を行う高校，2大学の日本語学科の設置にも繁がったことをさらに述べておきたい。土日基金はデミレル首相が訪日時にトルコ大使館と日本・トルコ協会が開催したレセプションに出席した際に設立を決めたもので，日本紹介拠点としては世界で唯一，ホスト国側によって作られた点が実にユニークである。日本では1992年に東京外国語大学と大阪外国語大学（現在は大阪大学外国語学部）でトルコ語専攻が設置された。1993年に日本トルコ学生会議が発足，1999年には在日トルコ人留学生会が発足した。そんな折に，1999年のマルマラ地震が発生し，両国の新たな協力の形を生む。

2000年代に入り，トルコ年や日本年の開催などを通してさらに市民交流が進展し，中学や高校での交流にも広がりを見せた。1990年代までに，「三層外交」の素地が築かれ，2000年代はそれをさらに深化させ，現在はいわば「成熟期」に入りつつあると言えよう。

5　過去・現在，そして未来へ

本章をもって日土関係を言い尽くすことは，関係の蓄積が多いためできないが，その見取り図を示した。戦前の黎明期，戦後の再開，発展，戦略的パートナーを経た，皇室，政府，市民，財界のすべてが，当初から関わるという特徴を示している。

日土関係の特徴は、両国間に政治的問題が見られず、両国内外の情勢による影響を受けながらも、双方の政府、皇室、市民がそれぞれの役割を果たし、時には他で不足するものを補いながら、継続的に交流が続いていることである。池井（2003）によると、2つの国家が良好な関係を保つ要因とは、国内的に共通の課題を抱えていること、共通敵を持つこと、人事・文化・経済交流が常時行われていること、相手国に対して心理的な良い感情があることである。一方、対立する要因は、共通敵がないこと、国内問題が外交上のトラブルに発展する場合、人事交流・文化・経済交流が途絶えることである。日土関係に関する池井の分析は、冷戦期までについては該当する。両国は戦前には国内的には脱亜入欧という課題を抱え、共通敵を持っていた。冷戦が終わるまではソ連を潜在的脅威と見る共通点をもっていた。しかし冷戦後、共通敵は明確ではなく、人事交流や文化交流が定常に継続することにより両国関係をより良いものとしている。

　日本とトルコは約130年にわたり、関係を築いてきた。いったん途絶えた国家間関係は戦後に政府間、皇室、市民すべてにおいて再開し、冷戦期に展開を見せた。さらに、2000年代になり、トルコが新興国として発展するにつれ、経済関係が拡大した。近年は「戦略的パートナーシップ」の覚書に両国首脳が署名し、さらに高い段階の交流を深化させようという時期に入った。現在の両国関係は、先人たちの努力、積み重ねてきた交流の成果である。このことに感謝をしつつ、次世代につながる関係を構築することが大切だと思う。

　また、トルコは、支援対象から国際支援のための日本のよきパートナーに変化した。今や、日本の国際貢献にトルコの協力は不可欠である。アナトリア考古学研究所の存在は、両国の「三層外交」、重層的な交流が生み出したものと言える。日土関係を牽引したものの中には、日本・トルコ協会のような団体の役割もある。経済・技術協力が学術や文化にも結びつく動きも指摘できる。

　シンボル化されたエルトゥールル号事件と、2000年代以降に「恩返し」としてセットとなったトルコ航空によるテヘラン在留邦人救出は、両国民が共有する「困難に陥った人々を助ける」という価値観を投影したものとして脚光を浴びた。今や、両国民は互いに「親日」「親トルコ」と理解される傾向が強くな

った。『外交青書』2017年度版にはトルコについて唯一,「親日国」という表現が使われ,大型橋梁プロジェクトの入札を逃した時は,「親日国トルコでまさかの」という評価だった。しかし,現在の両国の「友好関係」は,皇室,政府,市民が堅実に積み重ねてきた実績の結果であることを理解する必要がある。日土関係における今後の課題も浮き彫りになってきた。「親日」というほどトルコは日本のことを知らない。日本もまた同様である。

　これからは,シンボルとしてのエルトゥールル号事件は,両国を結びつける核として大切にしつつも,よりプラグマティックな関係を発展させる時が来た。もちろん,土台があっての二国間関係であるが,皇室,政府,市民による「三層外交」が継続されてきたからこそ,今後の変化にも対応ができるはずである。そのためには,日土関係やトルコに対して日本側が正しく理解をした上で,トルコとの関係をより良好な関係へと築いていく努力が必要である。

注

(1) エルトゥールル号事件は,1887年の小松宮殿下によるトルコ(オスマン帝国)ご訪問の答礼としてスルタン・アブデュルハミト2世により派遣されたオスマン提督率いる特派使節団が,1890年に日本に到着,滞在を終えて帰路についたところ,和歌山県沖(大島の樫野崎。現在の串本町)で台風に遭い座礁,水蒸気爆発が起こり,532名(トルコ外務省およびトルコ海軍による死者数)が亡くなった事件。生存者69名を村の人々が救済し,当時国民をあげて救済募金活動が広まったことから,事件は日土友好の基点とされた。関連する記念行事等については後述する。
(2) 中東諸国と日本の関係に関する諸相に関して,皇室(王族),政府,市民の三層のアクターで枠組み化する視点は,中村(Nakamura 2016)に拠る。
(3) 歴代大使の講演録や寄稿を参照した。
(4) 『日本・トルコ協会70年史』は高橋昭一元外務省トルコ語専門官が主に執筆した。
(5) 『日本・トルコ協会会報』(第1〜26号。1971年6月に第1号を刊行,1987年3月に『アナトリアニュース』と合併し廃刊)および『アナトリアニュース』(第1〜146号。1973年1月に第1号を刊行)。なお,戦前は日土協会が1926年12月20日に『日土協會會報』第1号を刊行し,28号までデータ化されている(三沢伸生監修[2009]『日土協会「日土協會會報」』CD-ROM版,Ver.1,東洋大学アジア文化研究所)。
(6) たとえばデュンダル(Dündar 2016)は,黎明期の日土関係について誤認があることを指摘している。
(7) エルトゥールル号事件については白岩(1999),波多野(1999),三沢(2005a;

2005b；2005c) に詳しい。エルトゥールル号事件の生存者69名は天皇陛下の命により，「比叡」「金剛」で本国まで送り届けられた。士官の練習航海も兼ねていたが，日本の対応は，諸外国に日本の国威発揚を目論むナショナリズムに基づくものでもあった（三沢 2008, 167)。

(8) 日露戦争の衝撃はトルコ社会を揺るがし，今でもトルコの皮革メーカーに東郷元帥に由来する「トーゴー」印があるなど，日本への熱い眼差しを感じることができる（池井 2003, 8)。

(9) 1954年に三菱商事，1955年に三井物産が進出した。本章の以降の日系企業の進出，および投資状況については，川辺（2015)，川邉（2016）を主たる参照元としたほか，主に日本で行われたトルコ経済セミナー資料等を参考にした。

(10) ファティン・ゾルル外相とメリヒ・エセンベル外務次官（のちの駐日大使で外相を歴任。娘のセルチュク氏は日本研究者）を伴っての訪日であった。

(11) 1959年，トルコの水産基礎調査団が訪日し，技術協力が開始された。

(12) 三笠宮殿下はご訪問の手記「トルコを訪ねて」を産経新聞の1963年5月4, 25, 27日の夕刊に寄せられた。

(13) 5月30日付外務省情報文化局「記事資料」より抜粋し作成された『アナトリアニュース特別号』21（1979年7月18日号)。

(14) トルコ航空は2014年2月に日本語社名をターキッシュ エアラインズに変更した。

(15) 三笠宮殿下は「トルコ再訪記」を朝日新聞（1986年7月15, 16, 17, 18, 21, 22, 23日）に寄せられた。

(16) 開通式典でオザル首相は，「トルコと日本の協力を象徴する記念碑」(『アナトリアニュース』第56号：26）と述べ，日本による対トルコ技術協力のシンボル（円借款事業）の1つである。IHI，三菱重工，日本鋼管，伊藤忠商事によるこの橋は，瀬戸大橋の姉妹橋でもある。

(17) 1993年に両国の財界人約100人が訪中央アジア経団連・トルコ合同ミッションに参加し，中央アジア諸国を歴訪した。当時参加した両国の訪問団員にとり初めてづくしで印象の強いミッションだったことは今でも語られている。トルコ側団長のシャルク・タラ氏の回顧録（Tüzün 2016）には当時の日本人ビジネスマンたちとの交流について記されている。

(18) トルコに対する日本の投資は，製造業，観光，保険，サービスなど，多様化した。トヨタ自動車やYKK，矢崎総業，本田技研等の製造業が現地で生産を開始し，それに伴う損保会社の設立，BOT方式による発電所案件も多く見られた。また，ホテル建設，レストランの進出等，投資が本格化していくのである。

(19) 1990年には中山外相も2人目の外相として訪土。日本では1984年に発足したが休眠状態だった日本・トルコ友好議員連盟に代わるものとして，新たに日本トルコ友好促進議員連盟が1994年に結成された。

(20) 「寛仁親王殿下　スペシャル・インタヴュー」(2002)『アナトリアニュース』第106

号：4-10。
(21) 本節のJICAの活動については，外務省のホームページのODAの項，JICAのホームページ，『アナトリアニュース』のJICAトルコ事務所よりの寄稿，および，直近の数値等においては2018年4月6日に開催された日本・トルコ協会「第4回トルコ・セミナー　トルコの最新情勢とJICAの事業」（講師：安井毅裕JICAトルコ事務所長）における配布資料を参照した。
(22) 日本のNGO「AAR難民を助ける会」もトルコでシリア難民支援活動を行っている。
(23) 2009年にトルコに緊急事態管理庁（T.C. Başbakanlık Afet ve Acil Durum Yönetimi Başkanlığı：AFAD）が設置されたことも協力関係の強化に役立った。最近では東京都文京区と防災面で協力関係にあるイスタンブルのベイオウル区の防災対策をJICAとAFADが共同で取り組み，市民間交流にも発展している。
(24) 日本の各友好団体がチャリティイベントを開催して被災者支援を行ったり，1985年のテヘランからの被救出者のトルコ駐在員が支援物資を届けたり，団体および個人レベルでも多くの支援活動が行われた。
(25) 日本NGO「AAR難民を助ける会」の職員だった被災者に対し，トルコでは国葬級の追悼式典が行われたほか，名を冠した公園や施設が作られた。
(26) 内閣府が国際青年育成交流事業を行うなどした。
(27) 「2010年トルコにおける日本年」については，外務省のホームページ（https://www.mofa.go.jp/mofaj/area/turkey/2010/index.html［2017年9月22日閲覧］），日本・トルコ協会『アナトリアニュース』第127～129号に詳しい。「日本年」終了後に外務省は「トルコにおける対日世論調査」を実施，トルコ人の約8割が日本に対して好感をもっているという結果が出た（「トルコにおける対日世論調査」 https://www.mofa.go.jp/mofaj/press/release/24/5/0522_01.html［2017年2月5日閲覧］）。
(28) 2013年以降の両国間の取極には，「原子力協定」（2013年署名，2014年6月29日発効），「トルコにおける原子力発電所及び原子力産業開発協力協定」（2013年署名，2015年7月31日発効），「トルコ・日本科学技術大学設置協定」（2016年署名，2016年11月11日発効）がある。
(29) 8省庁（外務省，金融庁，総務省，文科省，厚労省，農水省，経産省，国交省）と民間企業38社から成り，「相互理解の深化」を目的としたシンポジウムやセミナーの開催，「学生の交流」のための官民協力による人材育成プログラム，「地方の交流」としてトルコにある日本庭園の活用や姉妹都市交流の活発化，「交流施設の活用」としてはアンカラの土日基金文化センターの活用等を施策とする。2015年はG20議長国，2016年はアンタルヤ花博開催国としてトルコで多くの行事が開催されることが見込まれ，省庁と民間が協力して，トルコとの関係を推進することが目的であった。「地方の交流」には，下関市の技術協力による姉妹都市イスタンブル市にあるバルタリマヌ日本庭園の修復を官民の協力で実施し，2015年の安倍総理訪土時にリニューアルオープン式典を開催した。
(30) エルトゥールル号の慰霊式典については，三沢（2005c，125-139），松谷（2014，28-

39) を中心に参照した。Apatay（2004, 253-280）にも著述が見られる。
(31) 近年，5年，10年の節目の追悼式典は昭和天皇行啓の6月3日に行われるようになった。
(32) 正確には第二次大戦中にメルスィン沖で潜水艦に撃沈された軍艦レファ号事件の慰霊碑も兼ねたもの。
(33) エルトゥールル号事件は，両国の海軍交流のきっかけとなった。今でも遠洋練習航海の寄港先にトルコが複数回選ばれ，また，戦後は防衛駐在官は1960年より海上自衛隊から派遣されている。2010年と2015年には，トルコ海軍主催の両国関係の国際シンポジウムが開催されたが，トルコ海軍において，二国間の国際会議は類例を見ないと聞いた。
(34) 1990年は両国の友好100周年で，両国政府主導のもと，盛大な式典が執り行われたが，寛仁親王同妃両殿下がトルコの招待で訪土され，メルスィンで行われた追悼式典にご臨席になった。日本でも，トルコから軍艦トゥルグットレイス号が式典に合わせて派遣され盛大に式典が執り行われた。1994年に三笠宮同妃両殿下，1998年に寛仁親王殿下が再訪（以後数回），また，彬子女王殿下も式典へのご臨席等を目的としたご旅行でトルコを数回（2018年までに7回）ご訪問になった。2009年には皇太子殿下が世界水フォーラムご臨席のためトルコをご訪問になった。
(35) アナトリア考古学研究所については，大村（2018），および「アナトリア考古学発掘記」（第1～16回）および「アナトリア考古学研究所からの報告」（第1回～連載中）『アナトリアニュース』（第101～117, 121号～）を主に参照した。
(36) 2004年からは国際ソロプチミスト京都カマン・カレホユック女子奨学金が設置され，毎年数人に対して奨学金を支給している。たとえば，2012年の三笠宮基金奨学金では6人の男子学生が9カ月にわたって，国際ソロプチミスト京都カマン・カレホユック女子奨学金では7人の女子学生がそれぞれ奨学金を受けている。
(37) 日本におけるトルコ研究については，永田（1996）に詳しい。
(38) 日本・トルコ協会以外に，東京日本・トルコ婦人クラブ，研究者が中心となって組織した日本トルコ交流協会，トルコとの姉妹都市等，日本には複数の対トルコ友好団体がある。トルコにも友好団体があるが，両国とも，すべての団体について把握することは難しい。

参考文献

荒木喜代志（2014）「トルコ現況と日土関係」『中東研究』第519号：8-13。
アルク，ウムト，村松増美・松谷浩尚訳（1989）『トルコと日本——特別なパートナーシップの100年』サイマル出版会。
池井優（1999）「1926年近東貿易会議——日本・トルコ関係史の一断面」池井優・坂本勉編『近代日本とトルコ世界』勁草書房。
池井優（2003）「日本とトルコの外交関係」『アナトリアニュース』第109号：9。
今井宏平（2017）『トルコ現代史——オスマン帝国崩壊からエルドアンの時代まで』中央

公論社。
大村幸弘（2018）『アナトリアの風――考古学と国際貢献』リトン。
川辺純子（2015）「トルコの経済発展と日本企業」『城西大学経営紀要』第11号：1-26。
川邉信雄（2016）「日系企業のトルコ進出」関根謙司／ユスフ・エルソイ・ユルドゥルム／川邉信雄『トルコと日本の経済・経営関係』文京学院大学総合研究所。
白岩一彦（1999）「明治期の文献にみる日本人のトルコ観」池井優・坂本勉編『近代日本とトルコ世界』勁草書房。
杉原眞一（1987）「トルコから帰国して」『アナトリアニュース』第52号：3-5。
高橋忠久（2008）「イスタンブルの日本商店」『トルコとは何か』別冊環第14号：174-175。
武田龍夫（1987）『新月旗の国トルコ――その歴史と現在』サイマル出版会。
田中三男（1972）「トルコの現状」『日本・トルコ協会会報』第2号：17-29。
駐日土耳其國大使館（1935）『土耳其國軍艦エルトグルル神號』海外印刷所。
トゥンジョク，メテ（1996）『トルコと日本の近代化――外国人の役割』サイマル出版会。
遠山敦子（2001）『トルコ 世紀のはざまで』NHK出版。
遠山敦子（2013）『来し方の記』かまくら春秋社。
内藤智秀（1971）「日土協会についての思い出」『日本・トルコ協会会報』No.1：8-9。
内藤正典（2012）「日本とトルコ――21世紀の新たな友好への展望」『トルコを知るための53章』明石書店。
永田雄三（1996）「日本におけるトルコ研究小史」『アナトリアニュース』第86号：10-18。
長場紘（2005）『回想のイスタンブル――海峡都市の変貌』真菜書房。
西脇保幸（1999）『トルコの見方――国際理解としての地誌』二宮書店。
日本・トルコ協会70年史編集委員会（1996）『日本・トルコ協会70年史』勁草書房。
日本・トルコ協会（2007）『日本・トルコ協会史追補――1996年〜2006年』第一法規。
波多野勝（1999）「エルトゥール号事件をめぐる日土関係」池井優・坂本勉編『近代日本とトルコ世界』勁草書房。
松谷浩尚（1986）『日本とトルコ――日本トルコ関係史』中東調査会。
松谷浩尚（1999）『日本トルコ交渉史――解説と資料』岡崎研究所。
松谷浩尚（2005）『日本トルコ交渉史（続）――解説と資料』岡崎研究所。
松谷浩尚・松谷功（2014）『日本トルコ関係の形成と発展――黎明期から続く友好親善の回顧』現代トルコ研究会。
丸山昭平（1987）「当社とトルコ」『アナトリアニュース』第52号：10-16。
三沢伸生（2005a）「エルトゥールル号事件」内閣府中央防災会議 災害教訓の継承に関する専門調査会『1890エルトゥールル号事件報告書』。
三沢伸生（2005b）「『エルトゥールル号事件』と新聞メディア」内閣府中央防災会議 災害教訓の継承に関する専門調査会『1890エルトゥールル号事件報告書』。
三沢伸生（2005c）「『エルトゥールル号事件』後の防災体制と災害教訓伝承」内閣府中央防災会議 災害教訓の継承に関する専門調査会『1890エルトゥールル号事件報告書』。

三沢伸生（2008）「日本・トルコ関係小史」『トルコとは何か』別冊環第14号：164-173。
牟田口義郎（2008）「トルコと日本――半世紀前の報道から」『トルコとは何か』別冊環第14号：182-185。
山口洋一（1991）『トルコが見えてくる――この親日国の重要性』サイマル出版会，1991年。
Akkemik, K.Ali (2016) "Is Turkey Turning Its Face Away From Japan to China and Korea? Evidence from Trade Relations", *Perceptions*, 21(1): 45-62.
Akkemik, Ali, A. (2017) "On Turkish-Japanese Economic Relations", *Japan-Turkey Dialogue on Global Affairs, ORSAM Report*, 207: 45-56.
Apatay, Amiral (e) Çetinkaya (2008) *Türk Japon İlişkileri ve Ertuğrul Fırkateyni'nin Öyküsü*, İstanbul: Deniz Basımevi Müdürlüğü.
Çolakoğlu, Selçuk (2016) "Türkiye'nin Kuzeydoğu Asya'daki Rolü", in Deniz Kuvvetleri Komutanlığı (ed.), *Uluslararası Ertuğrul'un İzinde Deniz Kuvvetleri ve Diplomasi Sempozyum*, İstanbul: Deniz Basımevi Müdürlüğü.
Dündar, Merthan Ali (2016) "Atatürk ve Japonya", in Deniz Kuvvetleri Komutanlığı, *Uluslararası Ertuğrul'un İzinde Deniz Kuvvetleri ve Diplomasi Sempozyum*, İstanbul: Deniz Basımevi Müdürlüğü.
Nakamura, Satoru (2016) "Challenge for Qatar and Japan to Build Multilayered Relations", *Gulf Studies Center Monographic Series*, 2, Doha: Qatar University.
Nitch, Volker (2007) "State Visits and International Trade", *The World Economy*, 30 (12): 1797-1816.
Pehlivantürk, Bahadır (2012) "Turkish Japanese Relations -Turning Romanticism into Rationality", *International Journal*, 67(1): 101-117.
Tüzün, Çiğdem (2016) *Şarık Tara in his Own Words*, İstanbul: NMC Television ve Reklamcılık Tic.A.Ş.
Ward, Robert. E. and Rustow, Dankwart A.(eds.) (1970), *Political Modernization in Japan and Turkey*, New Jersey: Princeton Universty Press.

参考資料
長谷部圭彦／三沢伸生／シナン・レヴェント編（2018）『オスマン帝国と日本　トルコ共和国首相府オスマン文書館所蔵文書に基づく両国間関係（早稲田大学資料展示会2017年）』東洋文化アジア研究所。
小松久城・三沢伸生編（2017）『手稿本「日本義侠誉之都魁」――エルトゥールル号事件関連史料（1）』東洋大学。
外務省ホームページ『外交青書』『わが外交の近況』各年版（https://www.mofa.go.jp/mofaj/gaiko/bluebook/），「トルコにおける対日世論調査」（https://www.mofa.go.jp/mofaj/press/release/24/5/pdfs/0522_01_01.pdf）（2018年6月6日閲覧）。

Cidal, Abdülkerim and Pehlivantürk, Bahadır (eds.) (2014) *Japan and Turkey in the International Community: Cooperation and Potential*, Ankara: Center for Middle Eastern Strategic Studies.

Naito, Masanori, İdiris Danışmaz, Bahadır Pehlivantürk and Mustafa Serdar Palabıyık (eds.) (2015) *Orta Doğu Barışı için Türk Japon İşbirliği*, Kyoto: Doshisha University.

Pehlivantürk, Bahadır (ed.) (2017) *Japan-Turkey Dialogue on Global Affairs*, ORSAM Raport, 207.

第2章

多文化主義
—— 公正発展党のアレヴィー政策の事例から ——

柿崎正樹

1 トルコ社会の多様性とアレヴィー

　トルコ社会は宗教的，言語的，そして民族文化的に多様であるが，トルコ政府はこれまでこうした多様性を積極的に承認してこなかった。なぜならば，「トルコ国民」以外の帰属意識は国民の一体性を脅かす脅威と見なされてきたからである。つまり，トルコは「多文化社会」ではあるものの，「多文化主義」を「国民国家の私的・公的領域における文化的・エスニック的多様性を承認し，そのような差異に由来する不平等の是正を目指す理念」（関根 2000, 42-43）と定義するならば，「多文化主義社会」とは言えない国であった。

　しかし2002年に政権を獲得した親イスラーム政党の公正発展党（AKP）は，トルコの民族的・文化的多様性を認め，トルコ国家とマイノリティ集団の和解に動き出した。特にAKP政権が2007年に打ち出した「民主的オープニング（Demokratik Açılım）」と呼ばれる改革は，従来の国家とマイノリティ集団の関係を大きく修正する試みとして注目を集めた。「オープニング（Açılım）」という言葉には「今まで目をつぶってきた問題に正面から向き合い，問題解決と状況打開を図る」という意味が込められている。具体的には，民主化改革を通じて社会の多様性を否定してきた従来の国家政策を改め，クルド問題などマイノリティ集団が抱える問題を解決していくことが目指された。

　本章では，トルコにおける多文化主義を理解する一助として，AKPによる「民主的オープニング」の一環として始まった「アレヴィー・オープニング」と呼ばれる取組みを考察する。アレヴィーとは，第4代カリフのアリーに対す

る特別な尊敬を共有する人々を意味し，スンナ派ムスリムが大多数のトルコでは宗教マイノリティである。宗派別の公式統計がトルコには存在しないため，アレヴィー人口ははっきりしていないが，トルコ総人口の10～25％がアレヴィーと見られている（Erman and Göker 2000, 99）。アレヴィーはモスクではなく「ジェムの家（cemevi）」と呼ばれる修道場で男女一緒に礼拝し，セマーという特徴的な身体技法を行う（米山 2011）。1日5回の礼拝をせず，ラマダン月ではなくムハッラム月に断食をするなど，宗教実践の上でスンナ派ムスリムとは異なる。そのため，オスマン時代よりアレヴィーはスンナ派による政治的抑圧の対象となってきた。しかし1990年代以降になるとアレヴィー文化の普及と継承，差別解消や社会的承認を求める運動が広がりを見せはじめる。こうした中で多文化主義がマイノリティ問題の解決策の1つとして注目されることとなった。

2　欧米とトルコにおける多文化主義

欧米諸国における多文化主義導入の経緯

　トルコにおける多文化主義の現状を把握する前に，ここでは欧米諸国における多文化主義導入の背景について確認したい。というのも，欧米とトルコとでは多文化主義をめぐる歴史的政治的背景が大きく異なり，トルコに固有の社会的背景を理解する上で，まずは多文化主義政策をいち早く取り入れた欧米諸国の動向を理解することが有意義であると考えるからである。

　国民国家の枠内において様々な集団の文化的多様性やアイデンティティを承認し，そうした集団の社会参加を妨げる障害を除去しようという政治的潮流は1970年代から広がってきた。その最大の要因は，第二次世界大戦以降に大量の移民が労働者として欧米社会に流入したことである。彼らは移住先で新たなエスニック共同体を作り，受入国の文化は急速に多様化した。こうしたことから多数派とは異なる文化を持つ集団をどのように処遇し受入国へ統合していくのかが火急の課題となった。受入国の多くはこうした社会状況の変化に当初は同化主義で対処しようと試みた。しかし同化政策の行き詰まりやマイノリティの

文化的独自性の承認を求める社会運動の高まりを受け、1970年代以降は同化主義に代わる政策として多文化主義に注目が集まっていった。

欧州からの移民に加え200を超える先住民族が暮らすカナダは、1960年代末に他国に先駆けて多文化主義を政策として採用し、1988年に多文化主義法を制定した。これによりカナダは言語的マイノリティや先住民族の文化的多様性の保護に向けた取組みを強化することになる (Kivisto 2008)。オーストラリアもカナダと並びいち早く多文化主義を導入した国である。1960年代に新たな労働力としてイギリス以外の欧州諸国やアジアなどからの移住者が増加したこと、さらに白豪主義に対する国際的非難が高まったことにより、1970年代には多文化主義政策の導入を本格化させた。そして移民の民族的アイデンティティの保護を目的とする政府の支援がその後拡充した (塩原 2005)。

多文化主義はカナダやオーストラリアだけではなく、イギリスやフランス、ドイツなどの国々にも国民統合やマイノリティ保護に関する重要な理念として広がった (Siapera 2010)。イギリスやフランスには、旧植民地から多くの人々が労働者として流入し、第二次世界大戦後の経済成長を支えた。ドイツ（旧西ドイツ）の場合、トルコやユーゴスラビアなどから多くの外国人労働者を1960年代から受け入れてきた。こうした国々では移民統合と多文化共生が重要な政治課題として議論されている。

一方、国家内にもともと複数の民族が存在し、宗教的、言語的、民族的な亀裂により社会的同質性に欠けているオランダやベルギー、スイスなどでは、政策決定に関する相互拒否権や全会一致、比例代表制による少数派利益の保護、地方分権や連邦制といった制度が採用されている。こうした政治制度をオランダ出身の政治学者レイプハルト (1979) は、多極共存型民主主義と呼び、均質な国民意識がない場合でも集団間の合意形成を重視することで安定した民主政治は維持できると主張した。関根はこの多極共存型民主主義を連邦制・地域分権多文化主義と分類している (関根 2000, 54-55)。

以上のように、多文化主義のあり方と導入の程度は国によって異なるものの、ヘイウッドによれば、2000年頃までにはEU加盟国諸国で多文化主義が移民政策や文化政策を検討する上で無視できない概念となった (Heywood 2012, 313)。

トルコにおける「マイノリティ」概念

　一方，トルコにおける多文化主義をめぐる歴史的背景は大きく異なる。そもそも第二次世界大戦後のトルコは欧米諸国のような移民受入国ではなく「移民送り出し国」だった。トルコにおいて多文化主義は，移民をどう受入国の社会に統合していくのかという問題ではなく，オスマン時代からトルコ社会で生きてきたマイノリティ集団，つまりユダヤ教徒，アルメニア教徒，ギリシャ人，クルド人，アレヴィーといった人々による政治的承認を求める運動，そして市民的平等を求める闘いへの1つの答えとして近年登場した。

　トルコにおけるマイノリティについて語る場合，公式に「マイノリティ集団」としてローザンヌ条約で定義された共同体と，そうではない共同体を分けて考える必要がある。ローザンヌ条約は第一次世界大戦の戦後処理に関して1923年にトルコと連合国が締結した講和条約である。このローザンヌ条約はトルコの「マイノリティ」を「非ムスリム」と定義し，第39条で「非ムスリムのトルコ国民はムスリムの国民と同等の市民的政治的権利を享受する」と規定している。この規定をトルコにおける多文化主義的制度と見なすことも可能であるが，あくまでもここで言うマイノリティは宗教的マイノリティに限定されている。「マイノリティ」概念はローザンヌ条約が締結された1923年当時ではすでに「人種，言語，宗教」といった幅広い社会的属性に依拠した概念であるとの理解が国際社会では一般的であったが，条約交渉においてトルコ政府は「マイノリティとは非ムスリム」とする限定的な定義にこだわった（Oran 2007）。

　そのこだわりの原因は，オスマン時代におけるマイノリティの捉え方にある。オスマン帝国ではミッレト制と呼ばれる統治制度が作られ，人々は宗教に基づいて区別された。ミッレトは同じ宗教を信ずる人々の共同体であり，ムスリム，そして啓典の民であるユダヤ教徒やギリシャ正教徒，アルメニア教徒がそれぞれのミッレトであった。多数派を占めるスンナ派イスラームの圧倒的な優位の下，納税などを条件に，ユダヤ教会やアルメニア教会，ギリシャ正教会のミッレトには一定の自治権が認められていた。つまり，オスマン帝国においては言語や民族ではなく宗教が社会集団を規定する要因であったのであり，ムスリムであればトルコ人とクルド人との間に違いはなかった。こうした宗教に基づく

マイノリティ概念はトルコ共和国にも受け継がれ、ユダヤ教徒、ギリシャ正教徒、アルメニア正教徒のみがローザンヌ条約において公式なマイノリティとして法的保護の対象となっている。

一方、ローザンヌ条約のマイノリティ概念からは抜け落ちてしまう社会集団がトルコには数多く存在する。たとえばクルド人である。クルド人は「国を持たない世界最大の民族」とも言われるトルコの少数民族であるが、宗教上はムスリムであるがゆえに、ローザンヌ条約の定義に従うとマイノリティでなく多数派ということになる。また、トルコにはムスリムでありながら多数派のスンナ派ムスリムとは異なる教義と宗教実践を持つマイノリティも存在する。本章で取り上げるアレヴィーと呼ばれる人々はその一例である。

トルコにおける多文化主義の登場

国内に様々な宗教や言語を抱えるトルコでは、国民統合を図る上でマイノリティ集団に対する同化政策が採用され、民族的多様性について語ることは長年タブー視されていた。しかし1990年代に入ると政治的自由化の流れが進み、マイノリティをめぐる問題にも関心が集まるようになる。さらにEU加盟交渉においてマイノリティの権利保護が重要な改革項目となり、マイノリティの地位向上に向けた外圧ともなった。こうしてトルコにおいても多文化主義（Çokkültürlülük）が1つのキーワードとして注目を浴びるようになった。

トルコ言論界では多文化主義に関する論文が増え、欧米における主要書籍のトルコ語翻訳も進んだ（Baumann 1999/2006；Habermas 1996/2002；Kymlicka 1996/1998；Parekh 2002/2012）。また、トルコのこれまでの国民概念や市民権を再検討する研究も進んだ（Kirişçi 2000；Çağaptay 2006）。さらには2000年代に入りAKP政権下で少数言語の自由化が実現し、言語教育における多文化主義の導入が幅広く議論されるようになった。こうして教育の場でマイノリティへの配慮が考慮されるようになると、学校教育における多文化理解の実践、およびその効果などに関する研究が広く行われるようになった（Çayır 2015；Ersoy and Bilgi 2016）。こうした多文化主義議論の多くは、トルコの国民統合にはマイノリティ集団の独自文化や言語の承認および平等な市民権の確立が不可欠との点

でおおむね合意してる。ただしマイノリティ集団に対する固有の権利付与やアファーマティブ・アクションの導入，エスニック政党の設立，もしくは地方分権および連邦制の採用などを含むより急進的な多文化主義議論は限定的である。

3　トルコ政治史におけるアレヴィー

トルコ共和国とアレヴィー

　スンナ派ムスリムが多数派であるトルコ社会において異端と見なされきたアレヴィーは，16世紀頃から様々な迫害を受けてきた（Imber 1979；Lord 2017；Mutluer 2016）。こうしたことから，トルコ共和国を建国したムスタファ・ケマル（のちのアタテュルク）が世俗主義を新生トルコの国是とすると，スンナ派による差別の解消を期待したアレヴィーはこれを強く支持した。

　しかし共和制初期にトルコ政府が「トルコ国民」の要素としてスンナ派イスラームを重視していたことは事実であり，政府がアレヴィーを個別の宗教マイノリティ集団と認めることはなかった。さらにイスラームを国家の下で管理するために設置された宗務庁は，スンナ派ハナフィー学派の普及を任務の1つとしており，アレヴィーを異端とするオスマン時代の認識を継承していた。1937年にはトルコ東部のデルスィム（現在のトゥンジェリ）でトルコ新政府の支配拡大に抗うアレヴィー系クルド人による叛乱が発生したが，政府はこれを武力で鎮圧した。この結果1万人以上の人々が殺害され，アレヴィー住民の多くはスンナ派が多数を占める居住区へ強制的に移住させられた。

　第二次世界大戦後にトルコで民主化が進展すると，アレヴィーの中からも公然と政治に関与する動きが出てくる。スンナ派のイスラーム運動がトルコ政治で影響力を増す中で，アレヴィーは世俗派で左傾化しつつあった共和人民党（CHP）を支持した。同時に都市部のアレヴィーの中には徐々に社会主義が浸透し，若者の中には合法・非合法の左翼運動に加わる動きが加速した。1961年に設立されたトルコ労働者党（TİP）は，「クルド」および「アレヴィー」という言葉を政治の場で本格的に使用した。「諸民族の友愛（halkların kardeşliği）」を訴えたTİPは，1965年総選挙で都市部のアレヴィー有権者から一定の支持を

得ることに成功する（Aktürk 2012）。一方で，1966年にはアレヴィーの政党として統一党（BP）が設立された。1969年総選挙でBPは，アレヴィーと社会主義との接近に反対するアレヴィー有権者から支持を受けた。

アレヴィーに対する政治的暴力

1970年代になるとアレヴィーを取り巻く環境は左右のイデオロギー対立の激化を原因に悪化していく。社会変動の中で都市に流入したアレヴィーの若者は徐々に左派勢力に接近したが，これによりトルコ民族主義を掲げる極右勢力からは共産主義者と並ぶ「国内の敵」と見なされることとなる（van Bruinessen 1996）。1978～80年にかけて，マラテヤ，シヴァス，チョルムといった地方都市ではアレヴィーに対する襲撃事件が相次ぎ，カフラマンマラシュでは100人以上のアレヴィーが犠牲となった。

1980年9月，トルコ軍は政治混乱を理由にクーデタに踏み切った。軍部は政治の安定化には共産主義の排除が不可欠だと判断し，イスラーム的価値の普及に力を入れた。初等教育では宗教科目が必修となったほか，モスクの建設が各地で進んだ。しかし宗教科目のカリキュラムはスンナ派イスラームに偏っている上に，アレヴィー居住区にもモスクが作られるなど，アレヴィーのアイデンティティを国家が考慮することはなかった。

1990年代にもアレヴィーに対する暴力は続いた（Pope 1997, 256-265）。1993年7月，トルコ中部のシヴァスでは，アレヴィーの文化行事がスンナ派住民らに襲撃され37人が殺害された。襲撃は数時間続いたが，地元の警察は介入せず事実上襲撃を黙認した。1995年にはアレヴィー住民が多く住むイスタンブールのガーズィオスマンパシャ地区にある複数のカフェが同時多発的に襲撃され，2人が死亡，数人が負傷した。これに対し数千人のアレヴィー住民がガーズィオスマンパシャ地区に集結し警察と衝突した。この暴動では23人が死亡し，1000人以上が負傷した。

アレヴィー社会運動

1993年と1995年に発生した事件以降，トルコではアレヴィーの知識人や市民

団体による社会運動が大きく展開した。アレヴィーの中からはマイノリティである自分たちを守るためには，襲撃を黙認した政府に頼るのではなく，自らを組織し積極的に政治に参加することが必要だとの意識が高まっていく（Mutluer 2016）。そしてアレヴィーとしてのアイデンティティを隠すのではなく，それを公的領域で表明し，その社会的承認を求めるべきだとする「新しい社会運動」もしくは「承認を求める闘争」が徐々に広がっていく（Özmen 2011；Şimşek 2004）。こうして1990年代末までにトルコ国内では200以上のアレヴィー系市民団体が設立されることとなった（Çamuroğlu 1998）。

　1990年代の社会変化や政治情勢もアレヴィーの社会運動を後押しした。この時代，トルコではマスメディアおよび出版の自由化が進み，アレヴィーの人々がトルコ社会で声を上げる政治的空間が広がった（Yavuz 2003）。また，1990年代前半にトルコ政府は，非合法武装組織「クルディスタン労働者党（PKK）」からクルド系アレヴィーを引き離す目的で，アレヴィーの文化行事などの支援を開始した。アレヴィーとしての自意識が強まれば，クルドとしての民族意識は希薄化し，PKKへの支持が後退するだろうとトルコ政府は考えていたのである（van Bruinessen 1996）。さらにこの時期のトルコではイスラーム政治運動が高揚し，親イスラーム政党でAKPの前身にあたる福祉党が政権を獲得した。こうした中で，アタテュルクの世俗化政策を支持してきたアレヴィーは，「世俗主義の擁護者」と再評価された（Öktem 2008）。このような国内情勢の変化に加えて，EU加盟交渉に向けた欧州委員会からの改革要求や，在欧アレヴィー系団体によるEUへの働きかけがアレヴィーの社会運動を外から後押しした（Grigoriadis 2006；Sökenfeld 2008）。

　こうして1990年代にアレヴィーによる社会運動が広がっていったが，アレヴィー系諸団体が一致した政治目標を掲げているわけではない。そもそも，アレヴィーと呼ばれる社会集団は非常に多様である。アレヴィー社会にはアレヴィーをイスラームの一部と見なすグループもあれば，イスラームとは異なる固有の宗教または信仰体系と考える人々もいる。さらにはアレヴィーを宗教ではなく文化的アイデンティティもしくは独自の生活様式と見なすアレヴィー，または社会主義と高い親和性を示すアレヴィーも存在する（Özmen 2011）。

アレヴィーの定義をめぐる多様性に加えて，アレヴィー社会には差別解消と地位向上をどう図るかという点で2つの立場がある。1つは，多文化主義的アプローチ，つまりアレヴィーというマイノリティ集団としての権利と承認を求めていくべきとする立場であり，もう1つはリベラリズム的アプローチ，つまり「マイノリティ」としての承認は求めずに，あくまでも世俗主義と市民的平等の徹底を求めることでアレヴィーが抱える問題を解消すべきだとの立場である（Erman and Göker 2000）。

4　公正発展党によるアレヴィー政策

アレヴィー社会の政治的要求

しかしながら，こうした多様性にもかかわらずアレヴィーが総体として抱えている問題や彼らが求める政治的要求には以下のような共通のものがある。第1に，アレヴィー社会はトルコ政府に対し「ジェムの家」をアレヴィーの礼拝所として公式に承認するよう求めている。宗務庁はスンナ派のモスクおよびローザンヌ条約でマイノリティと定義されたアルメニア正教およびギリシャ正教およびユダヤ教の宗教施設のみを礼拝所として承認している。しかし「ジェムの家」はアタテュルクの世俗化改革の一環として神秘主義教団の修行場などと一緒に非合法化されたままである。そのため「ジェムの家」は礼拝所としてではなく文化施設として設立されている。

宗務庁は，アレヴィーをあくまでもイスラームの一部と見なし，ムスリムの礼拝所はモスクであることから，「ジェムの家」は礼拝所には相当しないとの立場を維持している。「ジェムの家」をモスクとは別の礼拝所と認めると，アレヴィーをスンナ派イスラームとは異なる宗教と認めることにつながりかねないからである。このため，宗務庁の承認を受けていない「ジェムの家」は，モスクやシナゴーグと異なり，国からの補助金を一切受けることができない。アレヴィーは「ジェムの家」の維持管理費を自分たちでまかなう必要があり，コミュニティーの維持と文化の継承が困難となる（Bardakçı et al. 2017）。

「ジェムの家」の承認をめぐっては，もう1つの問題がある。トルコでは

PKKに対する軍事作戦が長年続けられており、PKKによる攻撃により殉職する若い兵士が後を絶たない。通常、殉職した兵士の葬儀は軍がモスクで執り行う。では、殉職した兵士がアレヴィーであった場合は「ジェムの家」で葬儀が行われるかと言うとそうではない。宗務庁が「ジェムの家」を宗教施設として承認していないため、軍による葬儀を行うことはできない。そのためアレヴィーの兵士の葬儀をどこで行うかをめぐって論争が続いている。アレヴィーでありながら「ジェムの家」ではなくモスクで葬儀が行われる場合や、たとえ「ジェムの家」で葬儀が行われてもそこに軍関係者が出席しない場合もある。いずれにせよ、スンナ派の若者と同じトルコ国民として徴兵され国に尽くして殉職したにもかかわらず、アレヴィーの兵士は死後も差別を受けていることになる。

アレヴィーの人々の2つ目の要求は、国家行政によるアレヴィーに対する平等な扱いである。たとえば、アレヴィーという出自は、省庁内における任命・昇任において不利に働くと言われている(Bardakçı et al. 2017, 104)。また、県知事などの地方公共団体の要職からアレヴィーは事実上排除されているだけではく、政府調達においてもアレヴィー系企業が差別されていると言われている。

アレヴィーからの第3の要求としては、初等中等教育における宗教科目の改正が挙げられる。トルコの小中学校における必須の「宗教」および「倫理」科目の内容がスンナ派イスラームに偏っているとして、アレヴィーの生徒に対する宗教科目の免除措置の導入、もしくは必修科目の廃止を求めている。現在宗教科目の履修が免除されているのは、ローザンヌ条約でマイノリティと認められたユダヤ教徒やキリスト教徒のみである。

第4に、アレヴィー社会は宗務庁改革を求めている。ただし、宗務庁をどう改革するのかをめぐって意見は分かれる。一方では宗務庁の内部にアレヴィーの代表機関を設置し、「ジェムの家」への補助金支出やデデと呼ばれるアレヴィーの導師への国からの給与支払いを求める意見がある。たとえば、アレヴィーをイスラームと見なしAKPとも近いジェム財団は、アレヴィーを代表する組織として2003年に「アレヴィー・イスラーム宗務庁(Alevi İslam Din Hizmetleri Başkanlığı ; AİDHB)」を独自に立ち上げたが、その際には将来的にAİDHBを宗務庁へ編入することも検討されていた(Çalışlar 2008)。

しかし，アレヴィーの代表機関をスンナ派の宗務庁に組み込むことに左派のアレヴィーは反対する。こうした団体は，アレヴィーと宗務庁との融合は多様性の承認ではなくむしろアレヴィーのスンナ化にすぎないと批判し，アレヴィーに対する抑圧の原因は世俗主義の不徹底であると主張する。したがって，宗務庁についてもその改革ではなく解体そのものを求めている。そしてこうした見方に対しジェム財団などは，宗務庁が廃止されれば世俗主義体制がむしろ脅かされ，アレヴィーに対する迫害が再び強まりかねないと再反論する（Bardakçı et al. 2017, 106-107）。したがって，宗務庁の改革をめぐってはアレヴィー内部で意見はまとまっていない。

「アレヴィー・オープニング」

　AKP政権は2007年夏，民主化改革の一環として「アレヴィー・オープニング」と呼ばれる政治プロセスを開始した。AKPがアレヴィーの断食明けの食事（イフタル）を執り行いアレヴィー団体の代表らを招いたほか，閣僚がアレヴィーの行事に参加するなどの接近が図られた。また，2007年総選挙ではAKPから出馬したアレヴィーのレハ・チャムルオールら3人のアレヴィー系候補が当選した。そしてアレヴィー政策顧問となったチャムルオールが中心となり，AKP政権はアレヴィー問題への取り組みを強化した。さらに画期的だったことは，2008年12月，AKPの閣僚がトルコ政府として初めてアレヴィーに対する過去の政治的迫害について謝罪をしたことである（*Hürriyet* 23 Aralık 2008）。

　そしてAKP政権は2009年6月〜2010年1月までに計7回のアレヴィー問題に関するワークショップを開催した。このワークショップにはアレヴィー系団体の代表者や知識人，スンナ派の有識者など計400人が参加した。2009年6月にアンカラで開催された第1回会合ではアレヴィー系組織の代表，デデ，有識者などが参加し，多様な意見のヒアリングが行われた。7月の第2回会合にはアレヴィー研究に関わる研究者が出席し，学術的な観点からアレヴィーに関する意見交換が行われた。8月の第3回会合では神学に関わる研究者，9月の第4回会合では労働組合や人権団体といった市民社会組織の代表，11月の第5回

会合では報道関係者らを中心に、それぞれの領域におけるアレヴィーの置かれた現状について話し合われた。実質的な会合としては最後となる12月の第6回会合では国会議員など政界関係者らがアレヴィーの政治的要望などについて議論した。こうして各界からのヒアリングを繰り返し、アレヴィー・ワークショップは2010年1月の第7回会合で終了した。アレヴィーに関するこのような包括的な政府による取組みはトルコでは初めてであり、このワークショップはトルコの多文化主義のさきがけと評価された（Subaşı 2010）。

「アレヴィー・オープニング」に対する批判

しかしこのアレヴィーとの政治対話はなんら実質的な成果を出さないまま終わりを迎えた。AKPが「アレヴィー・オープニング」の検討を開始した2007年7月の総選挙では、AKPは3人のアレヴィー系候補を擁立し当選させた。しかし「アレヴィー・オープニング」が終わり改革機運が後退した2011年の総選挙では、AKPのアレヴィー系議員はわずか1人となり、2015年総選挙においてはアレヴィー系候補の擁立すらもなくなっていった。

「アレヴィー・オープニング」はトルコ政府が初めて公にアレヴィーの抱える問題に向き合う姿勢を示した点で画期的な試みではあったが、当事者であるアレヴィー側からは様々な批判を受けることとなった。ワークショップが進むにつれて、アレヴィー社会からの支持は次第に後退した。たとえば2009年11月8日、ワークショップに参加していたアレヴィー・ベクタシー連盟やピール・スルタン・アブダル文化協会などはイスタンブルで抗議集会を開催し、平等な市民権を求める声明を発表した。集会には20万人が参加し、トルコ政府のワークショップに対する不満を表明する場となった。

批判の中心は、「アレヴィー・オープニング」がアレヴィーのスンナ化もしくは同化政策であったというものであった。計7回実施された会合でも、アレヴィー当事者は第1回会合と第7回会合に招聘されただけであり、実質的な議論が行われた第2回から第6回会合の参加者はそのほとんどがスンナ派の有識者であった（Boyraz and Boravalı 2014, 482）。第3回会合にはスンナ派の神学者らが集められたが、そこにはスンナ派の学者こそが正当な宗教知識の伝達者であ

り，彼らがアレヴィーについても正確な定義を提供できるとの前提が垣間見える。また，最終会合後に内務省が発表した報告書では，「アレヴィーとは何よりもまずイスラームを根本的な起源とする宗教集団の一部であり，それはアナトリア固有の特徴を有する」と定義しており（T. C. Devlet Bakanlığı 2010, 30），アレヴィーの中からは他者（政府）がアレヴィー性を決めつけるのはおかしいとの声が上がった。政府がアレヴィー系団体と相談することなくワークショップを準備し，参加者の人選を一方的に行ったことも「政府からの一方的な押し付け」と受け止められた（Özkul 2015, 85）。AKP の取組みに当初は前向きな態度を示していたジェム財団のイッゼト・ドアン会長も，AKP はスンナ派イスラームの強化を目的にアレヴィーを利用していたと断じ，ワークショップを「成功」と評価した内務省の報告書を厳しく批判した（Evrensel 5 Nisan 2011）。

　また，AKP はトルコのスンナ派イスラーム政治運動の流れをくむ政党であり，アレヴィー側には当初から AKP のイニシアティブに不信感があったと考えられる。たとえば，AKP 議員の中には1993に発生したシヴァス事件の被告人弁護を務めた弁護士が複数いた（Bardakçı et al. 2017, 122）。イスタンブル市長時代にエルドアン大統領が，市内にある「ジェムの家」の増築工事に反対し，工事中止命令を出していたことも周知の事実であった（Pope 1997, 262；米山 2011, 86）[(2)]。また，AKP 支持層の母体はスンナ派有権者であり，彼らの中には当初から「アレヴィー・オープニング」に批判的な声が強く，AKP はアレヴィーの要求に向き合う必要性を認識しながらも，「ジェムの家」の公的承認などには踏み切ることができなかった（Bardakçı 2015）。

イスラーム的多文化主義の限界

　以上のようなアレヴィー側からの批判は，AKP のイスラーム的な多文化主義を浮かび上がらせる。AKP は従来のトルコ民族主義および世俗主義を批判し，「トルコ国民」概念の軌道修正に踏み切った。ここで AKP が強調したのは民族的出自にかかわらずトルコ国民の大多数が共有するムスリムとしての意識であった。たとえばクルド問題の打開を図る上で AKP はトルコ人とクルド人をムスリム共同体の構成員と捉えることで，民族対立を解消しようとした。

歴代政権と異なりAKP政権が大胆にクルド問題やアレヴィー問題に切り込めた背景には，社会的亀裂をイスラーム的多文化主義で乗り越えようとしたその斬新さに求めることができるだろう。しかし同時にこうした多文化主義理解は不完全な「アレヴィー・オープニング」をもたらすことになった（Aktürk 2018）。なぜならAKPにとってムスリムとはすなわちスンナ派ムスリムのことであり，歴史的に異端視されてきたアレヴィーをこの新しい国民概念に包摂することは容易ではなかった。アレヴィー社会はジェム財団に代表されるような伝統的なアレヴィー派と，世俗的でAKPに批判的なアレヴィー派に分裂しているが，AKPは前者の取り込みを図ると同時に，後者を「アレヴィー・オープニング」から排除してしまった[3]。

政治に翻弄されるアレヴィー社会

　2013年以降はトルコ国内外の政治情勢がアレヴィーを取り巻く状況を悪化させた。AKP政権は2011年頃から徐々に権威主義化するとともに，イスラーム色の強い政策を打ち出すようになった。2013年6月にイスタンブルのゲズィ公園を中心に広がった抗議運動では，AKP政権下で世俗主義が脅かされていると懸念する世俗派市民が多く参加していたが，その中にはアレヴィーの人々も多数加わっていた。アレヴィーが多く住む地区ではデモ参加者と治安当局の激しい衝突が発生した。この抗議運動では6人の市民が命を落としたが，犠牲者全員がアレヴィーだったと言われている（Bardakçı *et al.* 2017, 123）。また，警察の報告では，抗議運動に関連して拘束されたデモ参加者5500人のうち，約78%がアレヴィーの人々と見られている（*Hürriyet Daily News* 25 November 2013）[4]。

　こうした都市部の世俗派アレヴィーとAKP政権との関係は緊張をはらみ続けている。たとえばイスタンブルのガーズィオスマンパシャやオクメイダヌといった比較的貧しいアレヴィーの労働者層が住む地区では，合法・非合法の極左組織が根を張っており，AKP政権に対する抵抗運動を続けている。2013年の抗議運動が下火になって以降も，こうした地区では極左組織と治安当局の衝突は断続的に発生し，世俗派アレヴィーの若者層の政治的過激化をもたらしている（Osterlund 2015）。

AKP政権とアレヴィー社会との関係悪化を受けて2014年11月23日，アフメト・ダヴトオール首相は，1937年にデルスィムの叛乱が発生したトルコ東部のトゥンジェリを訪問した。ここでダヴトオールは市内の「ジェムの家」を訪問し，アレヴィーの人々を前にデルスィムの叛乱における当時の政府の対応を非難，スンナ派とアレヴィーの和解を訴えた。また，デルスィム事件に関する博物館の開設，アレヴィーの霊廟周辺の道路整備，アレヴィーに対する差別解消などを約束した (*Hürriyet Daily News* 24 November 2014)。しかしダヴトオール首相のこうした動きに対し，アレヴィー側は不信感を募らせた。トルコでは翌年に総選挙が予定されていたため，アレヴィー票を狙った与党のジェスチャーにすぎないと受け止められたためである。総選挙後，ダヴトオール首相は再度アレヴィー問題に取り組む姿勢を示し，「ジェムの家」に法的地位を付与するとの方針を掲げた。しかし政府の提案はあくまでも「伝統的文化の中心」としての「ジェムの家」に法的地位を付与するものであり，モスクと同等の宗教施設ではないとする従来の政府見解を転換するものではなく，アレヴィー団体から批判を受けた。

また，2014年の大統領選挙では，エルドアン首相は，野党CHPのケマル・クルチダルオール党首がアレヴィー出身であることに言及し，「私はスンナ派だと堂々と言える。クルチダルオール氏も自分がアレヴィーであるとはっきり言うべきだ」と発言した (*Cumhuriyet* 2 Ağustos 2014)。これはCHPがアレヴィー寄りの政党であることをほのめかすことで，スンナ派の有権者からの支持を引き出そうとしたものだと考えられるが，スンナ派とアレヴィーとの対立を不必要に煽りかねない言動であった。

アレヴィーを取り巻く状況は昨今のシリア情勢からも影響を受けている。シリアのアサド大統領はアラウィー派出身である。トルコのアレヴィーとシリアのアラウィーは同じではないが，どちらとも第4代カリフのアリーを崇拝するため，スンナ派からは同一視される傾向にある (Aringberg-Laazatza 1998)。そのため，アレヴィーはトルコと敵対するシリアのアサド大統領を支持しているとの認識が広がり，トルコ国内ではアレヴィー住民の家屋に何者かがバツ印を残す事件が発生するようになっている (*Cumhuriyet* 10 Aralık 2015; *Hürriyet Daily*

News 15 June 2015)。このような出来事は1970年代にアレヴィーを狙った政治暴力の記憶を喚起させる。しかしトルコ政府はこうした問題に十分な対応をしておらず，アレヴィー住民の政府に対する不信感を強める結果となった。

5　今後の見通し

　以上見てきたように，トルコにおける多文化主義ではマイノリティとは「非ムスリム」を意味している。したがって，ムスリムでありながらもスンナ派ムスリムとは異なる民族性や宗教実践を有する社会集団のアイデンティティは長年否定されてきた。本章ではそうした集団の一例としてアレヴィーの抱える問題とAKP政権の対応を検討した。

　アレヴィーの抱える問題は多文化主義もしくはマイノリティ保護の観点から議論されることが多い。しかし本章で検討したように，AKPの多文化主義はスンナ派イスラームを中心としたオスマン時代のミッレト制を支えたマイノリティ概念を受け継いでいる。また，AKPを支持する有権者の多くもスンナ派であるがゆえに，AKP政権がアレヴィーを個別の宗教マイノリティと認めることは難しいだろう。また，マイノリティ集団としての公的承認を求めるべきかという点で，アレヴィー社会の中で意見の一致は見られない。そのため，主要なアレヴィー団体や研究者は，多文化主義に基づく集団としての権利を求めるのではなく，憲法で明記された市民的平等の徹底化を図ることでアレヴィー問題の解決を目指している。

　AKP政権による「アレヴィー・オープニング」は具体的な成果なく終わった。さらに近年AKPが宗教色を強め権威主義化する中で，アレヴィー社会と政府との関係は悪化している。しかしながら，アレヴィーの社会的承認に向けた次のような2つの動きもある。まず，2015年12月，PKKとの戦闘で殉職したアレヴィーの兵士の軍葬が，イスタンブルのイチェレンキョイ地区にある「ジェムの家」で執り行われた。これは遺族の強い要望を軍関係者が受け入れて実現したもので，葬儀後，「ジェムの家」の代表は，「モスクで軍による葬儀ができるのであれば，『ジェムの家』でも行われるべきだ。今日は遂にこれが

実現された」と述べた（*Ataşehir'de Gündem* 11 Aralık 2015）。また，2017年7月には，最高行政裁判所が，「ジェムの家」の電気代は宗務庁を通じて国が負担するべきとの歴史的な判決を下した（*Hürriyet Daily News* 25 July 2017）。これは「ジェムの家」を司法が礼拝施設として事実上承認したことを意味するだろう。判決文において裁判所は政府に適切な対応を求め，平等な市民権の重要性を指摘した。今後は政府および宗務庁がこの司法判断をどこまで受け入れるかが注目される。

　こうした動きが果たして「ジェムの家」の公的承認やアレヴィーに対する差別解消にどこまでつながるかはわからない。しかしながら，アレヴィー社会の働きかけや異議申し立てにより，市民権や国民概念の再検討が避けて通れない課題としてトルコ社会で認識されるようになったことはたしかだろう。そしてこうしたアレヴィー社会の動きは，クルド人や他のマイノリティ集団にとっても無関係ではなく，トルコにおける国家と社会，もしくは政治と宗教の関係そのものにも多大な影響を及ぼしていくだろう。

注
(1)　アレヴィーというアイデンティティは民族意識とも交差しており，アレヴィー人口の80％ほどがトルコ人（トルコ語話者），20％ほどはクルド人（クルド語話者）と推測されている（Shankland 2003, 20）。
(2)　ただしこの中止命令は裁判所の判断により取り下げられた。しかしエルドアン大統領は2012年8月に出演したテレビ番組で再びこの「ジェムの家」について言及し，「この建物は『奇形』であり違法である」と述べ，ムスリムの礼拝所はモスクのみであるとの認識を再度示した（*Hürriyet* 6 Ağustos 2012）。
(3)　「アレヴィー・オープニング」をめぐるアレヴィー社会内の意見の相違については（井口 2014）が詳細に論じている。また，アレヴィー社会運動において在欧のアレヴィー系市民社会組織が大きな役割を果たしているが，AKP政権はこうした在欧団体を「アレヴィー・オープニング」から排除した。
(4)　さらにAKP政権はこの時期，イスタンブールに完成した第3ボスフォラス大橋を「スルタン・セリム大橋」と命名した。16世紀にアレヴィーを迫害したスルタンにちなんだこの命名に，アレヴィーの人々は強く抗議した。

参考文献

井口有奈（2014）「現代トルコの多様性承認をめぐる政治——公正発展党政権下におけるアレヴィ問題を事例に」『同志社グローバル・スタディーズ』第 4 巻：49-70。

塩原良和（2005）『ネオ・リベラリズムの時代の多文化主義——オーストラリアン・マルチカルチュラリズムの変容』三元社。

関根政美（2000）『多文化主義社会の到来』朝日新聞社。

米山知子（2011）『回るアレヴィー——トルコの都市における場とパフォーマンスの人類学』スタイルノート。

レイプハルト，アレンド，内山秀夫訳（1979）『多元社会のデモクラシー』三一書房。

Aktürk, Şener (2012) *Regimes of Ethnicity and Nationhood in Germany, Russia, and Turkey*, New York: Cambridge University Press.

Aktürk, Şener (2018) "One Nation under Allah? Islamic Multiculturalism, Muslim Nationalism and Turkey's Reforms for Kurds, Alevis, and non-Muslims," *Turkish Studies*, 19(4): 523-551.

Aringberg-Laazatza, Marianne (1998) "Alevis in Turkey — Alawites in Syria: Similarities and Differenes," in Tord Olsson, Elisabeth Özdalga, and Catharina Raudvere (eds.), *Alevi Identity: Cultural, Religious and Social Perspectives*, Istanbul: Swedish Research Institute.

Ataşehir'de Gündem (11 Aralık 2015) "Şehit Er için Cemevinde Askeri Tören," https://www.atasehirdegundem.com/sehit-er-icin-cemevinde-askeri-toren.html（2018年5月19日閲覧）。

Bardakçı, Mehmet (2015) "The Alevi Opening of the AKP Government in Turkey: Walking a Tightrope between Democracy and Identity," *Turkish Studies*, 16(3): 349-370.

Bardakçı, Mehmet, Annette Freyberg-Inan, Christoph Giesel, and Olaf Leisse (2017) *Religious Minorities in Turkey: Alevi, Armenians, and Syriacs and the Struggle to Desecuritize Religious Freedom*, London: Palgrave Macmillan.

Baumann, Gerd (1999/2006) *Çokkültürlülük Bilmecesi: Ulusal, Etnik, ve Dinsel Kimlikleri Yeniden Düşünmek* [*The Multicultural Riddle: Rethinking National, Ethnic, and Religious Identities*] (Işıl Demirakın, Trans.), Ankara: Dost Kitabevi.

Boyraz, Cemil, and Murat Boravalı (2014) "Turkish Secularism and Islam: A Difficult Dialogue with the Alevis," *Philosophy and Social Criticism*, 40(4-5): 479-488.

Bruinessen, Martin van (1996) "Kurds, Turks and the Alevi Revival in Turkey," *Middle East Report*, 200: 7-10.

Çağaptay, Soner (2006) *Islam, Secularism, and Nationalism in Modern Turkey*, London: Routledge.

Çalışlar, Oral (16 Kasım 2008) "Cem Vakfı Başkanı İzzettin Doğan: Diyanet A'dan Z'ye

Yeniden Yapılandırılmalı," *Radikal*, http://www.radikal.com.tr/turkiye/cem-vakfi-baskani-izzettin-dogan-908598/ (2018年5月19日閲覧).

Çarmuroğlu, Reha (1998) "Alevi Revivalism," in Tord Olsson, Elizabeth Özdalga and Catharina Raudvere (eds.), *Alevi Identity: Cultural, Religious and Social Perspectives*, Istanbul: Swedish Research Institute.

Çayır, Kenan (2015) "Citizenship, Nationality and Minorities in Turkey's Textbooks: From Politics of Non-recognition to 'Difference Multiculturalism," *Comparative Education*, 51(4): 519-536.

Cumhuriyet (2 Ağustos 2014) "Erdoğan: Kılıçdaroğlu, Sen Alevi Olabilirsin...," http://www.cumhuriyet.com.tr/haber/siyaset/101147/Erdogan__Kilicdaroglu__sen_Alevi_olabilirsin....html (2018年5月19日閲覧).

Cumhuriyet (10 Aralık 2015) "CHP'den Alevi Raporu: Gün Gün Saldırılar, Ayrımcı Söylemler," http://www.cumhuriyet.com.tr/haber/turkiye/446208/CHP_den_Alevi_raporu__Gun_gun_saldirilar__ayrimci_soylemler.html (2018年5月19日閲覧).

Erman, Tahire, and Emrah Göker (2000) "Alevi Politics in Contemporary Turkey," *Middle Eastern Studies*, 36(4): 99-118.

Ersoy, Seçkin, and Sabiha Bilgi (2016) "Multicultural Education Perspective in Turkey: Possibilities and Dilemmas," in Joseph Lo Bianco and Aydin Bal (eds.), *Learning from Difference: Comparative Accounts of Multicultural Education*, Cham, Switzerland: Springer.

Evrensel (5 Nisan 2011) "İzzetin Doğan'dan 'Alevi Raporu'na Eleştiri," https://www.evrensel.net/haber/3488/izzetin-dogandan-alevi-raporuna-elestiri (2018年5月19日閲覧).

Grigoriadis, Ioannis N. (2006) "Political Participation of Turkey's Kurds and Alevis: A Challenge for Turkey's Democratic Consolidation," *Southeast European and Black Sea Studies*, 6(4): 445-461.

Habermas, Jürgen (1996/2002) *Öteki Olmak, Ötekiyle Yaşamak: Siyaset Kuramı Yazıları* [*Die Einbeziehung des Anderen: Studien zur politischen Theorie*] (İlknur Aka, Trans.), İstanbul: Yapı Kredi Yayınları.

Heywood, Andrew (2012) *Political Ideologies: An Introduction*, 5th edition, New York: Palgrave Macmillan.

Hürriyet (23 Aralık 2008) "Günay: Alevilerden Özür Diliyorum," http://www.hurriyet.com.tr/gundem/gunay-alevilerden-ozur-diliyorum-10631851 (2018年5月19日閲覧).

Hürriyet (6 Ağustos 2012) "Karacaahmet Mezarlığı'nın Yanındaki Cemevi Bir Ucube Olarak Yapıldı," http://www.hurriyet.com.tr/gundem/karacaahmet-mezarliginin-yanindaki-cemevi-bir-ucube-olarak-yapildi-21156583 (2018年5月19日閲覧).

Hürriyet Daily News (25 November 2013) "78 Percent of Gezi Park Protest Detainees

Were Alevis: Report," http://www.hurriyetdailynews.com/78-percent-of-gezi-park-protest-detainees-were-alevis-report-58496（2018年5月19日閲覧）.

Hürriyet Daily News（24 November 2014）"Turkish Gov't against Discrimination toward Alevis, Says PM Davutoğlu," http://www.hurriyetdailynews.com/turkish-govt-against-discrimination-toward-alevis-says-pm-davutoglu-74715（2018年5月19日閲覧）.

Hürriyet Daily News（15 June 2015）"Alevis Worried as Houses Marked with Crosses in Turkey's Kocaeli," http://www.hurriyetdailynews.com/alevis-worried-as-houses-marked-with-crosses-in-turkeys-kocaeli-83994（2018年5月19日閲覧）.

Hürriyet Daily News（25 July 2017）"Turkish Council of State Hands Down Historic Decision on Electricity Expenses of Cemevis," http://www.hurriyetdailynews.com/turkish-council-of-state-hands-down-historic-decision-on-electricity-expenses-of-cemevis-115961（2018年5月19日閲覧）.

Imber, Colin H.（1979）"The Persecution of the Ottoman Shi'ites According to the Mühimme Defterleri, 1565-1585," *Der Islam*, 56: 245-273.

Kirişçi, Kemal（2000）"Disaggregating Turkish Citizenship and Immigration Practices," *Middle Eastern Studies*, 36(3): 1-22.

Kivisto, Peter（2008）*Multiculturalism in a Global Society*, Oxford: Willy.

Kymlicka, Will（1996/1998）*Çokkültürlülü Yurttaşlık: Azınlık Haklarının Liberal Teorisi* [*Multicultural Citizenship: A Liberal Theory of Minority Rights*]（Abdullah Yılmaz. Trans.）, İstanbul: Ayıntı Yayınları.

Lord, Ceren（2017）"Between Islam and the Nation: Nation-building, the Ulama and Alevi Identity in Turkey," *Nations and Nationalism*, 23(1): 48-67.

Mutluer, Nil（2016）"The Looming Shadow of Violence and Loss: Alevi Responses to Persecution and Discrimination," *Journal of Balkan and Near Eastern Studies*, 18(2): 145-156.

Oran, Baskın（2007）"The Minority Concept and Rights in Turkey: The Lausanne Peace Treaty and Current Issues," in Zehra F. Kabasakal Arat（ed.）, *Human Rights in Turkey*, Philadelphia: University of Pennsylvania Press.

Osterlund, Paul Benjamin（1 May 2015）"Turkey's Alevis 'under the Shadow' of Military Tanks," *Al Jazeera*, https://www.aljazeera.com/news/2015/04/turkey-alevis-shadow-military-tanks-150419112330850.html（2018年5月19日閲覧）.

Öktem, Kerem（2008）"Being Muslim at the Margins: Alevis and the AKP," *Middle East Report Online*, 38(246), http://www.merip.org/mer/mer246/being-muslim-margins（2018年5月19日閲覧）.

Özkul, Derya（2015）"Alevi 'Openings' and politicization of the 'Alevi Issue'," *Turkish Studies*, 16(1): 80-96.

Özmen, Fazilet Ahu (2011) "The Alevi Identity and Civil Rights in the Twenty-First Century," in Rasim Özgür Dönmez and Pınar Enneli (eds.), *Societal Peace and Ideal Citizenship in Turkey*, Lahman, ML: Lexington Books.

Parekh, Bhikhu (2002/2012) *Çokkültürlülüğü Yeniden Düşünmek: Kültürel Çeşitlik ve Siyasal Teori* [*Rethinking Multiculturalism: Cultural Diversity and Political Theory*] (Bilge Tanrıseven. Trans.), Ankara: Phoenix Yayınevi.

Pope, Hugh (1997) *Top Hat, Grey Wolf, and Crescent: Turkish Nationalism and the Turkish Republic*, New York: New York University Press.

Shankland, David (2003) *The Alevis in Turkey: The Emergence of a Secular Islamic Tradition*, London: Routledge.

Siapera, Eugenia (2010) *Cultural Diversity and Global Media: The Mediation of Difference*, West Sussex: Wiley-Blackwell.

Sökenfeld, Martin (2008) *Struggling for Recognition: The Alevi Movement in Germany and in Transnational Space*, New York: Berghahn Books.

Subaşı, Necdet (2010) "The Alevi Opening: Concept, Strategy and Process," *Insight Turkey*, 12(2): 165-178.

Şimşek, Sefa (2004) "New Social Movements in Turkey Since 1980," *Turkish Studies*, 5(2): 111-139.

T. C. Devlet Bakanlığu (2010) *Alevi Çalıştayları Nihai Rapor*, Ankara: T. C. Devlet Bakanlığı.

Yavuz, M. Hakan (2003) "Media Identities for Alevis and Kurds in Turkey," in Dale F. Eickelman and Jon W. Anderson (eds.), *New Media in the Middle East: The Emerging Public Sphere*, Bloomington: Indiana University Press.

［付記］本章は，九州大学拠点研究プログラム・拠点形成プロジェクト「近現代イスラーム世界の国家形成をめぐる宗教・暴力・民族共存の総合的研究」第7回（2017年9月22日）研究会（共催・科研費基盤C「戦間期トルコ共和国における国民意識の内面化」）にて発表した内容に加筆修正したものである。発表の機会を与えてくださった小笠原弘幸先生（九州大学）に感謝の意を表する。

第3章

市民社会
── 世俗・宗教軸と対政権軸 ──

幸加木 文

1 政治と市民社会をめぐる問題

　トルコの政治状況は，2001年に「保守的民主」を旗印に結党した公正発展党（AKP）が2002年に政権に就いた後，選挙で勝利を重ねるうちに，徐々に宗教保守化（イスラーム化）政策を推進する意図を隠さなくなったと説明される。エルドアン大統領が2012年に「敬虔な世代」を育成するという教育方針を公然と述べるなど，AKP政権の政策がイスラーム化する一方で，トルコ社会はむしろ世俗化へ向かっていることを示す様々な傾向も現れている（後述）。また，世俗派が弱体化し，建国以来の国家原則であった世俗主義の重要性が後退しつつある中で，従来の世俗派対宗教保守派（イスラーム派）という対立軸以上に，宗教保守派同士の対立がクローズアップされる状況が現出した。その対立の一方が，信仰を基盤とする宗教的市民社会組織（civil society organization；CSO）であった。1980年代以降に台頭しはじめた宗教保守派の新興ブルジョワジー勢力を背景に，旧来のエリート層であった世俗派の弱体化を狙い暗黙の協力関係を結んでいた宗教保守派政党のAKPと宗教的CSOであるギュレン運動（後述）が，目的をおおむね果たした後に決裂したのである。

　政権との非対称性はあるが（幸加木 2014, 80），トルコ政治におけるアクターとしてCSOに注目が集まる状況を踏まえつつ，市民社会に目を転じると，従来の世俗的／宗教的CSO，ないし世俗派，宗教保守派といった二元論に立脚して，果たして現状を正しく認識しえるのかという疑問が生じる。政治的立脚点の差異や対立は依然として存在するものの，むしろそれ以上に共通点や政治

的な相互作用が見出せるのではないだろうか。特に，権威主義化する政府や大統領に対して，CSO がいかに考え対応してきたのか，現在トルコの市民社会の変容を分析するために，対政権（国家）という軸が重要になるのではないかと考える。

　上述の問いを検討するため，本章では，まず，トルコにおける市民社会の論点を先行研究から整理し，CSO の概況について述べ，次に市民社会がいかに政治において位置づけられてきたのか，その経緯を概観する。そして，主要な宗教的 CSO と世俗的 CSO を取り上げて，その活動の目的や志向性，具体的活動内容等を明らかにする。特に，2013年のゲズィ公園反政府抗議運動（後述）を機に，政治的関与や影響力等の国家との関係がいかに変化したのか，基本的人権の要求，女性とジェンダー問題等における具体的な活動から，各 CSO の AKP 政権に対するスタンスの差異を明らかにする。最後に，CSO の認識論を踏まえ，大きな変化に晒される現代トルコ社会の問題にも言及する。

2　市民社会に関する論点と関心

　市民社会は，周知のとおり，西洋の政治・社会思想史において長年議論されてきた概念であり，市民社会論は1980年代後半以降に，東欧諸国の民主化運動の興隆とソビエト連邦の崩壊を契機に世界的な注目を集めた。市民社会の定義には多くの議論が存在するが，ウォルツァーは「市民社会とは，個人と国家の間の強制によらない人間のつながりの領域であり，そこでは人々は規範的および実質的目的のために集団行動をとり，政府や市場とは相対的に独立している」と定義し，これが今日最も包括的な定義として引用されている（Edwards 2012, 3-4）。本章でも，上述の定義を基に議論を進めることとする。

市民社会に関する論点
　まず，トルコの市民社会は多数のカテゴリーに分かれており，それぞれ多層化，分断化されているという問題が指摘されてきた（Toprak 1996；Kuzmanovic 2012）。この分断化問題は，(1)世俗派と宗教保守派（イスラーム派）の分裂，(2)欧

州連合 (EU) 加盟，クルド，アルメニア，キプロス問題等のトルコの外部世界との統合と自決の問題，(3)左派と右派の分裂，と大きく3つ挙げられている (Kuzmanovic 2012, 36)。こうした市民社会における深刻なカテゴリーの分断化が，トルコの民主的政治の発展のために本来，市民社会が果たしえる役割にいかに悪影響を及ぼしてきたか，という視点が主たる先行研究の関心の的であった。

また，トルコの市民社会において CSO の活動および役割を問う時，世俗主義概念をいかに解釈するかという論点がある。近年の世俗主義概念の解釈についてのトルコにおける議論を大別すると，「フランス型ライシズム (Laisizm)」と「アメリカ型セキュラリズム (Sekülarizm)」の2つの型が措定できる[4]。「フランス型ライシズム」は，国家と宗教を厳密に分離し，かつ国家による宗教管理を志向する政教分離を意味する型である。公的領域から宗教とそのシンボルを排除し，宗教を個人の領域に留めるという考え方が基底にある。ここで言う「国家による宗教管理」とは，宗務庁のみならず，軍部，司法，官僚，教育者などからなる世俗派エリート層による，従来の世俗主義解釈の堅持を目的とする統制をも含意する。一方，「アメリカ型セキュラリズム」は，国家が公的領域における宗教的表現やその可視性を認め，信教の自由を保障し，宗教的多元主義を基盤とする政教分離を意味する型である。この世俗主義概念の解釈において，宗教保守派は，世俗主義は国家の性質であり，個人のではないと主張する。他方，世俗派は，世俗主義は個人の生き方の1つであり，イスラームはキリスト教とは異なり公的訴求力を有するため，「世俗的な個人」は宗教を個人の良心の聖なる場所に留めるべきであるとする。こうした解釈の違いは，世俗的 CSO と宗教的 CSO のそれぞれの目的や活動内容にいかに反映され変化しているのか，第3節以降で論じる。

さらに，トルコにはオスマン帝国から部分的に継承した「強い国家」の伝統があり，個人より共同体，多様性より統一性を重視する国家主義が存在した (Mardin 1975, 7-32)。それは，強い中央すなわち国家エリートが，周縁すなわち民衆をくまなく管理し，「父なる国家 (*Baba Devlet*)」が報酬か懲罰かを与えるという思考である (Heper 1985, 102-103)。この伝統的国家観ゆえに，市民社会は，政府と結びつきの強いコーポラティズム的な協力関係か，あるいは治安当

局と衝突する権利擁護団体といった対立的な関係になりがちである（Kalaycıoğlu 2002, 258-259）。後者の対立には，国家と市民社会間の相互不信もあり，国家の抑圧的反応を惹起することにもなる。

　本章では，市民社会を分析する上で，こうした国家との関係を，対政権（国家）軸と呼ぶこととし，従来の分析軸を世俗・宗教軸と呼ぶこととする。これらを軸に，トルコの市民社会という座標上で各CSOがいかに定位されてきたか，それが，特にAKP時代にいかに変容しているのかを明らかにしてゆく。なお，対政権軸で見た場合，国家と市民社会の間にはさらに別の問題がある。他者を特定の社会的境界および領域に封じ込めることで管理しようとする規定者と非規定者の問題である（Jackson 2005, xii）。たとえば，国家が個人の属性やCSOに対し恣意的に「テロリスト」「テロ組織」と名づけ，弾圧の対象とするという問題が生じえる。また，CSOの社会的正当性は，歴史社会的文脈や政治状況によって変動し，それ自体が政治問題化する可能性を含む論点であり，殊にトルコで頻繁に観察されている現象であることのみ付言しておきたい。

市民社会への関心

　さて，上述のように，国家が伝統的に強いトルコで，市民社会への参加度や関心が低調であることはさほど驚くにはあたらない。2011年に実施された各種CSOへのトルコ市民の加入率に関する調査によれば，政党やスポーツクラブへの参加を除くほぼすべての種類で，非活動的なメンバーを含めても1〜3％の加入率に留まっている（表3-1）。

　なお，2016年の*Global Youth Development Index and Report*によれば，トルコの市民活動における若者の参加率は183カ国中177番目と低い（Commonwealth Secretariat 2016）。他方，CSOの数で言えば，正式に登録された団体数のみを数えても増加傾向にあり，1938年には205であったが，90年代には11万2000に増加している（Kalaycioglu 2002, 253-254）。また，CSOの数の増加は都市化の進行と並行しており，多くはイスタンブル等の大都市に所在している。トルコの総人口とCSO数の増加に比して，参加率と人々の関心が相対的に低調であるのが現状と言える。

表 3-1 市民社会組織への加入率

(単位:%)

	宗教	スポーツ	教育・文化	労働組合	政党	環境	職業団体	福祉	消費者	支援
活動的メンバー	1.1	1.5	1.6	1.5	2.4	1.0	0.9	1.1	0.3	0.3
非活動的メンバー	1.3	2.7	1.5	0.7	2.4	0.8	1.1	1.3	0.8	0.5
非メンバー	97.3	95.5	96.6	97.4	94.9	98.0	97.6	97.2	98.5	98.8
無回答	0.2	0.2	0.2	0.3	0.2	0.3	0.3	0.2	0.4	0.2
不明	0.1	0.1	0.1	0.1	0.1	0	0	0.2	0	0.2

注:N=1605
出所:World Values Survey Wave 6 (2010-2014), Turkey 2011 より筆者作成。

本節では,トルコの市民社会と CSO に関する論点と市民社会への関心について概括した。分断されカテゴリー化された対立,世俗主義概念の解釈における差異,そして強い国家(政府)に対する態度等を踏まえ,次節では,トルコの CSO に関する歴史的,政治的経緯を概観する。

3 市民社会の政治的位置づけと経緯

共和国初期〜1970年代:市民社会の解体と形成

トルコにおいて財団(vakıf;foundation)および社団(dernek;association)は,共和国初期には市民社会の一部として考えるか否かが議論の対象となっていた(Zencirci 2014, 4-5)。近代化を目指すトルコ共和国にとって,歴史的に宗教的財産寄進制度として存在してきたワクフ(vakıf)制度の解体は,神秘主義教団(tarikat)や宗教的コミュニティ(ジェマート;cemaat)等の禁止と並んで重要であると考えられたのである。ゆえに,共和国初期の世俗派エリート層は,近代化を阻害するとしてこれらの宗教的団体を市民社会の一部とは見なさなかった。一方で,社団は,国家が体制派組織として設立を推奨していたという理由で,自主的な活動を旨とする CSO とは捉えがたい存在と見なされてきた。

1938年の結社法(Cemiyetler Kanunu)の施行および1946年に複数政党制へ移

行後の1950年代には多くの新たな団体が設立されるようになった（Zencirci 2014, 5）。自由主義的な1961年憲法により、各種団体や労働組合等の CSO の政治参加も保障され、60～70年代には、特に左派系の学生や労働組合の活動が社団の主流となっていった。他方、寄進制度としてのワクフが解体された後、1967年の財団法（Vakıflar Kanunu）により、ワクフは新たに民間の慈善財団として再定義され、1980年までに計600の新たな財団が設立された。

　一方で、トルコは1960～70年代にかけて、左翼、右翼両派の過激化により武装闘争や衝突が相次ぎ、それに有効な対策を講じえない政府の指導力不足が露呈する事態に陥った。1971年3月、軍部が政治に介入したが、なお混乱は収束せず、70年代後半にさらに左右両派の対立は激化していた。こうした社会情勢に対し、1980年9月、再度軍事クーデタを起こした軍部は、60～70年代の政治的混乱が61年憲法によって保障された CSO の政治参加に起因すると見なし、再度 CSO の権利および自由に制限が加えられることになった（間 2002, 46）。

1980～90年代：統制から自由化へ
　1980年軍事クーデタ後の軍事政権によって制定された1982年憲法により、CSO は政治活動が禁止され、国家の厳しい管理下に置かれた。同時に、軍事政権は、左派を抑えトルコ国家の一体性を維持するために、トルコ文化の一要素としてのイスラーム的伝統を強調するイデオロギー「トルコ・イスラーム総合論（Türk-İslam Sentezi；TİS）」を採用した。その後、80年クーデタの3年後に民政移管したオザル（首相：1983～89年、大統領：1989～93年）政権の下、グローバル化が進む中で自由市場経済を推進することで、経済の立て直しが図られた。「アナトリアの虎」と呼ばれる新興勢力として台頭した宗教保守的な文化を持つ地域の経済的成功と社会的発展が、敬虔な有権者の政治的な発言力を高め、以降の保守政党の支持基盤となっていった。

　こうした社会情勢とイスラーム的伝統を重視するイデオロギーの導入により、イスラーム的価値観に再度光が当たるようになると、市民社会における貧困者への支援活動等も、これまでの左派・ケマリスト（世俗派）団体から、財団に期待されるようになっていった。1983年に制定された社団法（Dernekler

Kanunu）によって新規の社団設立が困難になった一方，財団の数は増加した。1986年に設立された「社会的連帯と相互支援ファンド」という社会基金を用いて，750の新たな財団が設立された（Zencirci 2014, 6）。

　1990年代になると，メディアの多元化が進み，国家権力の相対的低下に伴い，1982年憲法で禁止されたCSOの政治活動が，1995年の改正で再度自由化した。社団・財団（憲法第33条），労働組合・経営者組合（同第52条），公的職業団体（同第135条），協同組合（同第171条）の政治活動禁止条項が廃止され，政党がCSOと提携することも自由化された（第69条）（間 2002, 50-51）。また，世界情勢の変化とも無縁ではなかった。1989年にベルリンの壁が崩壊し東西冷戦が終結すると，従来の価値やイデオロギーが必ずしも堅固で不変ではないと考えるポストモダン思想が広がった。トルコでも建国期の単一アイデンティティの在りように疑問が投げかけられるようになり，様々なアイデンティティ・グループが国家に対し絶対的に服従するのではなく，各々の力を獲得しはじめた（Bacik 2010, 50）。徐々に宗教に対する締めつけが緩和され，宗教的CSOの数も増え活動領域も拡大した一方で，既存の単一アイデンティティが揺らぎ，相対的にアタテュルクの価値が低下しはじめると，世俗主義体制の維持を目的とした世俗的CSOも設立されはじめるようになった（後述）。

　1990年代の社会変化は，世俗派内部における若い世代の中にも変化をもたらしていた。旧世代の世俗派は，第一次大戦後に西洋諸国がトルコを消滅させようとしているという脅威認識を指す「セーヴル症候群」に陥り，リベラルな民主主義を代償にして国家の一体性を勝ち取ったと考えるがゆえに，強硬な権威主義に拘泥してきた（White 2002, 57-58）。その一方で，宗教や民族性に関する諸問題に妥協したとしても，政治的安定がビジネスにとって重要であると認識し，言論の自由，市民社会，トルコの国際的な信用にも敏感な世俗派の新世代が登場した。彼らの中には，ケマリストを自称しながらも強権的な政治に不満を持ち，イスラーム主義政党に投票する人々すら出現しはじめた。

　90年代後半になると，マフィアと政治家の癒着が露呈するなど相次ぐ政治家の汚職事件によって政治不信が増大した。その上，ネジメッティン・エルバカンの率いるイスラーム主義政党である福祉党（Refah Partisi）が1994年の地方選

挙，1995年の総選挙で躍進し，連立政権の首班となる力を有するようになった。福祉党の躍進に対して，世俗主義の守護者を自任する軍部や世俗派の司法，行政に懸念が広がり，その懸念が1997年2月に頂点に達した。軍部は「2月28日過程（28 Şubat süreci）」と呼ばれる政治介入を行い，国家安全保障会議（MGK）で，福祉党首班の連立政権を世俗国家体制にとっての「反動勢力」「脅威」であると見なした（澤江 2005, 171-176）。あらためて宗教の国家管理，神秘主義教団の禁止が確認され，軍，司法，行政，大学等教育機関に加えて，メディアなどの市民社会もが，イスラーム主義者やクルド系分離主義者などの「反体制派」への粛清に加担し，影響は広く社会に及んだ。

AKP政権第1期（2002〜07年）・第2期（2007〜11年）：市民社会の発展

軍部の政治介入を招いた事態に危機感を覚え，福祉党およびその後継政党の美徳党（Fazilet Partisi, 1997〜2001年）と袂を分かった若手議員によって2001年，AKPが設立された。エルバカンのイスラーム主義路線の反省を踏まえ，「保守的民主」を党の綱領としたAKPは，2001年にトルコで深刻な経済危機が起きた後に実施された2002年総選挙で，単独政権を樹立した。政権に就いた後，AKPは親EU路線を明確に打ち出した。トルコは1999年にEU加盟候補国となっていたが，2005年に正式に加盟協議が始まると，人権状況の改善，多元的なエスニシティ，宗教・宗派を認める社会の形成という課題と並んで，公的領域における宗教的表象等，宗教的自由の保障も焦点となった。CSOに関する法整備も進み，2004年11月に社団法，2008年2月に財団法が施行され，CSOにより大きな自治の権限が与えられた。2004年以降，社団数は増加の一途を辿り，2014年には10万を超え，2017年時点で活動中の社団数は11万1094に上っている（DERBİS 2017）。

AKPは，2007年総選挙で46.7％の得票率で圧勝し，イスラーム派の単独政権として2000年代のトルコの舵取りを担う政権政党へと躍進した。他方で，反イスラーム派の機運も高まっており，2007年4月には，AKP副党首であったギュル外相の大統領選挙出馬に対し，軍部が「電子メモランダム」と称する警告文を公表して介入した。また同年4〜5月にかけて，アタテュルクと共和国

第3章　市民社会

の原則の弱体化と社会のイスラーム化を懸念する人々を，後述する世俗派CSOが主導して「共和国ミーティング（*Cumhuriyet Mitingleri*）」と呼ばれる大規模集会がアンカラ，イスタンブル，イズミル等の大都市を中心に開かれた。AKP政権下でCSOの自由化が進む中，世俗主義の後退に危機感を抱き同政権に反対する世俗派CSOの活動も活発化していた。

　世俗派の反発を受けつつも，第1期の経済の安定化という課題をクリアし政治的信任を得たエルドアン率いるAKP政権は，第2期に世俗派の勢力削減政策に着手した。だが，2008年3月にAKP解党訴訟が起こされ，同7月にはかろうじて解党の危機は免れたものの，世界的な経済危機の最中に行われた2009年3月の統一地方選挙では，AKPは38.4％という低い得票率を記録した。この選挙結果は，経済危機の打開策よりも，政敵への攻撃や政争に明け暮れたエルドアンへの「警告」と見なされた。

　続く2010年9月，軍事クーデタを実行した軍人を軍事法廷ではなく一般法廷で裁くことで，軍部や司法当局の権力を削ぐ文民統制案を問う国民投票が実施され，賛成多数で可決された。この国民投票の重要性を認識していたギュレン運動などの宗教的CSOも，信奉者らに賛成票を投じるよう呼びかけており，トルコ国民は，非民主的かつ強権的に「世俗主義」を堅持しようとする世俗派の旧来の手法を否定し，さらなる民主化と自由化の推進を選択したと見られた。こうしてAKP政権第2期に，軍部をはじめとする世俗派の影響力が制限され，世俗国家に対する「（宗教的）反動」と見なされてきた宗教保守派の勢力が伸長した。

AKP政権第3期以降（2011年〜）：政権の権威主義化と市民社会との対立

　2011年総選挙において49.9％の得票率で3度目の勝利を収めると，AKP政権はエルドアンの強いリーダーシップの下，さらなるイスラーム化政策を実現していった。2012年11月，義務教育法改定に伴いイマーム・ハティップ学校や中学，高校の普通校にてコーランの授業中のみスカーフ着用が解禁（大学では2010年末に解禁），さらに2013年10月に教師，議員など女性公務員の公務におけるスカーフ着用の禁止が撤廃，同時に男性公務員はあごひげ，口ひげを生やす

ことが解禁になった。この措置を受けて，AKPの4名の女性議員がスカーフを着用して国会に出席し，同僚らに歓迎された場面は，1999年に美徳党所属の女性議員がスカーフを被って国会宣誓式に現れ退席させられた時代が過去となったことを強く印象づけた。その後，2014年9月には中学，高校にて解禁，2015年5月に裁判官と検察官，2016年8月に警察官，2016年11月に非軍人職員，そして2017年2月に軍人のスカーフ着用が解禁されていった。また，2019年から適用になる新教育カリキュラムでは，ジハード概念が強調され，高校の生物学からダーウィンの進化論が削除されることが決定された。こうした教育政策によって，近代的で民族的な若者の育成という共和国初期の目標が，「敬虔な世代」の育成に取って代わり，世俗主義を掲げたトルコ共和国史上，非常に大きな変化の時期を迎えた。

　エルドアンは，積年の目標を着々と実現する一方で，徐々に自身の権力強化を模索し，権威主義化する傾向が見えはじめていた。2011年12月，イラク・トルコ国境で非武装の民間人をPKK（クルディスタン労働者党）と誤認したトルコ軍戦闘機が爆撃し，34名を殺害した事件が起きた。このウルデレ事件（またはロボスキ事件）に対し，エルドアンは公式な謝罪を拒否し，議会の調査報告書でも責任の所在を明らかにせず，国民の抱く自身の印象を著しく悪化させた。イスラーム派CSOが翌年，政府に対する抗議デモを組織したが，政府寄りの極右団体の妨害に遭い，警察も暴力を行使する極右団体を止めようとはせず，イスラーム派であろうと反政府抗議活動を許容しないというAKP政権の姿勢が垣間見られていた。その上，この頃にはすでにAKPのネオリベラルな開発モデルや蔓延した汚職，縁故主義に不満を抱く若い世代が出現していた。そして2013年5月末にイスタンブールのゲズィ公園の再開発問題を契機に，様々な個人，市民社会アクターが参加してトルコ全土へと波及した反政府抗議運動が起きたのである。この抗議運動に対しても，エルドアンは強権的な姿勢で臨み，非武装の民間人に対する当局の過剰な暴力的措置に歯止めをかけなかった。このゲズィ抗議運動への対応が，AKP政権の第3期以降，2018年現在に至るまでの市民や市民社会に対する態度を決定づけた[7]（後述）。

　2011年総選挙を経て自信を深めたエルドアンが，自身の権力志向を隠さなく

なり，強権化が進行するようになると，協力関係にあったギュレン運動との関係性にも影が差すようになった。2012年2月には，ギュレン運動寄りの特別権限法廷および警察と，エルドアン首相直属のMİTが，クルド問題と治安機関の支配権をめぐり抗争状態にあることが判明し，両者間の亀裂がさらに悪化した。ゲズィ反政府抗議運動でも対立は激化の一途を辿る中，AKP政権は2013年11月，運動の教育活動の要であり資金源の1つと見なされている大学進学予備校（デルスハーネ；dershane）の閉鎖を決定し，さらに，世界各国に広がったギュレン運動系学校を閉鎖するよう当該国に働きかけた。運動がその初期から注力し，政権もその実績を称賛してきた教育活動に対する露骨な圧力は，国家権力とCSOという非対称性がほとんど問題視されないまま，エルドアンが本腰を入れてギュレン運動粛清に乗り出したことを印象づけた。

そして2013年12月，ギュレン運動メンバーが多く浸透していると目されていた警察が，エルドアンの側近の4閣僚の関係者らを対象に広範な汚職捜査を実施した。これに激怒したエルドアンは，捜査に関わった数千人の警察官や司法関係者を罷免・異動させ，ギュレン運動が警察や司法当局，地方自治体等にメンバーを浸透させて，正規の国家に対する「パラレル構造」を作り，国家内部から政権転覆を目論む陰謀を主導したとして非難した。2013年10月には，警察が所管していた労働組合に関する業務を内務省と社団局の所管としていたが，2014年1月には，同様に警察が所管していた政党の設立と通知等に関する業務を，内務省と社団局の所管とした。さらに，国家機密の漏洩防止と称してSNSを遮断，政府批判を抑え込むために言論・表現の自由が制限された。

なお，このAKP関係者の汚職疑惑に対し，トルコ最大のビジネス団体であるトルコ商工会議所連合（TOBB）の会長は，傘下の大多数のビジネス団体および人々は政府の汚職疑惑も「パラレル構造」も両方とも懸念しているとして，政府ともその政争とも距離を置くスタンスを取った。TOBBは，ゲズィ抗議運動の際には，ビジネス環境の悪化を懸念する立場から，抗議運動を民主的かつ平和的に収束するよう声明を出し，政府批判に回った他の世俗的CSOとスタンスを異にしていた（Kaya 2017, 139）。汚職疑惑に対しても，TOBBは政争から距離を取り，ビジネス団体としてのバランス感覚を発揮したと言える。

AKPは，汚職捜査後初の選挙であった2014年3月末の統一地方選挙で勝利し，また同年8月の大統領選に出馬したエルドアンは，第1回投票で過半数を獲得し，国民の直接選挙によるトルコ初の大統領となり，さらに，それまで儀礼的元首であった大統領職の権限強化案を表明した。エルドアンがますます強権化を強める中，2015年にはトルコで購読者数が上位3紙に入るギュレン運動系の日刊紙ザマン（Zaman）紙が政府の統制下に入るなど，反政府メディアやジャーナリストへの弾圧に，トルコ国外からも懸念の声が上がりはじめていた。また，この頃，世俗派の間でも個人の自由を脅かしかねないさらなる社会の保守化，イスラーム化が進むのではという懸念が生じていた。先述のスカーフ着用の解禁に加え，酒の販売規制の導入や中絶禁止法案（後に廃案），異性の学生同士の同居や女性の道徳等，個人のライフスタイルや価値観に関する閣僚の一方的な発言，さらに新憲法から「世俗主義」の文言を削除すべきとの要職にある議員の発言が相次いでいた。

　2016年7月にクーデタ未遂事件が起きた後，AKP政権はギュレン運動が首謀したと断定し，各省庁，警察，軍など国家機関内で勤務していたギュレン運動のメンバーや関係者らを一斉に停職，解雇処分にした(9)。大規模なパージはギュレン系の大学や各種学校にも及び，企業も国家に接収された(10)。さらに，未遂事件後すぐに宣言された非常事態下の約1年で，約1500のCSOが閉鎖させられ，150を超えるメディアが休業に追い込まれた。ギュレン運動のみならず，トルコの市民社会全体にも甚大な影響が及んだ結果である。

　ところで，国家機関内で大規模なパージが行われた後，各機関で不足した職員を，ギュレン運動以外の宗教派団体が埋める傾向が見られる。トルコ各紙の報道によれば，こうした傾向は，AKP政府とギュレン運動の対立が表面化した2013年頃からすでにあったという。2017年8月時点で主だった宗教派の国家機関への進出先は表3-2のように大別される。

　この状況は，各宗教派の狙いもあろうが，空いたポジションを宗教派に担わせたいAKP政権側の意図が作用した面も否定できない(11)。1950年代の民主党とヌルジュの事例に始まり，これまでにも政党と宗教的CSOの協力関係は存在していたが(12)，教育事業を政権に近い宗教的CSOが担うことへの警戒感は，世

表3-2　クーデタ未遂事件後の国家機関への宗教派の進出

宗教派の名称	進出先（影響力を有する対象）
スレイマンジュ・タリーカ	国民教育省（学生寮）
メンズィル・タリーカ	保健省，内務省，法務省，警察（学生寮）
イスマイルアー・ジェマート	低位行政職（学生寮，コーラン・コース）[13]
マラティヤル	TRT，外務省，イノニュ大学
アンカラ・ハミイェト・イルファン財団（AHİ）	家族社会政策省（学生寮）
エンサール財団	国民教育省（学生寮，課外活動）
トルコ青年財団（TÜGVA）	国民教育省（課外活動）
知識普及連盟	国民教育省（電子的教育プログラム，学生寮）
統一財団	国民教育省（電子的教育プログラム，学生寮）

出所：Bildircin（2017）より筆者作成。

俗派を中心に根強く存在する。ジャーナリストのオズユルトは，「残念ながらAKPとエルドアンは『行政のアウトソーシング』という（ギュレン運動との協力期と）同じ罠に陥っているようだ」[14]と批判している。

4　公正発展党政権期における市民社会組織の諸相

　世俗主義を国の原則としたトルコ共和国史の観点から見れば，公正発展党政権期は，EU加盟交渉を梃子に，民主的政策を推進した公正発展党第2期までと，急速に権威主義化し，イスラーム化政策の狙いも顕在化した第3期以降に大きく二分することが可能だろう。そのトルコ社会のイスラーム化政策の媒体の1つとなったのが，教育事業や様々な社会活動を通じて政策に協力していた宗教的CSOであったし，世俗主義の原則を侵食する政策に強硬に反対の声を上げてきたのが世俗的CSOであった。
　本節では，トルコの宗教的CSOと世俗的CSOのそれぞれ代表的な団体を取り上げて，主としてAKP政権に対するスタンスを軸に，各CSOの世俗主義等のイデオロギーに対する立場や国家との関係，人権や女性の権利の問題に関する活動に注目し比較する。特に，2013年のゲズィ公園反政府抗議運動での反応について取り上げ，権威主義を強めるAKP政権を前に，従来の世俗主義原則に照らした「世俗・宗教」軸では捉えがたいCSOの動向を対政権軸から検討してゆく。

宗教的市民社会組織

　宗教的 CSO は，2000年代の AKP 政権期に宗教的権利や自由を基本的人権，民主的価値として主張する親 EU 政策により，飛躍的に伸長していった。宗教的 CSO の基本的な姿勢は，世俗主義を排除し「イスラーム国家」樹立を目指すのではなく，世俗主義を，国家が公的領域での宗教的可視性を認めるアメリカ型の政教分離として解釈するスタンスであった。

　トルコで宗教に動機づけられた CSO は，国家との関係を基にした場合，おおむね次の3つに分類される（Kalaycioglu 2002, 263）。第1に，国家に民間の活動として合法と認められるモスク建設，貧者救済，学生への奨学金提供などの自助的活動，第2に，政治社会的情勢によっては国家の対応が分かれるイスラーム銀行や保守的な経済団体などの経済的活動，そして第3に，政府への抗議，政策提言や働きかけを主眼とする出版や，各種アドヴォカシー（権利擁護）団体である。無論こうした分類は各団体の活動において重複することもあるが，本節では，第1と2の事例としてギュレン運動（Gülen Hareketi/Hizmet）[15]と，人権・自由・人道的支援財団（İnsan Hak ve Hürriyetleri ve İnsani Yardım Vakfı；略称 İHH）を，そして第3の事例として自由思想と教育の権利協会（Özgür Düşünce ve Eğitim Hakları Derneği；略称 Özgür-Der）と人権と被抑圧者のための連帯協会（İnsan Hakları ve Mazlumlar İçin Dayanışma Derneği；略称 Mazlum-Der）[16]を取り上げる。

　まず，ギュレン運動は，フェトゥッラー・ギュレン（M. Fethullah Gülen, 1941年生）という宗教的知識人が宗務庁の説教師（vaiz）として働く傍ら，左右のイデオロギー対立が深まり社会的混乱に陥っていた1960年代末より，現代的知識を習得しかつ敬虔な若者の育成を目的とした活動に着手したことに始まる[17]。1980年代には，信奉者らが大学を含めた各種学校，予備校，学生寮の設立運営，成績優秀ながら経済的に進学困難な学生に奨学金を提供する等の教育活動をはじめ，メディア，金融・保険，病院，災害支援・救済活動等さまざまな事業を展開し，同時に行政，司法，警察等の国家機関に信奉者を浸透させていった。

　1990年代には，ソ連邦崩壊後の中央アジアのテュルク系共和国への進出を皮切りに，およそ180カ国へと活動を広げた。

　また，トルコの種々の重要な問題について意見の異なる知識人たちを一カ所

に集め議論する会議の開催や，イスラーム教徒から見た異教徒との「対話」と「寛容」を掲げた知的交流活動を実施した。さらに，世界各国のトルコ語学習者を集めた「トルコ語オリンピック」を開催するなどトルコ文化の普及にも一役買った。当時流行していた「文明の衝突」論に対抗し，社会的寛容の創出の必要を主張したギュレン運動は，他の宗教的 CSO からの反感を招いたが，トルコの EU 加盟にも賛成し AKP 政権の政策に協調する立場を取った。

　宗教的情熱を基盤に奉仕活動（ヒズメット）を実施する彼らは，活動・事業から得られる資金以外に CSO としての独立性を確保するため，ヒムメット（himmet；努力の意）と呼ばれる，メンバーから一定額を徴収または寄付金を集める行為をもって資金源とした。ギュレン自身は1999年，アメリカへ事実上の亡命を余儀なくされたが，AKP との暗黙の協力ないし癒着を基にした信奉者たちの強力なネットワークは維持された。政府も彼らが国内外で展開してきた教育活動に一目置いていたが，運動と AKP の間に亀裂が生じ，運動傘下のあらゆる団体および関係者が弾圧されている現状については，前述したとおりである。

　次に，人権・自由・人道的支援財団（İHH）は，1992年に勃発したボスニア紛争に対する人道的救済活動を契機に始まり，1995年に法人化した（İHH 2017）。主として，紛争下や占領下の国々，自然災害等で難民となった人々への物心両方の支援を中心に世界135カ国で活動している。名目上は，宗教や人種等問わず支援対象としていると謳うが，実際はスンナ派イスラーム系団体としての性格が色濃く，エルドアン大統領との結びつきも強いことで知られる。İHH は，公共の利益に資する慈善団体・財団に付与される「免税資格」を申請し，2011年４月の閣議決定により同資格が与えられている。

　İHH の名を一躍世界に広めたのは，2010年５月末に起きた「マーヴィ・マルマラ号襲撃事件」であった。同団体によるガザ支援活動は，中東地域で起きている甚大な人権侵害を看過している国際社会の認識を高めることをも目的としており，こうした姿勢はエルドアン・AKP 政権の政策とも合致していた。国際情勢に甚大な影響を及ぼした同事件に，先述のギュレンは非戦闘員を攻撃したイスラエルの行為を醜いと述べつつ，İHH がガザ支援前にイスラエル当局に適切な手続きを取らなかったことをも批判した。トルコ政府が İHH の行

動を英雄視し，対イスラエル強硬姿勢を打ち出したのとは一線を画す反応であり，当時はギュレン運動とAKP政権は良好な関係にあったため，ギュレンの批判的発言は殊更注目を集めた。ギュレンは「İHHに政治的目的があったかどうかは容易には言えない」と言葉を濁したが，イスラームを政治の道具とし社会的混乱を惹起する行為を批判する姿勢が窺え，ここにもトルコの宗教的CSOのスタンスの違いが現れていた。

宗教的CSOの第3の事例として，アドヴォカシーを目的とする自由思想と教育の権利協会（Özgür-Der）は，1997年「2月28日過程」により大学をはじめとする公的領域でのスカーフ着用が禁止され，傷ついた女子学生たちとともに闘うという目的で，作家で活動家のルドヴァン・カヤを会長に1999年に設立された。2017年時点で，イスタンブルにある本部のほか，国内の各都市に42の支部（青年部含む）があり，スカーフ問題への取組みのほか，ガザへの支援や中東・イスラーム諸国で起きる惨事への弔辞や抗議の声明を出すなど，国内外の人権問題にも対象を広げている。

Özgür-Derの特徴は，自団体をEUやアメリカの「市民社会組織」とも，トルコの世俗派のそれとも異なる，ムスリムが多数を占める国の「イスラーム運動」と自認している点にある。沿革には，「Özgür-Derは自らをイスラーム的アイデンティティおよび原則を中心に継続中の闘いのプラットフォームとして定義する」とあり（Özgür-Der 2007），コーランを基盤とした包括的な社会変化を重視し，既存体制には全面的に対抗する思想と行動路線を支持するという。

トルコのCSOとしては稀なほど公然とイスラーム主義を主張するÖzgür-Derの姿勢は，宗教的CSOでありながら，約50年に及ぶ活動期間で決して自らを「イスラーム（主義）運動」とは称さず，世俗体制の維持，親欧米の姿勢を打ち出してきたギュレン運動と際立って対照的である。この政治に対する距離感，イスラーム（主義）の打ち出し方の違いは，各CSOの活動時期の政治状況が影響しているのは疑問の余地がない。だが，これは従来の宗教保守派内部の差異にすぎない。つまり，イスラーム主義（政治的イスラーム）に沿った立場か，あくまで世俗主義体制の枠組みの中で活動し（少なくとも建前においては）政治と距離を取る立場かの違いである。しかし，AKP政権第3期以降，

エルドアンが権威主義的傾向を強めると，同じ宗教保守派内部でも政権ないしトルコ国家に対する姿勢，つまり対政権軸で反応が分かれていった。

対政権軸に照らして検討すべき事例として，人権と被抑圧者のための連帯協会（Mazlum-Der）の変化を見てみよう。1991年に設立された同団体は，イスラーム主義を前面に出した宗教的 CSO の代表的団体の 1 つだが，宗教保守派だけでなくあらゆる非抑圧者の擁護を目的に掲げ，精力的な活動を展開していた。だが，2013年のゲズィ公園抗議運動を境に，あまりに反政府的で当局に過度に批判的になりすぎている，あたかも一政党のように振舞っている，などと同団体の支部の間でも AKP 政権に対する姿勢に疑問や異論が噴出した。そして 2015年 6 月，PKK との戦いが再開し南東部の支部に対して市民の圧力が増した結果，かつてはクルド人を含めた非抑圧者のために政府を徹底的に批判する姿勢が顕著だった Mazlum-Der が，控え目で限定的な言説に留めるようになった（Vicini 2017, 11-13）。

AKP 政権の権威主義化，強権化に対し，反政府的スタンスを抑制した Mazlum-Der の事例は，従来の世俗・宗教軸に照らして宗教的 CSO の政治的関与や主張が問題化したのではなく，対政権軸に照らした場合の CSO の姿勢がその存続にも影響を及ぼしうることを示している。これは，2016年クーデタ未遂事件以降の非常事態宣言下で，あらゆる反政府的立場の団体や個人が弾圧され市民社会が委縮しつつある現状にも通底していると言える。

世俗的市民社会組織

トルコの世俗的 CSO の主要な目的は，アタテュルクの革命と世俗主義を奉じたケマリズムを称揚し擁護することにある。ゆえに，共和国建国期の方針を堅持する政権に対しては親政権・親国家が基本姿勢と言える。主な団体はおおむね，冷戦崩壊前後の時期に設立されているが，その背景にはアタテュルクの提示した政治・社会モデルが，政治的イスラームやクルド民族主義的運動の台頭により「危機に晒されている」という強い危機感が存在していた（Ciddi 2016, 20-21）。代表的な世俗的 CSO である，アタテュルク主義者思想協会（Atatürkçü Düşünce Derneği；略称 ADD），現代生活支援協会（Çağdaş Yaşamı

Destekleme Derneği；略称ÇYDD) について検討する。

　まず，アタテュルク主義者思想協会（ADD）は，ムスタファ・ケマルの原則および革命の維持，ならびにその擁護と防衛という使命を掲げて1989年に設立された団体で，世俗派CSOの筆頭に挙げられる。世俗的ないしナショナリストの背景を持つ弁護士，学者，判事，軍人，教師などが協会の幹部となっており，正式の会員数は未公開だが，およそ11万5000人以上と見積もられている。公開セミナー，会議，パネル，コンサート等を開催し，ケマリスト思想研究を支援するためにアタテュルク・アカデミーや学校，学生寮等を設立，各支部が学生に奨学金を給付する活動等を実施している（Erdoğan 2000, 253）。

　ADDは単にアタテュルクの思想を擁護するに留まらず，AKP政権に対する反体制派の基盤にもなっている（Ciddi 2016, 28）。たとえば，AKP政権が2010年の憲法改正でトルコの最高司法機関である裁判官・検察官高等委員会（HSYK）の任命制度を変更しギュレン運動がHSYKに進出したことを，ADDは司法への政治介入であるとして厳しく批判した[23]。また，2013年12月のAKP政権の閣僚等への汚職捜査に対するエルドアンの対応でも，ADDは政府が「司法に影響力を及ぼし司法過程を妨害する明確な意図がある」と断罪した。

　次に，現代生活支援協会（ÇYDD）は，世俗的教育への支援を通じてアタテュルクの革命の原則を守り広めるという使命を掲げて1989年に設立された。ÇYDDの創設者は，医師で強硬な世俗主義者としても知られたトゥルキャン・サイランで，彼女をはじめ創設メンバーの大半は女性であり，半数は学者であった点が同協会の特徴の1つである。2015年時点で106の国内支部と若干の国外支部があり，1万4368名のメンバーの大半は退職した公務員，教師，官僚，弁護士，そして大学生等で，社会民主主義の諸政党の支持者が占める（ÇYDD 2016）。収入の大半は海外からの寄付金，営利事業の収入，財務利益等により，会費収入や国家機関からの補助金は一切ないという。また，地方支部のない地域ではADDとの協力体制が取られており，共同でプロジェクトを実施することも多い[24]。

　ÇYDDは，ケマリズムや世俗主義を脅かす勢力に防衛的な姿勢を取り，とりわけ教育活動において顕著であった。ギュレン運動等の宗教的CSOによる

学校設立や積極的な学生の勧誘活動に危機感を滲ませ，対抗して学校，学生寮の設立，奨学金の提供等を実施した（Erdoğan 2000, 256）。またÇYDDは，女子への教育機会の提供に注力し，主婦に向けては「西洋的で現代的な」生活を送るために，結婚生活，育児，家事，日常生活の過ごし方等を記した「教育ブックレット」を作成，配布した（Erdoğan 2000, 258）。

　上述の代表的な世俗的CSOの特徴を概括すると，宗教保守派の伸張によってアタテュルクの原則が揺らぐことへの危惧と抵抗が，世俗的CSOの分母となっていることがわかる。その点で，世俗的CSOは目的が一致し協力もしうると言える。

世俗的／宗教的CSOの比較
　世俗的CSOと宗教的CSOの差異は，まず，世俗主義に対する解釈と態度にある。世俗主義もその一部であるケマリズム（アタテュルク主義）については，冷戦終結後の1990年代に政治的イスラームのほかに，クルド・ナショナリズムが分離主義という形で表出し，世俗的CSOがケマリズムの絶対性が損なわれると懸念を表明した。世俗的CSOはまた，1997年「2月28日過程」では「アタテュルクの共和国を守る」と称して，イスラーム主義者やクルド分離主義者など，反体制派の一掃に積極的に加担した。

　AKP政権期には，フランス型ライシズム的解釈を守るべき絶対的価値観として捉える世俗的CSOに対し，宗教的CSOは，宗教的自由・権利を民主的価値として認められるべきと主張し，アメリカ型セキュラリズム的な世俗主義解釈を採るようになってきた。ゆえに，世俗的CSOの懸念は，AKP政権に対しても向けられ，社会のイスラーム化への懸念から，2007年に「共和国ミーティング」が開催されたのである。

　他方で，2013年のゲズィ公園反政府抗議運動では，世俗的CSOのみならず，宗教的CSOも抗議に加わった例があった。その一例に，ビジネス団体は，国家に対し恩顧主義的でコーポラティスト的な性質があり，ゆえに世俗派，宗教保守派のいずれも，国家の権威に口を挟むことを好まない傾向がある。しかし，ゲズィ抗議運動では，世俗的CSOの有力なビジネス団体であるトルコ産業家

実業家協会（Türk Sanayicileri ve İş İnsanları Derneği；略称 TÜSİAD, 1971年設立）のメンバーの多くが，民主的な権利のために戦う抗議者を支援する立場を取った（Kaya 2017, 138）。他方で，ギュレン運動との結びつきが強いビジネス団体であるトルコ実業家産業家連盟（Türkiye İşadamları ve Sanayiciler Konfederasyonu；略称 TUSKON, 2005年設立）は，当初は沈黙を守っていたが，エルドアンが「ギュレン運動が国際組織と結託して反 AKP 運動を裏から主導している」と名指しで非難すると，TUSKON も抗議者への政府の抑圧的対応を批判する立場を明確にした（Kaya 2017, 139）。[25]

　これは，理由は個別ではあるが，世俗的ビジネス団体の TÜSİAD も，宗教的ビジネス団体の TUSKON も，双方の目的や方向性の違いはそのままに，反 AKP 政権という一点で立場を同じくした例と言える。この二団体以外の個々の CSO の姿勢の相違は無論存在しうることを考慮しても，強権化した AKP 政権に対する対応に関しては，世俗的／宗教的 CSO といった区別はほとんど有効性を失っている。明確に親イスラームの性格を打ち出すようになり，権威主義化した AKP 政権期は，市民社会の座標に世俗・宗教軸だけでなく対政権軸を用い，その座標上でそれぞれの CSO が情勢に応じていかに布置されるかを検討することが有効であるように思われる。

　CSO と国家の関係については，前述の İHH が取得した例のように，「公共の利益に資する」CSO に対する政府の優遇措置という点から考察すると，権利要求やアドヴォカシー団体よりは，種々の奉仕・チャリティ団体にこの「公共の利益に資する」地位が与えられる傾向がある（Erdoğan 2000, 255）。だが，世俗的 CSO の ÇYDD は，AKP 政権以前の1999年時点では「公共の利益に資する」団体として国家予算から資金が供されていたが，2016年の同団体の活動報告書には，国家機関からいかなる資金も得ていないとあり（ÇYDD 2017b），優遇措置を受けていないことが窺える。他方で，宗教的 CSO の İHH は，スンナ派イスラームの奉仕団体であることを強く主張し，AKP 政権期に「公共の利益に資する」CSO の地位を享受している。この優遇措置付与の決定過程は判然としないが，各 CSO の奉仕活動に大きな変化がなく，優遇措置の付与に変化があるのであれば，その決定が時の政権の意向に左右されていないとは言

い難い。

　また，国家に対し協力的な CSO は，世俗派にも宗教保守派にも存在することを確認したが，その姿勢は時の政権により異なる。たとえば，ÇYDD の創設者サイランは，アタテュルクの原則に反する動きに対しては，世俗的 CSO は国家と協力し，また国家を補完するように働くべきだと考えた（Saylan 2008, 93）。サイランの考えは ÇYDD にも反映し，同団体は国家ないし政治が混乱し機能不全に陥った時は，国内外の CSO や地方自治体，市当局と連携して働くと規定する（ÇYDD 2017a）。つまり，ケマリズムや世俗主義を守るという一点で，ÇYDD の基本姿勢は親国家であると言えるが，AKP 政権期には反国家に転じており，同政権の宗教保守化政策には徹底的に反対する立場を取っている。

　女性の権利擁護の点で，公的領域における女性のスカーフ着用問題に関しては，女性の高等教育を受ける権利や公務員の服装規定上の権利を要求する宗教保守派の活動が起き，かつてのようなあまりに教条主義的で交渉の余地のない宗教的権利要求は年々減少していた。一方，世俗派は，スカーフ着用の自由化をトルコのこれまでの世俗化の営為の否定と捉える姿勢を崩さなかった。自らを「ケマリストのフェミニスト」（Saylan 1998, 263）と称し，女性の教育機会を広げる活動にも熱心に取り組んだサイランですら，スカーフ着用を女性の服装の自由における権利として擁護することはなかった。ここに世俗派の「民主化度」の限界を見ることも可能だろう。

　だが近年，この世俗・宗教軸では捉えられない動きも起きている。1980年代から改善を求めて闘ってきた女性への暴力問題に終止符を打つために，237の女性の CSO が一致団結し，2012年の国際女性デーである３月８日に法改正を成立させた[26]。イデオロギー的には対極の立場の世俗的／宗教的 CSO の女性活動家たちを結びつけることに成功したトルコで初めてのケースとなった。ここで CSO の行動を分けていたのは，トルコの家父長制の伝統とそれを基盤とする AKP 政権という対政権軸であり，しかも CSO 内部では男性優位か女性主体かというジェンダーの点で差異が生じた。近年，AKP 政権では，特に女性の地位，権利等に関して世俗法に宗教（者）が介在する法が成立しており[27]，今後も対政権軸とジェンダーの観点から CSO の動向を見る事例が増えると考え

られる。

5　二元論を超えて

　トルコにおけるCSOに関する問題意識や歴史的，政治的位置づけを踏まえ，AKP政権期の宗教的CSOと世俗的CSOの分析から，従来の世俗・宗教軸では捉えがたい動向があり，政権や国家に対する対応という対政権軸で各CSOを捉える必要があることを指摘した。二元論からの脱却の問題は，単にCSOの認識論に留まらない。AKP政権はクーデタ未遂事件以降，反政権派を「テロリスト」と名づけ，「排除すべき敵」として当然視する社会的雰囲気を醸成している。それに親AKPメディアが加担し，政権に批判的なジャーナリストが当局に逮捕されるなど，メディア状況の悪化が指摘されている[28]。本章の冒頭で言及した規定者と非規定者の問題は，政敵を「国民の敵」と読み替え，「我々」か「我々の敵」かという単純化した対立関係を強調することで社会の分断化を深めている現状にも当てはまる。

　トルコ社会のより幅広い問題に目を転じると，AKP政権は宗教保守的な政策を推進し，トルコ社会は増々宗教化（イスラーム化）していると一般に考えられてきたが，実態は同政権期に，特に若者世代を中心に，世俗化ないし非宗教化が進行していると考えうる現象も起きている。たとえば，2015年頃からトルコの人々の間で無神論や理神論が広がっており，無神論者のCSOが設立されるなど社会的に可視化される機会も増えた。2018年には右派政党の党首や宗務庁長官までもが懸念を表明する事態となっている。無神論や理神論が伸長した理由の1つには，宗教保守派のAKP政権の汚職や権威主義化に幻滅した若い世代が，宗教に意義を見出せなくなったためではないかと報じられている[29]。

　さらに，世俗化現象の例証の1つとして，性的少数派（LGBT）の公的な場での可視化度も挙げられる。1993年の時点ではトルコで開催予定だったLGBTの「プライド・パレード」は中止に追い込まれたが，2003年以降徐々に参加者が増え，2015年には4万人に膨れ上がった。この年のパレードは警察当局により中止となったが，参加者数の増加とLGBTの社会的可視化は，

人々の理解や社会的雰囲気が変化したことの証左と言える。この事例が本質的に指し示すのは，世俗化／宗教化の二元論を超えた多元化という物差しを必要とするトルコの社会的現実であろうと思われる。

　他方で，エルドアンの主導する「敬虔な世代」育成の教育政策は必ずしも実を結んでいない。AKP にメンバー登録のある家庭で，子どもをイマーム・ハティップ高校（IHL）へ進学させた者，卒業者を対象とした調査で，(1)子どもの宗教実践意欲の低下や矛盾する宗教情報による混乱，(2) IHL からの大学進学可能性の悪化，(3)男女別教育を実施すること以外に IHL は第1志望ではなかった，というそれぞれの質問項目に，回答者の73％，68％，55％が是と答えている（Tremblay 2017）。エルドアン・AKP 政権が最もエネルギーを傾注してきた18～24歳の世代が，2017年4月の大統領権限を大幅に拡大する憲法改正の是非を問う非常に重要な国民投票で，最も多く反対票を投じた世代でもあった。政府の宗教保守化政策と市民社会における現象との齟齬に目を凝らし，CSO の動向を分析してゆくことが，トルコ政治を見る上でも今後ますます重要となってゆくだろう。

注

(1) 中東では，市民社会はイスラームと適合しないという規範的前提が支配的で，マルディンも市民社会を「イスラーム的用語に翻訳することのない西洋の夢」と称した（Mardin 1995, 278-230）。ノートンによる編著が刊行され（Norton ed. 1995/1996），中東における市民社会論研究が端緒についた。以降，アラブの春に至るまでの経緯についてはチェヴィクとタシュ（Cevik and Tas 2013）参照。

(2) トルコ語では，市民社会組織の最も一般的な用語は，「sivil toplum kuruluşu（STK）」であるが，そのほかに「sivil toplum örgütü（STÖ）」も用いられ，ともに市民社会組織と訳しうる。ただし，大トルコ語辞典（Büyük Türkçe Sözlük）によれば，örgüt は kuruluş の下位概念であり，ある kuruluş に属する下位部門のすべてが örgüt だとある。

(3) トルコにおけるクルド問題やアレヴィー派問題は当然，市民社会の重要な課題であるが，本書ではそれぞれの章を参照されたい。

(4) この類型はトルコ各紙の論客・オピニオンリーダーの議論，それらの言説を分析した研究を踏まえた。

(5) 「ジェマート」概念は，社会学辞典（*Sosyoloji Sözlüğü*）では「メンバーが集団で共有する，一般的には共通のイデオロギーあるいはアイデンティティの感情を基に，私的

に形成された社会的関係の全体である」と定義される。トルコでは「宗教的コミュニティ」ないし「宗教的ネットワーク」いう訳がおおむね適当と見なされている。

(6) なおトルコでは，冷戦終結を，90年代の政治的不安定を経て，従来の政治エリートが権力の座から離れた1999年以降と見なすべきという考えも存在する。

(7) たとえば，2018年3月トルコ軍のアフリン攻撃を批判したボアジチ大学の学生に対し，エルドアン大統領は教育を受ける権利を剥奪するという発言をした。

(8) イスタンブルの特別権限検察官が，国家諜報機関（MİT）のハーカン・フィダン事務次官をクルディスタン社会連合トルコ議会（KCK）捜査の一環で事情聴取したことにエルドアンが激怒し，治安に関する権力をギュレン運動が握ったと見るや，すぐさま特別権限法廷を設け，それらの権限の範囲を規定する刑事裁判法第250条を改正，特別権限検察官の権限を縮小して，MİT の要職者への捜査を禁じる措置をとった。そして同年7月には，第三次司法改革により特別権限法廷を廃止した。詳しくは幸加木 (2014) 参照。

(9) ソイル内相は2017年10月，過去1年で6万8464回の対テロ捜査を行い，対 PKK が4万215回，対 FETÖ が2万5818回，それ以外は IS に対する捜査だったと公表した。

(10) ソイル内相は2017年11月，これまでに8ホールディングスと1020の会社を政府が差し押さえたと公表。ギュレン運動の連絡用スマートフォン・アプリと目される ByLock 捜査では，捜査上にある者が約21万5000人，使用容疑で拘置されている者が2万3000人ほどと公表した。

(11) なお，閉鎖されたギュレン系学校や各種教育団体は，政府寄りの CSO であるエンサール財団，ユヌス・エムレ・インスティテュート，教育（マアリフ）財団，トルコ青年財団（TÜGVA，エルドアンの息子ビラルが設立者）などが引き継いだ。

(12) ヌルジュと民主党との関係については新井編 (2013) 参照。

(13) コーラン・コース（Kur'an Kursu）とは，宗務庁が国民教育省と協力して，希望する国民にコーランに関する基礎的知識を提供するために設けた宗教教育コースを指す。大人の他，子どもも対象だが，その低年齢化がしばしば議論の的になってきた。宗務庁によるコース以外に種々の宗教的財団が違法ながら開設したコースが増えたため，2013年に財団系のコースも合法となった。

(14) 引用文中の括弧は引用者による。

(15) 近年，自称としてヒズメット（Hizmet；奉仕の意）を用いている。

(16) http://www.mazlumder.org/tr/main/pages/hakkimizda-biz-kimiz/65（2018年2月27日閲覧）

(17) ギュレンの略歴については，Erdoğan (1998)，Yavuz (2013)，幸加木 (2013) 参照。

(18) ギュレンは1998年に当時のローマ教皇ヨハネ・パウロ2世に謁見，またトルコ国内のキリスト教各宗派やユダヤ教の指導者等と対話の機会を持つなどした。

(19) その意を受けて信奉者たちが各地に関連団体を設立した。たとえば1999年に米ワシントン DC にルーミー・フォーラムを，2002年には米ヒューストンに NPO の宗教間対話

研究所が設立された。なお同NPOは後年，サウスウェスト対話研究所と改称し，2007年10月にはヒューストン大学社会福祉大学院と共同でギュレン研究所が設立された。
⒇　ギュレンの思想的特徴や2016年クーデタ未遂以降の運動の変容については，幸加木（2018）参照。
(21)　封鎖されたパレスチナ・ガザに支援物資を輸送しようとした「ガザ自由船団」がイスラエル兵に襲撃され，10名の死者（内トルコ国籍者9名）と56名の重傷者が出た。İHHはこの「ガザ自由船団」を組織した団体の1つ。
(22)　事件後，イスラエル・トルコ関係は悪化し，2013年3月にネタニヤフ首相が謝罪し，2016年6月に両国が外交関係正常化の合意文書に署名するまで緊張関係が続いた。
(23)　その後エルドアン・AKP政権とギュレン運動が対立すると，2014年10月の新メンバー選出投票で，政府寄りの候補者7名が当選した。
(24)　2007年の世俗派市民による大規模な「共和国ミーティング」は，ADDとÇYDDの共同開催によることが知られている。
(25)　TUSKONの主要な企業の1つであるボイダク（Boydak）・ホールディングスの経営者らは，2016年7月のクーデタ未遂の時に，ギュレン運動捜査の一環で身柄拘束され，2016年8月に政府より管財人が派遣され接収された。
(26)　だが，「家族の保護と女性に対する暴力の防止に関する法」という名称は，家庭における女性の役割を強調する保守的なAKPの政策に沿っているとして，完全なジェンダー平等を目指すフェミニストには「譲歩」と見なす向きもあった。
(27)　たとえば2017年11月，地方自治体の宗務官に結婚の執行・登録の役割を与える法が成立。世俗的CSOは，民法が保障してきた女性の権利を剥奪し，世俗国家の原則に反するとして強硬に反対していた。
(28)　2018年3月，ヒュッリイェット紙やCNNトルコを有するドアン・メディア・グループが，政府寄りのデミルオレン・グループに売却され，メディアの独占が生じると批判と懸念が相次いだ。
(29)　トルコ社会はテクノロジーや都市化，資本主義化の影響等により世俗化の途上にあると論じ，詳細な世論調査で実証したエルティト（Ertit 2015）の研究も注目に値する。

参考文献
新井政美編著（2013）『イスラムと近代化──共和国トルコの苦闘』講談社選書メチエ。
幸加木文（2013）「ギュレン運動の台頭」「イスラム政党の自己変革と軍部の介入」「イスラム政党とギュレン運動の新展開」新井政美編著『イスラムと近代化──共和国トルコの苦闘』講談社選書メチエ。
幸加木文（2014）「公正発展党との非対称な対立に見るギュレン運動の変動──2010年代トルコの政治情勢の一考察」『中東研究』521：80-93。
幸加木文（2018）「公然化するギュレン運動の行方──2016年7月トルコのクーデタ未遂事件を機に」『中東研究』531：128-142。

澤江史子（2005）『現代トルコの民主政治とイスラーム』ナカニシヤ出版。
澤江史子（2013）「トルコのタクスィム・デモを読む（1）～（4）」『Asahi 中東マガジン』6月17日, 20日, 25日, 7月2日。
内藤正典（2014）「トルコは不安定化するのか──内政と外交の危機」『国際問題』629：29-41。
間寧（2002）「外圧と民主化──トルコ憲法改正2001年」『現代の中東』33：44-72。
間寧（2004）「トルコの民主化・宗教自由化とイスラーム運動の発展」私市正年・栗田禎子編『イスラーム地域の民衆運動と民主化』イスラーム地域研究叢書3, 東京大学出版会。
Akınhay, Osman ve Kömürcü, Derya（Çevirmen）(2003) *Sosyoloji Sözlüğü, Gordon Marshall*, Bilim ve Sanat Yayınları.
Bacik, Gokhan（2010）"The Rise of Identity Politics in Turkey", *UNISCI Discussion Papers*, 23: 47-59.
Barton, Greg, Paul Weller and Ihsan Yilmaz（eds.）(2013) *The Muslim World and Politics in Transition: Creative Contributions of the Gülen Movement*, Bloomsbury Academic.
Bildircin, Mustafa Mert（2017）"FETÖ'den Boşalan Yerler Yeni Tarikatlarla Dolduruldu", *Bir Gün*, 11. Ağustos, http://www.birgun.net/haber-detay/feto-den-bosalan-yerler-yeni-tarikatlarla-dolduruldu-174268.html（2017年8月12日閲覧）.
Cevik, Salim and Hakki Tas（2013）"In Between Democracy and Secularism: The Case of Turkish Civil Society", *Middle East Critique*, 22(2): 129-147.
Cizre, Ümit（ed.）(2016) *The Turkish AK Party and Its Leader-Criticism, Opposition and Dissent*, Routledge Studies in Middle Eastern Politics, Routledge: Oxon.
Ciddi, Sinan（2016）"Kemalist Advocacy in a Post-Kemalist Era?" in Ümit Cizre（ed.）*The Turkish AK Party and Its Leader-Criticism, Opposition and Dissent*, Routledge Studies in Middle Eastern Politics, Routledge: Oxon.
Commonwealth Secretariat（2016）*Global Youth Development Index and Report 2016*, London: Commonwealth Secretariat.
Çaha, Ömer（2013）*Women and Civil Society in Turkey: Women's Movements in a Muslim Society*, Farnham: Ashgate.
Çarkoğlu, Ali and Cerem I.Cenker（2011）"On the Relationship Between Democratic Institutionalization and Civil Society Involvement: New Evidence from Turkey", *Democratization*, 18(3): 751-773.
ÇYDD, Çağdaş Yaşamı Destekleme Derneği（2016）*2014-2015 CYDD Activity Report*, https://www.cydd.org.tr/pages/our-annual-report-15/（2017年7月27日閲覧）.
ÇYDD, Çağdaş Yaşamı Destekleme Derneği（2017a）*Stratejiler*, https://www.cydd.org.tr/sayfa/stratejiler-149/（2017年7月21日閲覧）.
ÇYDD, Çağdaş Yaşamı Destekleme Derneği（2017b）*Gelir Gider Tablosu 2016*, https:

//www.cydd.org.tr/sayfa/mali-raporlar-14/（2017年7月21日閲覧）.
DERBİS, Dernekler Bilgi Sistemi, Dernekler Dairesi Başkanlığı, T. C. İçişleri Bakanlığı (2017) *Dernek Sayıları*, https://www.dernekler.gov.tr/tr/Anasayfalinkler/dernek sayilari.aspx（2017年9月15日閲覧）.
Dumanlı, Ekrem (2014) "Hocaefendi: Her Partiden Hizmet Verecek İstidatta Kıymetli Adaylar Vardır", *Zaman*, 21 Mart.
Ebaugh, Helen Rose (2009) *The Gülen Movement: A Sociological Analysis of a Civic Movement Rooted in Moderate Islam*, New York: Springer.
Edwards, Michael (ed.) (2012) *The Oxford Handbook of Civil Society*, Oxford University Press, Published online.
Eligür, Banu (2010) *The Mobilization of Political Islam in Turkey*, New York: Cambridge University Press.
Erdoğan, Latif (1998) *Fethullah Gülen Hocaefendi 'Küçük Dünyam'*, İstanbul: AD Yayınları.
Ertit, Volkan (2015) *Endişeli Muhafazakarlar Çağı: Dinden Uzaklaşan Türkiye*, Ankara: Orient Yayınları.
Erdoğan, Necmi (2000) "Kemalist Non-Governmental Organizations: Troubled Elites in Defense of a Sacred Heritage", in Stefanos Yerasimos, Günter Seufert and Karin Vorhoff (eds.), *Civil Society in the Grip of Nationalism. Studies on Political Culture in Contemporary Turkey*, Istanbul-Würzburg Orient-Institut / IFEA.
Gülen, M. Fethullah (2001) "Denouncing the Violence in the Name of God", *Washington Post*, 12 September.
Gülerce, Hüseyin (2014) "Seçim Sonuçları ve Cemaat...", *Zaman*, 2 Nisan.
Gündem, Mehmet (2005) *Fethullah Gülen'le 11 Gün, Sorularla Bir Hareketin Analizi*, İstanbul: Alfa Yayınları, 25.
Heper, Metin (1985) *The State Tradition in Turkey*, North Humberside: Eothen Press.
Inglehart, R., C. Haerpfer, A. Moreno, C. Welzel, K. Kizilova, J. Diez-Medrano, M. Lagos, P. Norris, E. Ponarin and B. Puranen et al. (eds.) (2014) *World Values Survey: Round Six - Country-Pooled Datafile Version, Turkey 2011*, Madrid: JD Systems Institute, http://www.worldvaluessurvey.org/WVSDocumentationWV6.jsp（2010年10月30日閲覧）.
İHH, İnsan Hak ve Hürriyetleri ve İnsani Yardım Vakfı (2017) *Tarihçe*, https://www.ihh.org.tr/tarihce（2017年11月13日閲覧）.
Jackson, Michael (2005) *Existential Anthropology: Events, Exigencies and Effects*, New York: Berghahn Books.
Kadıoğlu, Ayşe (2005) "Civil Society, Islam and Democracy in Turkey: A Study of Three Islamic Non-Governmental Organizations", *Muslim World*, 95(1): 23-41.

Kalaycioglu, Ersin (2002) "State and Civil Society in Turkey: Democracy, Development and Protest", in Amyn B. Sajoo (ed.), *Civil Society in the Muslim World: Contemporary Perspectives*, London: I. B. Tauris.

Kaya, Ayhan (2017) "Europeanization of Civil Society in Turkey: Legacy of the #Occupygezi Movement", *Turkish Studies*, 18(1): 125-156.

Kuzmanovic, Daniella (2010) "Project Culture and Turkish Civil Society", *Turkish Studies*, 11(3): 429-444.

Kuzmanovic, Daniella (2012) *Refractions of Civil Society in Turkey*, New York: Palgrave Macmillan.

Mardin, Şerif (1975) "Center-Periphery Relations: A Key to Turkish Politics?" Engin D. Akarlı and Gabriel Ben-Dor (eds.), *Political Participation in Turkey: Historical Background and Present Problems*, Istanbul: Boğaziçi University Publications.

Mardin, Şerif (1995) "Civil Society and Islam", John A. Hall (ed.), *Civil Society: Theory, History, Comparison*, Cambridge: Polity Press.

Mercan, Faruk (2008) *Fethullah Gülen*, İstanbul: Doğan Egmont Yayıncılık ve Yapımcılık Tic. A. Ş.

Norton, Augustus Richard (ed.) (1996) *Civil Society in the Middle East, Vol 2*, Leiden: Rill.

Özer, Sanem (2013) "Democratization, Conflict Transformation and Women's Organizations", in Alpaslan Özerdem and Füsun Özerdem (eds.), *Human Security in Turkey: Challenges for the 21st Century*, London: Routledge.

Özgür-der, Özgür Düşünce ve Eğitim Hakları Derneği (2007), *ÖZGÜR-DER NEDİR?*, http://www.ozgurder.org/news_detail.php?id=542 (2017年2月12日閲覧).

Özyurt, Ahu (2017) "How will Turkey survive until 2019?" *Hürriyet Daily News*, 16 August 2017.

Saçlıoğlu, Mehmet Zaman (2004) *Güneş Umuttan Şimdi Doğar, Türkan Saylan kitabı*, İstanbul: Türkiye İş Bankası Kültür Yayınları.

Sarkissian, Ani and Ş. İlgü Özler (2012) "Democratization and the Politicization of Religious Civil Society in Turkey", *Democratization*, 20(6): 1014-1035.

Saylan, Türkan (1998) *Cumhuriyet'in Bireyi Olmak*, İstanbul: Cumhuriyet Kitapları.

Saylan, Türkan (2008) *100 Soruda Sivil Toplum*, İstanbul: Cumhuriyet Kitapları.

Tremblay, Pinar (2017) "Erdogan's 'Pious Generation' Curriculum Gets Failing Grade", *Al-Monitor*, November 17.

Toprak, Binnez (1996) "Turkish Democracy and Civil Society", in A. R. Norton (ed.), *Civil Society in the Middle East, Vol 2*, Leiden:Brill.

Ünal, Ali (2009) "Açılım mı, Yeni Bir Strateji Mi?" *Zaman*, 20 Nisan.

Vatandaş, Aydoğan (2014) "Fethullah Gülen Hocaefendi'den, IŞİD Eylemlerine Kınama", *Zaman*, 22 Ağustos.

Vicini, Fabio (2017) "Turkish Islamism, Conservatism and Human Rights Before and After Gezi: The Case of *Mazlumder*", *British Journal of Middle Eastern Studies*, 18(2): 1-16.
White, Jenny. B. (2002) *Islamist Mobilization in Turkey- A Study in Vernacular Politics*, Washington, DC: University of Washington Press.
Yavuz, M. Hakan (2013) *Toward an Islamic Enlightenment: The Gulen Movement*, New York: Oxford University Press.
Yenigun, Halil Ibrahim (2017) "The New Antinomies of the Islamic Movement in Post-Gezi Turkey: Islamism vs. Muslimism", *Turkish Studies*, 18(2): 229-250.
Yıldız, Güney (2014) "Fethullah Gülen BBC'ye Konuştu", *BBC Türkçe*, 27 Ocak.
Zencirci, Gizem (2014) "Civil Society's History: New Constructions of Ottoman Heritage by the Justice and Development Party in Turkey", *European Journal of Turkish Studies*, 19, http://ejts.revues.org/5076.
Zencirci, Gizem (2015) "From Property to Civil Society: The Historical Transformation of Vakifs in Modern Turkey (1923-2013)", *International Journal of Middle East Studies*, 47: 533-554.

第4章

政治体制
――経済,宗教,政権支持――

間　寧

1　一党優位制の台頭から定着へ

　トルコでは2002年以降,親イスラムの公正発展党(AKP)が2015年までの総選挙(および統一地方選挙)のすべてで勝利している。しかも2011年には総選挙で3回連続して国会議席過半数を獲得し,サルトーリの言う一党優位制(predominant party system)が成立した(Sartori 1976)。これはその前の10年間,さらには1970年代に短命の連立政権が続いた状況と対照的である。トルコや他国で一党優位制がなぜ台頭したのかについてはある程度の研究蓄積があるものの,その定着の過程については十分解明されていない。

　トルコでAKPは2015年6月総選挙では獲得議席が定員過半数を割り,11月のやり直し総選挙で過半数を回復した。一党優位制自体は続いているものの[1],その定着は確実と言い切れない。さらに大統領制へ移行すれば(終章参照)有権者は大統領と議会で別々の政党を支持することも可能になるため定着はさらに不確定要素を増す。一党優位制についての既存研究によると,一党優位制の定着期には政権は政策実績よりも価値観に訴えて有権者の支持を固定化しようと試みる。またAKPも宗教性の強調により敬虔な有権者の支持固定化を狙っていると指摘されている。もしそうだとすればその戦略は功を奏しているのだろうか。

　本章は,過去4回の世論調査データセットを用いて,AKP政権の価値観戦略の効果を検証し,同戦略が期待された結果を生んでいない事実を明らかにする。第3回目総選挙での勝利まで(2002~11年)を台頭期,それ以降を定着期と

すると，台頭期には敬虔な有権者も世俗的な有権者も国内経済状況をもとに政権に対する態度を決めていた。これに対し定着期には，意外にも，敬虔な有権者ではなく世俗的な有権者の対政権態度が（不支持という形で）固定化した。敬虔な有権者は依然として国内経済状況をもとに対政権態度を決めていた。以下ではまず第2節で先行研究を概観した上で仮説を提示，第3節で研究設計の詳細を説明した上で，第4節で分析結果を提示し，第5節で結論を導くとともにその含意を議論する。

2　一党優位制下の投票行動

　一党優位制の定義にある「同一の政党が3回の民主的選挙で連続して議会過半数を獲得している」という条件（Sartori 1976）は一般的に成立しにくいように見えるが，民主主義体制において一党優位制は，希有な存在ではない。1975～2010年において，75の定着した民主主義国のうちその半数に当たる37カ国が一党優位制を経験している（Nwokora and Pelizzo 2014）。さらに一党優位制は特に新興民主主義において顕著である。本節では先行研究をもとに一党優位制の台頭から定着への移行が投票行動に与える変化を論じ，仮説を導く。

台頭から定着へ

　一党優位制の台頭と定着は異なる要因に依拠している。一党優位制の先駆的研究者であるペンペルはその台頭の原因を，（東西冷戦などの）外生的な危機が引き起こす社会勢力の政治的志向の「転換（mobilizational crisis）」に求めている（ただしこの「転換」と台頭との関係の実証的検証は行われていない[2]）（Pempel 1990a, 77-82）。転換期を成功裏に乗り切るとその好業績の残像効果（halo effect）が与党支持強化につながる（Pempel 1990b, 344）。多くの場合，残像効果は良好な経済業績に支えられていた（Nwokora and Pelizzo 2014；Aronoff 1990；Esping-Andersen 1990；Muramatsu and Krauss 1990；Shalev 1990[3]）。トルコにおける一党優位制の台頭も，「外生的危機→社会勢力の志向転換→危機克服→残像効果」という典型的過程を辿った。2001年にトルコが史上最大の金融危機を経験すると，2002年

の総選挙で有権者は連立政権与党や他の体制政党を見限った結果[4]，AKP が34％の得票率ながら議席の3分の2を獲得した。AKP 政権がその第1期（2002〜07年）に経済成長と安定を実現すると，有権者は2007年総選挙で経済業績を理由に AKP 政権を再任した。

他方，一党優位制の定着は，政権が与党のイデオロギーを体制に独占的に浸透させることで（ideological hegemony）進行するとされる（Pempel 1990b, 352-356）。これは，政党制形成モデルが想定するのと逆の過程である。政党制形成モデルでは，競合する組織政党が有権者の利益・価値観を政策に反映する結果，政党制の対抗軸は社会勢力の対抗軸に応じて形成される[5]。すなわち社会的亀裂は政党制を規定する（Roberts 2014, 24；Bartolini and Mair 1990）[6]。これに対し，一党優位制では与党がその価値観を有権者に対して広め，社会勢力の対抗軸を政党制の対抗軸に適合させる。このような価値観戦略の政権にとっての利点は，亀裂上の利益・価値観を政権と共有する有権者が，経済状況にかかわらず政権を支持する態度である。なぜなら経済状況認識は，社会的亀裂と並んで，投票行動における最も重要な決定要因だからである。

業績投票から亀裂投票へ？

有権者が経済状況の良し悪しに応じて政権を支持するかどうかを決める態度は，業績投票と呼ばれる。既存研究によれば有権者は，(1)自分の家計状況よりも国内経済状況，(2)将来よりも過去1年の状況，をより重視する（Nannestad and Paldam 1994；Lewis-Beck and Stegmaier 2013）。ペンペルの議論に従えば，一党優位制が台頭から定着に移行すると，業績投票よりも，有権者が自らの社会集団の利益や価値をもとに政権を支持するかどうかを決めるという，いわゆる亀裂投票の傾向がより強くなることが予想できる（Pempel 1990b）。亀裂投票モデルは，社会人口学的（階級，民族，宗教）や価値観（帰属意識，宗教性）の政党支持（与党に限らない）への影響を分析する。亀裂が顕著なほど，また有権者の価値観が強いほど，政党支持が安定することが知られている[7]。

トルコにおいても一党優位制の台頭期に業績投票が顕著だったことは多くの定性的（Yavuz 2006；2009；Ayan Musil 2014；Gumuscu 2013）また定量的分析

(Kalaycıoğlu 2010；Çarkoğlu 2011；2012）により裏づけられている。他方，定着期にかけては，AKP が有権者の支持を固める上でイスラム的価値や宗教性の強調が決定的な役割を果たしたとも論じられている（Gümüşçü 2013；Ayan Musil 2014）。さらに AKP 政権はその第 2 期（2007～11年）以降，亀裂の強調により社会勢力の両極化を推し進め，政権支持選択を有権者に迫っているとも論じられている（Keyman 2014, 29；Müftüler-Baç and Keyman 2012, 92-93；Çınar 2011, 117-124）[8]。A&G 世論調査会社社長のアーディル・ギュルは，両極化は有権者の目を政策実績からそらすために政治家にとって最も安易な戦略だと述べている[9]。

　ただし亀裂，特に本章の文脈では宗教性を強調する戦略が有権者の政権支持を固めるとの知見はこれまで示されていない。加えて，宗教性によって政権支持が決まる傾向が強まると，（宗教性の弱い）世俗的な人々が経済状況が良くても政権を支持しなくなる危険をも併せ持つ戦略である。そのため宗教性強調戦略が政権支持強化をもたらすためには，以下の 2 つの仮説が成り立つ必要がある。

仮説 1：敬虔な有権者が経済状況を悪いと感じた場合，その人が政権を支持する確率は，台頭期よりも定着期のほうが高い。
仮説 2：世俗的な有権者が経済状況を良いと感じた場合，その人が政権を支持する確率は，台頭期と定着期で違わない。

以下ではこの 2 つの仮説（図 4-1 と図 4-2 参照）を，世論調査データを用いて検証する。

3　研究設計

データ

　米国の独立系世論調査機関であるピュー研究所（Pew Research Center）が毎年世界規模で実施している世論調査のトルコについての確率標本データセットを用いる（Pew Research Center 2007；2010；2014；2015）。年によって質問項目が異

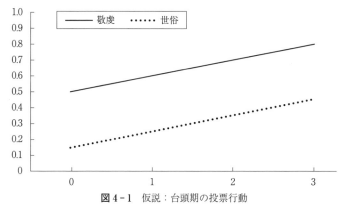

図4-1　仮説：台頭期の投票行動
注：縦軸は政権支持確率，横軸は有権者の経済状況認識（0が最低，3が最高）。
出所：仮説に従い筆者が作成。

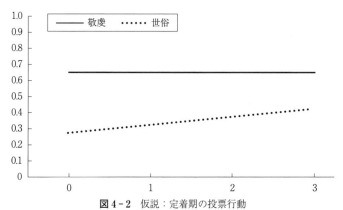

図4-2　仮説：定着期の投票行動
注：縦軸は政権支持確率，横軸は有権者の経済状況認識（0が最低，3が最高）。
出所：仮説に従い筆者が作成。

なる場合があるため，AKP政権期について必要な変数がすべてそろうデータセットは，一党優位制台頭期に当たる2007年と2010年，一党優位制定着期に当たる2014年と2015年のものである。標本規模は約1000と大きくはないが，これら4つのデータセットでは同じ質問が繰り返して用いられているために年ごとの結果が比較可能であるという利点がある。他方，データ・ポイントが4つと少ない，しかも定着期についてのデータ時点が隣接している，などの点に本データの限界を認めざるをえない。

従属変数

　AがBに影響を及ぼすとの関係を仮定した場合，Aを独立変数（所与であるとの意味で「独立」），Bを従属変数（Aに依存するという意味で「従属」）と呼ぶ。本章の2つの仮説をまとめて言えば「一党優位制の定着期には，敬虔な有権者は世俗的な有権者に比べて，経済状況認識にとらわれず政権を支持する」ので，政権への支持が従属変数になる。より詳しく述べると，従属変数は，政府への支持・不支持を示す二項変数（変数の取りうる値が2つしかないもの）で，以下の質問への答えで測った。

　「今から読み上げる集団や組織のそれぞれがトルコにおける物事にどのような影響力を持つかを述べてください。……我が国の政府のトルコにおける影響はとても良い，やや良い，やや悪い，それともとても悪いですか」

元データの回答の4カテゴリは，2カテゴリに再コード化し，1=「とても良い」ないし「やや良い」，0=「とても悪い」ないし「やや悪い」とした。「わからない」と「回答拒否」は欠損値として扱った。[10]

独立変数

　回答者の国内経済の現状についての回答者の評価は，4ポイント指標（0=とても悪い，1=やや悪い，2=やや良い，3=とても良い）で測った。該当質問は「我が国の経済状況を考えると，トルコの現在の経済状況をどのように形容しますか？」である。[11]宗教性はキリスト教国では一般的に教会礼拝出席で測られるが，ムスリム国でこれに相当するのは礼拝頻度である。ここでは礼拝頻度についての元データの7区分を2区分に再定義して1=頻繁：宗教的祭日以外にも礼拝（「金曜日のみ」，「金曜日と宗教祭日のみ」，「毎週2回以上」，「毎日2回以上」，「毎日5回」）と0=非頻繁：礼拝しても宗教的祭日のみ（「ほとんどしない」，「宗教祭日のみ」）とした。「わからない」と回答拒否は欠損値として扱った。

　ところで経済業績評価は党派性により決まり，その逆ではないとの主張もある。これに対して主流の経済投票研究は党派性を制御した上でも経済業績評価

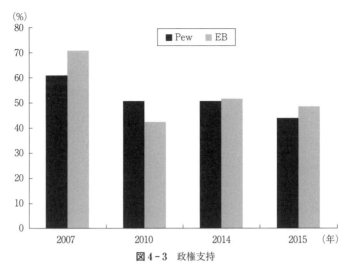

図 4-3　政権支持

注：Pew では「我が国の政府のトルコにおける影響はとても良い，やや良い，やや悪い，それともとても悪いですか」との問いに対する「とても良い」または「やや良い」との回答の比率（「わからない」と「回答拒否」は欠損値扱い。標本重み付け適用）。Eurobarometer では「トルコ政府を信頼していますか，信頼していませんか」との問いに対する「信頼している」との回答の比率（「わからない」は欠損値扱い。データを Eurobarometer の Interactive から抽出したため標本重み付けは適用されていない。Pew の調査時期が毎年春であるため，Eurobarometer の四半期データも春期調査のものを用いた）。
出所：Pew Reserch Center（2007, 2010, 2014, 2015）および European Commission（Various years）より筆者作成。

は依然として政権支持に影響を及ぼすことを示してきた。本章でも「どの政党に親近感を感じますか」との質問に対して AKP との回答を 1，それ以外を「わからない」と回答拒否も含めて 0 とする二項変数を党派性変数として用いた予備的分析を行ったところ，党派性変数を用いない分析と同様の結果を得られた（ただし，上記の質問は2007年データセットには存在しないので2007年については上記の分析ができなかった）。政党親近感を従属変数とする分析をすべきとの考えもありうるが，与党への親近感（一般的には「今日選挙があればどの政党に投票しますか」との質問への回答で測られる）は政権支持とは厳密には異なる。また何らかの政党に親近感を持つ人の比率は選挙時に最高に達しその後低下する（「支持政党無し」はこの逆の動き）というように時間とともに大きく変動することが一般的に知られている。これに対し，政権への支持と不支持は通時的に安定している。

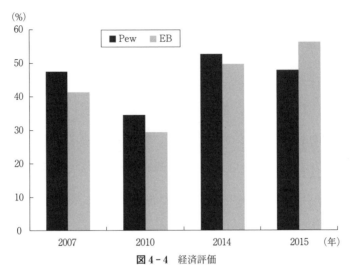

図4-4 経済評価

注:Pew では,「トルコ経済の現在の状況をどのように形容しますか」との問いに対する「とても良い,わりと良い,わりと悪い,とても悪い」との回答のうち,「とても良い」または「わりと良い」の合計比率(「わからない」は欠損値扱い。標本重み付け適用)。Eurobarometer ではトルコ経済の現在の状況をどのように判断しますか」との問いに対する「とても良い,わりと良い,わりと悪い,とても悪い」との回答のうち,「とても良い」または「わりと良い」の合計比率(「わからない」は欠損値扱い。データを Eurobarometer の Interactive(対面操作ページ)から抽出したため標本重み付けは適用されていない。Pew の調査時期が毎年春であるため,Eurobarometer の四半期データも春期調査のものを用いた)。
出所:Pew Reserch Center(2007, 2010, 2014, 2015)および European Commission(Various years)より筆者作成。

社会人口学的変数は,性別,年齢(実年齢),教育水準(中学在学以上を1,小学校卒業以下を0とする二項変数),地域(トルコ全土を8地域に区分した名目変数),就業状況(給与所得者を1,それ以外を0とする二項変数),である。所得変数は,2014年と2015年について「わからない」および回答拒否が多かったため分析に用いなかった。

他のデータセットとの比較

Pew Research データセットの信頼性を確認するため,左記データセットから得られた主要な変数を,国際的に用いられているデータセットにある同様の変数と比較した。本章の被説明変数(説明目標)である経済業績評価について

第4章 政治体制

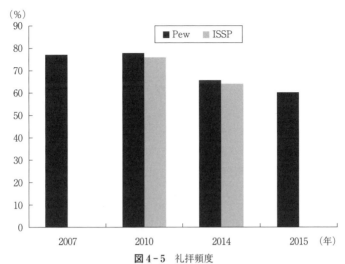

図4-5 礼拝頻度
注：Pewでは，礼拝頻度についての元データの7区分を2区分に再定義して1＝頻繁：宗教的祭日以外にも礼拝（「金曜日のみ」，「金曜日と宗教祭日のみ」，「毎週2回以上」，「毎日2回以上」，「毎日5回」）と0＝非頻繁：礼拝しても宗教的祭日のみ（「ほとんどしない」，「宗教祭日のみ」）としたあとの，1にあたる回答比率（「わからない」と回答拒否は欠損値扱い）。ISSPでは，「昨年について考えるとどの程度礼拝しましたか」との問いに対する8つの回答肢「毎週数回以上」，「毎週」，「毎月2，3回以上」，「毎月」，「年に数回」，「年に1回」「年に1回未満」「まったくしない」のうち前者4つ（すなわち，宗教的祭日以外にも礼拝）の回答の合計比率。
出所：Pew Reserch Center（2007，2010，2014，2015）およびISSP Research Group（Various years）のデータセットより筆者作成。

は，Eurobarometer データセットに，主要な説明変数（説明材料）のうち国内経済評価と礼拝頻度についてはそれぞれ Eurobarometer と International Social Survey Program のデータセットに，類似の変数がある。それらを Pew のデータと比較した図4-3，4-4，4-5は，両者がかなり整合的であることを示している。

4　分析結果

政権支持における両極化

分析に入る前に，仮説の前提となる両極化を確認しておく必要がある。すな

103

わち，一党優位制が台頭期から定着期へ移行する過程で政権への世論は両極化したのか，だとすれば政権に好意的な有権者の支持は固定化したのか。世論両極化についての既存研究では，両極化を(1)特定の問題について世論がどれだけ分散しているか（Down and Wilson 2010），または(2)特定の問題について有権者と政党の態度がどれだけ一致しているか（Baldassarri and Gelman 2008）で計ってきた。トルコについては後者のための十分なデータが入手できないため本章は前者の方法を採った。そして政権支持の両極化を，政権支持に関する4段階評価（被説明変数の参照）の標準偏差と定義した。

図4-6によると，台頭期から定着期にかけて両極化は進んだように見える。政府への強い支持ないし強い反対の割合も上昇している。ただしその内訳を見ると，政府への強い支持は不安定（状況依存的）である。これに対し，政府への強い反対は安定的かつ徐々にではあるが高まっている。すなわち，一党優位制下で両極化は起きている。しかし，それは政権が意図したような支持者の固定化ではなく，反対者の固定化をもたらしているように見える。この点を以下でより厳密に検証する。

宗教性と政権支持

政権支持確率を推計したロジットモデル分析の結果を示したのが表4-1である。奇数番号モデルは基本モデル，偶数番号モデルは交差項を含む展開モデルである。交差項の意味については以下で説明する。まず基本モデルからは，経済業績評価と礼拝頻度が政権支持を強く規定していることがわかる。これら2つの独立変数の効果が統計的に有意な（ゼロではない）ことは，星印により示されている（星の数が多いほど有意度が高い）。これら2つ以外の独立変数は，あまり一貫した効果を及ぼしていない。特に地域変数は地域経済変動を反映している可能性もある。

次に展開モデルにおける交差項は，頻繁に礼拝する（＝敬虔な）人が経済状況が良い（悪い）と感じた場合に政権を支持する確率と，頻繁に礼拝しない（＝世俗的な）人が経済状況が良い（悪い）と感じた場合に政権を支持する確率との違いを示す。展開モデルを台頭期について見ると，交差項には統計的に有意

第4章 政治体制

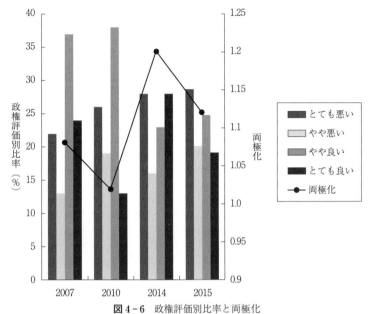

図4-6 政権評価別比率と両極化

注：政権支持の両極化を，政権支持に関する4段階評価（被説明変数の参照）の標準偏差と定義した。
出所：Pew Reserch Center（2007, 2010, 2014, 2015）データセットより筆者作成。

な違いは認められない（モデル2と4）。しかも礼拝頻度変数が（統計的に有意な）正の値を取っているので，経済業績評価がゼロ，すなわち「とても悪い」場合において頻繁礼拝者は非頻繁礼拝者よりも高い確率で政権を支持している。これは，図4-1で示した台頭期の投票行動予想と一致する。しかし定着期には，交差項の値は正かつ統計的に有意である（モデル6と8）。これは，頻繁礼拝者が非頻繁礼拝者よりも経済状況認識に依拠して投票している傾向を意味する。しかも，礼拝頻度変数は統計的に有意でないので（実質的にはゼロ），経済業績評価が「とても悪い」場合において頻繁礼拝者と非頻繁礼拝者とで政権支持確率に有意な違いはない。これは図4-2で示した定着期の投票行動予想と異なる。

　上記の分析結果は独立変数ごとの効果を列挙したもので，直感的にはわかりにくいかもしれない。そのため，頻繁礼拝者と非頻繁礼拝者に場合分けして，

表 4-1 政権支持を決定する要因

	2007		2010		2014		2015	
モデル	1	2	3	4	5	6	7	8
経済評価：4段階	1.037***	1.159***	1.335***	1.415***	1.123***	0.587***	1.523***	1.187***
	(0.101)	(0.202)	(0.108)	(0.199)	(0.124)	(0.160)	(0.149)	(0.178)
礼拝頻度：定期的	0.694***	0.865***	0.756***	0.855***	1.131***	−0.210	0.767***	−0.240
	(0.196)	(0.315)	(0.199)	(0.284)	(0.227)	(0.609)	(0.225)	(0.475)
経済評価*礼拝頻度		−0.161		−0.103		0.934***		0.684**
		(0.231)		(0.225)		(0.231)		(0.291)
教育：中学以上	−0.166	−0.154	−0.396**	−0.399**	−0.558**	−0.628**	−0.318	0.295
	(0.194)	(0.196)	(0.182)	(0.182)	(0.270)	(0.272)	(0.297)	(0.307)
給与所得者	−0.587***	−0.592***	0.0111	0.0140	0.0752	0.0338	0.00775	−0.0535
	(0.210)	(0.211)	(0.204)	(0.204)	(0.219)	(0.220)	(0.276)	(0.282)
女性	−0.257	−0.260	0.185	0.179	0.418*	0.441**	0.126	0.0839
	(0.190)	(0.190)	(0.186)	(0.187)	(0.220)	(0.220)	(0.240)	(0.238)
年齢	−0.00936	−0.00903	−0.0204***	−0.0203***	−0.00684	−0.00736	0.00705	0.00751
	(0.00649)	(0.00651)	(0.00627)	(0.00628)	(0.00763)	(0.00765)	(0.00920)	(0.00932)
マルマラ地方	0.322	0.322	−0.916***	−0.925***	0.141	0.209	−1.033***	−1.085***
	(0.285)	(0.285)	(0.286)	(0.285)	(0.313)	(0.329)	(0.368)	(0.373)
エーゲ地方	−0.204	−0.217	−0.619**	−0.627**	0.280	0.275	−3.227***	−3.375***
	(0.312)	(0.312)	(0.267)	(0.268)	(0.363)	(0.367)	(0.763)	(0.830)
地中海地方	0.317	0.323	−1.034***	−1.042***	0.369	0.401	−0.518	−0.564
	(0.270)	(0.271)	(0.289)	(0.288)	(0.349)	(0.346)	(0.375)	(0.379)
中央アナトリア地方	0.832***	0.838***	−0.469	−0.474	0.233	0.243	0.168	0.00536
	(0.318)	(0.319)	(0.293)	(0.293)	(0.358)	(0.369)	(0.407)	(0.397)
黒海地方	−0.296	−0.298	−0.802**	−0.805**	1.303***	1.355***	−1.025***	−1.123***
	(0.265)	(0.264)	(0.318)	(0.317)	(0.397)	(0.387)	(0.379)	(0.396)
東アナトリア地方	0.933**	0.961**	0.665	0.657	1.201***	1.071**	−0.0251	−0.0348
	(0.394)	(0.396)	(0.473)	(0.471)	(0.443)	(0.451)	(0.461)	(0.488)
南東アナトリア地方	0.751**	0.759**	−1.834***	−1.845***	2.169***	2.341***	−0.273	−0.187
	(0.316)	(0.320)	(0.394)	(0.394)	(0.507)	(0.560)	(0.373)	(0.392)
定数	−0.440	−0.580	−0.497	−0.561	−2.758***	−1.970***	−2.193***	−1.607***
	(0.525)	(0.573)	(0.542)	(0.567)	(0.676)	(0.694)	(0.741)	(0.759)
N	867	867	929	929	852	852	695	695

注：偶数番号モデル（2, 4, 6, 8）の推計式は以下のとおり。

Log[政権支持/(1−政権支持)] = $a + \beta_1^*$(経済評価) + β_2^*(礼拝頻度) + β_3^*(経済評価*礼拝頻度) + β_4^*(教育) + β_5^*(給与所得者) + β_6^*(女性) + β_7^*(年齢) + β_8^*(マルマラ地方) + β_9^*(エーゲ地方) + β_{10}^*(地中海地方) + β_{11}^*(中央アナトリア地方) + β_{12}^*(黒海地方) + β_{13}^*(東アナトリア地方) + β_{14}^*(南東アナトリア地方)

a は定数項、βk はそれぞれの説明変数の（推計された）効果を表す。推計には標本重み付けを用いた。

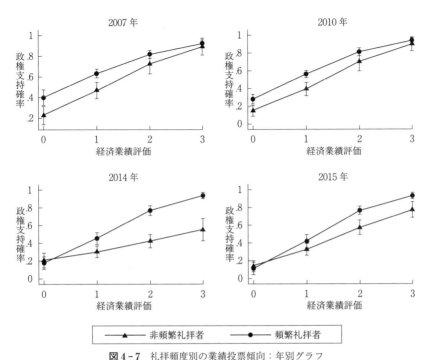

図 4-7 礼拝頻度別の業績投票傾向:年別グラフ
注:表 4-1 推計結果に基づいて,経済業績評価(横軸)と政権支持確率(縦軸)の関係を,礼拝頻度が頻繁(●)と非頻繁(▲)の場合に分けてグラフ化した。

経済評価が変化すると政権支持確率がどのように変化するかを図示したのが図 4-7 と 4-8 である(他の変数は,頻繁礼拝者ないし非頻繁礼拝者の経済評価変数の各値に対応する平均値に固定してある)。年別グラフからなる図 4-7 は,台頭期である 2007 年と 2010 年には,経済業績評価が一段階変化した時の政権支持の変化は,頻繁礼拝者と非頻繁礼拝者の間ではほぼ同じで,図 4-1 の台頭期の投票行動予想に合致している。これに対し定着期である 2014 年と 2015 年には,経済業績評価が一段階変化した時の政権支持の変化は,頻繁礼拝者のほうが非頻繁礼拝者よりも大きい。その結果,経済業績評価が悪いと頻繁礼拝者の政権支持確率は非頻繁礼拝者と同じ程度にまで落ち込む傾向がわかる。これは図 4-2 の定着期の投票行動予想に反する。上記の関係を礼拝頻度別に整理したのが図 4-8 である。それによると,頻繁礼拝者の経済業績評価が良い場合はその政権支持

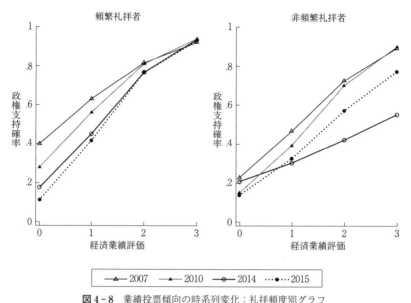

図4-8 業績投票傾向の時系列変化：礼拝頻度別グラフ
注：表4-1推計結果に基づいて，経済業績評価（横軸）と政権支持確率（縦軸）の関係を，年別にグラフ化した。

は，台頭期と定着期で同じ程度に高いが，経済業績評価が悪い場合は，その政権支持は台頭期よりも定着期でより低い。これに対し，非頻繁礼拝者の経済業績評価が良い場合はその政権支持は，台頭期のほうが定着期よりも高いが，経済業績評価が悪い場合は，その政権支持は台頭期と定着期で同じ程度に低い。

　これらの結果は，2つの仮説のいずれも成り立たないことを示している。仮説1については，敬虔な有権者は経済業績評価が悪い場合の政権支持確率は，台頭期よりも定着期にむしろ低くなっている。それは敬虔な有権者が政権支持を決める上で経済業績をより気にするようになっているからである。仮説2については，世俗的な有権者は経済業績を気にしない傾向が定着期に強まった結果，経済業績評価が良い場合の政権支持確率が台頭期に比べて低くなった。これらの結果は，一党優位制の定着期に政権が社会的亀裂を利用して政治的両極化を起こしたものの，政権に近い亀裂集団（宗教性の強い有権者）からの支持を固定化できず，政権に遠い亀裂集団（宗教性の弱い有権者）の不支持を固定化したことを意味する。経済業績が良くなっても世俗的な人々は政権不支持から支

持に転ずる可能性は弱まった。なお，与党への親近感を独立変数として加えた結果も同様の結果を示した。

5 価値観戦略の限界

　一党優位制の台頭はトルコをも含めてかなりの程度分析されてきたのに対し，その定着過程と政権戦略はこれまで実証的検証に付されてこなかった。特に，価値観戦略の有効性には検討の余地がある。疎外された集団（たとえば非宗教的な人々）が政府への反対姿勢を定着させるかもしれないからである。本章の分析は価値観戦略の有効性に関する疑念について検討し，価値観戦略が疎外集団の反感を強めるという代償をともなう事実を明らかにした。さらに重要なのは，価値観戦略が宗教的な人々の業績投票傾向を抑えられなかったことである。実際，宗教的な人々の業績投票傾向は台頭期よりも定着期に強まった。このように，価値観戦略は期待された効果を及ぼさなかった。

　すべての研究がそうであるように，本章の結論も一定の制約下で導かれている。第1に，データ・ポイントは4つ（4年）で，台頭期と定着期にそれぞれ2つしかない。特に，定着期のポイントが連続した2年であることは定着期についての一般化への制約ではある。しかし，連続した2年について得られた結果の一貫性は，データへの信憑性を裏づけている。第2に，従属変数である政権支持についての質問では，政府の影響力を評価するかしないかという間接的な表現が用いられた。第3に，逸話的証拠には事欠かないものの，本章では価値観戦略の因果過程（価値観戦略から投票行動変化まで）を追跡していない。今後の研究では価値観戦略が期待を裏切った過程を解明することが望まれる。

　それではなぜAKP政権は価値観戦略を執拗に追求したのか。AKPにとって短期的にはそれが機能するように見えるからである。政権が有権者の亀裂意識を活性化させ世論を両極化させると，支持を決めかねている潜在的政権支持者は，投票に出向き政権を支持するであろう。しかし，それらの潜在的政権支持者が支持をためらったという事実は残る。経済状況への不満が政権支持者を棄権に向かわせるのである。加えて，疎外された亀裂集団は定着期には経済状

況の良し悪しにかかわらず政権に反対するようになる。疎外された集団は台頭期には経済状況をある程度考慮して政権支持を決めていたのにである。このように，価値観戦略と両極化は，潜在的政権支持者を取り戻せても，亀裂の反対側から新しい支持者を獲得はできない。

　2015年以降のトルコ政治の展開は価値観戦略の失敗を示している。2015年6月総選挙でAKPが議会過半数を失った主な原因は，クルド系の人民民主党（HDP）の台頭のみならず，AKP票が民族主義保守の民族主義者行動党（MHP）に流れたことだった。保守的で多くが宗教的な有権者にとって，政権の業績（経済状況）や予定された政策（大統領制への移行）に不満がある場合はAKPに代わる投票先となる政党が存在する。AKP政権は同年11月のやり直し総選挙で議会過半数を回復した。その背景には，テロの頻発とエルドアンが治安悪化の脅威を煽り，経済業績が主要関心事でなくなった経緯がある。また彼自身も同選挙戦では大統領制要求を封印した。2016年7月のクーデタ未遂も大統領とAKP政権への支持を一時的にではあれ高めた。しかし2017年4月の大統領制導入のための憲法改正国民投票では，保守的で大半が宗教的な有権者はAKPとMHPが共同提案した憲法改正提案を盲目的には支持しなかった。賛否は51対49で拮抗した。前回総選挙でAKPを支持していた有権者の10%が反対票を投じたとの報告もある（IPSOS Sosyal Araştırmalar Enstitüsü 2015）。またAKPに協力したMHPは，前回総選挙での支持者の73%に反対票を投じられた。宗教的でありながら政権業績を勘案して投票する有権者を価値観戦略で操るのは容易ではない。

注
(1) 多国分析を行った研究は（Nwokora and Pelizzo 2014），一党優位制の与党が総選挙で一度負けてその直後の総選挙で政権に返り咲いた場合も一党優位制（中断型）と認めている。そのため，2015年6月総選挙で与党が負けていないトルコで一党優位制は継続していると言える。
(2) ペンペルは一党優位制ではなく一党民主主義（one-party democracy）という表現を用いた（Pempel 1990a）。彼の定義はサルトーリほど厳密ではないが（Sartori 1976），彼の分析対象事例はサルトーリの一党優位制に一致する。

(3) 一党優位制ではそれ以外の政党制に比べて失業率やインフレ率が低いとの結果も報告されている（Nwokora and Pelizzo 2014）。一党優位制であっても6期（台頭に要する期間の2倍）以上続くことは希であるため（一党優位制を経験した37カ国のうち同体制が6期以上続いたのは8カ国のみ），この好業績はもっぱら台頭期に起きていると言える。
(4) これらの政党は議席獲得に必要な有効投票数の10％を獲得できなかったからである。10パーセント阻止条項については第5章の荒井論文参照。
(5) 政党制形成モデルは，西欧民主主義の歴史過程で「中心対周辺」，「国家対教会」，「都市対農村」，「資本対労働」の4つの種類の亀裂が段階的に政党制を規定・形成してきたとするリップセットとロッカン（Lipset and Rokkan 1967）の理論を基礎にしている。
(6) 社会的亀裂とは，社会的属性と利益・価値観の点で社会を大まかに区分する軸である。トルコに特徴的なのは，中心・周辺亀裂であるが（Mardin 1973），それはかなりの程度世俗・宗教亀裂に重なっている。
(7) 社会的亀裂は厳密な議論によると，①社会人口学的特徴（たとえば肉体労働者；イスラム教徒）と②価値観（階級帰属意識；信仰心）を持つ人々が，③組織化された（労働組合に加盟；モスク支援団体に加入）ときに成立するとされる（Bartolini and Mair 1990）。ただし実際には，実証研究の多くは社会的亀裂の中核的要素である①ないし②と政党支持の関係を分析している。
(8) 宗教性亀裂を強調する言説や象徴的政策を利用して両極化を促す政府の傾向を示す事例は多々ある。2012年3月，政府は8年制一貫義務教育を廃止し，初等教育最初の4年間終了後に聖職者養成教育を含む職業専門校への進学を可能にした。この政策には，幼年期に宗教教育に触れさせる目的があった。2013年5月には政府は酒類販売を規制する法律を成立させた。店舗立地，販売時間などの制約が課されるとともに，免許更新条件が厳しくなった。2013年の5月末にイスタンブルで起きた市民抗議運動では，エルドアン首相は抗議者を略奪者と呼んだ。また彼は，イスタンブル中心街のカバタシュでイスラム的スカーフを着用した女性が襲われた，モスクでビールが飲まれたなどの主張をした。しかし前者の主張は防犯ビデオ録画の証拠で覆されたし，後者の主張を裏づける証拠は提示されなかった。
(9) Hafta Sonu, "Araştırmacı Adil Gür ile Referandum'a Doğru," CNNTÜRK, 09 Nisan 2017.
(10) 予備的分析では政権支持の変数を元データのまま4カテゴリとして扱い，順序ロジットモデルを試したが，同モデルの前提である比例オッズ前提（ある独立変数の従属変数への効果は，従属変数のすべてのカテゴリについて一定であるとの前提）が成り立たなかったため，（二項）ロジットモデルより多くの情報を生かせる順位ロジットモデルは採用しなかった。
(11) 経済評価が0から1へ上がった場合でも，1から2へ上がった場合でも，その1単位の変化が政権支持確率に与える効果が一定である，すなわちその効果が線形であるとの

前提が成り立つ必要がある。そこでSTATAのContrastコマンドを用いて、経済評価変数の従属変数への効果をワルド検定したところ、効果が線形であると確認された。

(12) 当初、元データのまま7カテゴリを用いたが、ほとんどのカテゴリが有意な効果を示さなかったため、より効率的な二項変数にした。

(13) 該当変数は「トルコ政府を信頼していますか、信頼していませんか」との問いに対する「信頼している」、「信頼していない」、「わからない」との回答。

(14) 国内経済状況評価に該当する変数は、「トルコ経済の現在の状況をどのように判断しますか」との問いに対する「とても良い、わりと良い、わりと悪い、とても悪い、わからない」との回答である。礼拝頻度に相当する変数は、「昨年について考えるとどの程度礼拝しましたか」との問いに対する8つの回答肢「毎週数回以上」、「毎週」、「毎月2、3回以上」、「毎月」、「年に数回」、「年に1回」「年に1回未満」「まったくしない」である。前者を4つを「頻繁：宗教的祭日以外にも礼拝」、残りの4つを「非頻繁：礼拝しても宗教的祭日のみ」と再定義した。

参考文献

Aronoff, Myron J. (1990) "Israel under Labor and the Likud: The Role of Dominance Considered", in T. J. Pempel (ed.), *Uncommon Democracies*, Ithaca: Cornell University Press.

Ayan Musil, Pelin (2014) "Emergence of a Dominant Party System after Multipartyism: Theoretical Implications from the Case of the AKP in Turkey", *South European Society and Politics*, 20(1): 71-92.

Baldassarri, Delia, and Andrew Gelman (2008) "Partisans without Constraint: Political Polarization and Trends in American Public Opinion", *American Journal of Sociology*, 114(2): 408-446.

Bartolini, Stefano, and Peter Mair (1990) *Identity, Competition, and Electoral Availability*, Cambridge [England]: Cambridge University Press.

Çarkoğlu, Ali (2011) "Turkey's 2011 General Elections: Towards a Dominant Party System?", *Insight Turkey*, 13(3): 43-62.

Çarkoğlu, Ali (2012) "Economic Evaluations vs. Ideology: Diagnosing the Sources of Electoral Change in Turkey, 2002-2011", *Electoral Studies*, 31(3): 513-521.

Çınar, Menderes (2011) "The Electoral Success of the Akp: Cause for Hope and Despair", *Insight Turkey*, 13(4): 107-127.

Down, Ian, and Carole J. Wilson (2010) "Opinion Polarization and Inter-Party Competition on Europe", *European Union Politics*, 11(1): 61-87.

Esping-Andersen, Gosta (1990) "Single-Party Dominance in Sweden: The Saga of Social Democracy", in T. J. Pempel (ed.), *Uncommon Democracies*, Ithaca: Cornell University Press.

European Commission (Various years) *Eurobarometer Interactive*, http://ec.europa.eu/commfrontoffice/publicopinion/index.cfm/Chart/index.cfm.

Gümüşçü, Şebnem (2013) "The Emerging Predominant Party System in Turkey", *Government and Opposition*, 48(2): 223-244.

IPSOS Sosyal Araştırmalar Enstitüsü (2015) *2015 Genel Seçim Sandık Sonrası Araştırması*, http://www.ipsos.com.tr/node/1066. (2015年7月1日閲覧).

ISSP Research Group (Various years) *International Social Survey Programme*, GESIS Data Archive.

Kalaycıoğlu, Ersin (2010) "Justice and Development Party at the Helm: Resurgence of Islam or Restitution of the Right-of-Center Predominant Party?" *Turkish Studies*, 11(1): 29-44.

Keyman, E. Fuat (2014) "The AK Party: Dominant Party, New Turkey and Polarization", *Insight Turkey*, 16(2): 19-31.

Lewis-Beck, Michael S., and Mary Stegmaier (2013) "The VP-Function Revisited: A Survey of the Literature on Vote and Popularity Functions after over 40 Years", *Public Choice*, 157(3-4): 367-385.

Lipset, S. M., and Stein Rokkan (1967) "Cleavage Structures, Party Systems, and Voter Alignments: An Introduction," in Seymour M. Lipset and Stein Rokkan (eds.), *Party Systems and Voter Alignments: Cross-National Perspectives*, New York: Free Press.

Mardin, Şerif (1973) "Center-Periphery Relations: A Key to Turkish Politics?" *Daedalus*, 102(1): 169-190.

Müftüler-Baç, Meltem, and E. Fuat Keyman (2012) "The Era of Dominant-Party Politics", *Journal of Democracy*, 23(1): 85-99.

Muramatsu, Michio, and Ellis S. Krauss (1990) "Dominant Party and Social Coalitions in Japan", in T. J. Pempel (ed.), *Uncommon Democracies*, Ithaca: Cornell University Press.

Nannestad, Peter, and Martin Paldam (1994) "The VP-Function: A Survey of the Literature on Vote and Popularity Functions after 25 Years", *Public Choice*, 79(3/4): 213-245.

Nwokora, Zim, and Riccardo Pelizzo (2014) "Sartori Reconsidered: Toward a New Predominant Party System", *Political Studies*, 62(4): 824-842.

Pempel, T. J. (1990a) "Introduction: Uncommon Democracies: The One-Party Dominant Regimes", in T. J. Pempel (ed.), *Uncommon Democracies*, Ithaca: Cornell University Press.

Pempel, T. J. (1990b) "Conclusion: One-Party Dominance and the Creation of Regimes", in T. J. Pempel (ed.), *Uncommon Democracies*, Ithaca: Cornell University Press.

Pew Research Center (2007, 2010, 2014, 2015) Pew Global Attitudes Survey.

Roberts, Kenneth M. (2014) *Changing Course in Latin America*, Cambridge Studies in Comparative Politics, Cambridge: Cambridge University Press.
Sartori, Giovanni (1976) *Parties and Party Systems: A Framework for Analysis*, Cambridge: Cambridge University Press.
Shalev, Michael (1990) "The Political Economy of Labor-Pary Dominance and Decline in Israel", in T. J. Pempel (ed.), *Uncommon Democracies*, Ithaca: Cornell University Press.
Yavuz, M. Hakan (2006) *The Emergence of a New Turkey*, Salt Lake City: University of Utah Press.
Yavuz, M. Hakan (2009) *Secularism and Muslim Democracy in Turkey*, Cambridge: Cambridge University Press.

［付記］本研究は JSPS 科研費17K03574の助成を受けたものである。

第5章

政党制
―― 10パーセント阻止条項への有権者と政党の戦略 ――

荒井康一

1 トルコの政党制に関する研究

　トルコでは，1945年に複数政党制が導入されて以来，小政党が存続しつづけている。1970年代には二大政党がどちらも過半数の議席を取れず，親イスラーム政党と民族主義者行動党（MHP）が政権に参加した。1990年代の選挙では二大政党の分裂もあり，単独の政党が過半数の議席を獲得したことはなく，1996年には親イスラーム政党であった福祉党（RP）のエルバカン党首を首班とする連立内閣が成立し，1999年にはMHPが17.9％の票を獲得して第二党となり政権に参加した。2002年には，親イスラーム政党の公正発展党（AKP）が単独過半数の議席を獲得して政権についたが，得票率は30％台であり，その後はAKP政権が続いているものの，4つの政党が議席を保有している（表5-1）。

　トルコの政党制（political party system）のこのような多党化した状況は，より厳密には断片化（fragmentation）や有効政党数として，極小政党が過大評価されないような形で分析することができる。断片化の指標として用いられるレイによる得票率の断片化指数（Fragmentation Index）[1]は，1から各党の得票率の二乗の総和を引くことによって求められ，一般には0.6以下で二大政党制とされるが，図5-1から明らかなように，トルコでは1957年の選挙で断片化指数が0.6を越え，1970年代に断片化が顕著となり，1990年代はさらにその傾向を強め2002年の選挙まで0.8を越えていた。その後は，断片化指数はやや低下し多党化が収まったようにみえたものの，現在でも0.6を下回るには至っていない。トルコではなぜ，このような高い閾値の阻止条項にもかかわらず，多党制が維

表5-1　トルコにおける国会選挙結果

(得票率％，括弧内は議席数)

	左派・親クルド	中道左派		中道右派		親イスラーム	民族・親イスラーム諸派	民族系
1946		CHP(**395**)		DP(64)				
1950		39.9(63)		**53.3(420)**		MP 3.1(1)		
1954		34.8(31)		**56.6(505)**		CMP 4.8(5)		
1957		40.6(178)		**47.3(424)**		CKMP 7.0(4)		
1960				1960年軍事クーデター				
1961		**36.7(173)**		AP 34.8(158)	YTP 13.7(65)		14.0(54)	
1965	TİP 3.0(14)	28.7(134)		**52.9(240)**	3.7(19)	MP 6.3(31)		CKMP 2.2(11)
1969	TBP 2.8(8)	27.4(143)	GP 6.6(15)	**46.5(256)**	2.2(6)	3.2(6)		MHP 3.0(6)
1973		33.3(185)	CGP 5.3(13)	**29.8(149)**	DemP 11.9(45)	MSP **11.8(48)**	0.6	**3.4(3)**
1977		**41.4(213)**	1.9(3)	36.9(189)	**1.9(1)**	8.6(24)		6.4(16)
1980				1980年軍事クーデター				
1983		HP 30.5(117)		ANAP **45.1(211)**	MDP 23.3(71)			
1987		SHP 24.7(99)	DSP 8.5	**36.3(292)**	DYP 19.1(59)	RP 7.2		MÇP 2.9
1991	SHP+HEP(統一名簿) **20.8(88)**		10.7(7)	24.0(115)	**27.0(178)**	RP+MÇP(統一名簿) 16.9(44+18)		
1995	HADEP 4.0	CHP 10.7(49)	14.6(76)	19.6(125+BBP7)	**19.2(135)**	21.4(158)	BBP(ANAPと統一名簿)	MHP 8.6
1999	4.8	8.7	**22.2(136)**	13.2(86)	12.0(85)	FP 15.4(111)	BBP 1.5	**17.9(129)**
2002	6.2	19.3(178)	1.3	5.1	9.5 GenP 7.3	AKP **34.2(363)**	BBP 1.0 SP 2.5	8.4
2007	無所属全体 5.2 (DTP20+諸派1)	CHP+DSP 統一名簿 20.9(99+13)		DP 5.4 (無所属2議席)	GenP 3.0	AKP **46.6(341)**	BBP (無所属1) SP 2.3	14.3(71)
2011	EÖDB 5.8 (BDP33+諸派2)	26.0(135)	0.3	DP 0.7		**49.8(327)**	BBP 0.8 SP 1.3	13.0(53)
2015a	HDP 13.1(80)	25.0(132)				40.9(258)		16.3(80)
2015b	10.8(59)	25.3(134)				**49.5(317)**		11.9(40)

注：太字はその期間を代表する与党。政党名は巻頭の一覧表を参照のこと。
出所：各年度選挙統計より筆者作成。

第5章 政党制

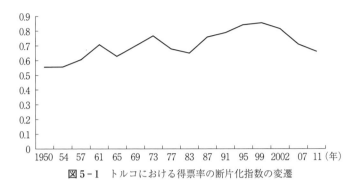

図5-1 トルコにおける得票率の断片化指数の変遷

持されてきたのであろうか。このためには、選挙制度と社会的亀裂の相互作用の中で、政党と有権者がどのように行動を取ったのか、考えていく必要がある。

政党制とは、サルトーリ（1992, 72）によれば、政党間競合による相互作用を示すものとして定義される。政党制の形成と変容の要因に関する理論としては、選挙制度や憲法の影響を重視する制度論的なモデル、社会的亀裂や社会的属性の影響を重視する社会構造論的なモデル、政党への帰属意識や両親の支持政党などの影響を重視する社会心理モデル、政府の業績の評価に影響されるとする合理的選択モデルなどが挙げられる。

トルコの政党制に関する研究は、マルディン（Mardin 1973）による研究以降、「中央-周辺」亀裂がトルコの政党制研究の中心であり、近代化を進める「中央」のエリートが支持する共和人民党（CHP）と、大地主や民間企業が支持し宗教を利用する民主党（DP）の対立という観点で語られてきた。その後は、「資本-労働」亀裂（Özbudun 1976）、エスニシティの問題など、他の社会的亀裂の影響を論じるものや、経済状況を重視する研究（Hazama 2007）も増加してきたが、選挙制度がもたらす影響についてはあまり重視されてこなかった（Sayarı 2002；間編 2006）。

そこで本章では、トルコの選挙制度、特に全国得票率10％を越えなければ議席を獲得できない、世界で最も厳しいレベルの阻止条項という制度に着目し、選挙制度がトルコの政党制の断片化や変化に与えた影響と、政党・有権者および社会的亀裂との相互作用を再検討してみたい。そのため、まず第2節では阻

止条項と戦略投票についての一般理論を紹介し，第3節ではトルコの選挙制度と多党化の背景を考える。第4節ではトルコの有権者の戦略投票を分析し，第5節で政党の側の戦略を見ていく。

2 阻止条項と戦略投票の理論

阻止条項とは

阻止条項（election threshold）とは，主に比例代表制の選挙において，政党が全国または選挙区において一定の得票率を越えなければ議席を獲得できないようにする制度であり，足切り条項とも呼ばれる。阻止条項の導入には比例代表制による小政党分立を防ぐ目的があり，一般にその閾値は4～5％に設定されることが多く，政党数を4～5個に抑える効果があるとされる（若松 1990）。フィンランドで閾値を10％にすれば議席を獲得する政党は半分ほどの確率で3党以下になるというシミュレーションが存在するなど，阻止条項が高くなるほど有効政党数を減らす効果があると見られている（Meffert and Gschwend 2007）。また，小選挙区・大選挙区や比例の選挙区割りによる実質的な阻止条項の問題についても研究の蓄積が存在する（Lijphart 1994；Taagepera 1998a；1998b）。

阻止条項はマイノリティが議会に代表を送れるようにするため，彼らが議席を獲得獲得可能なラインに設定されることが多いが（中井 2009a；2009b；2015），トルコではむしろクルド語系やアレヴィーなどのマイノリティ政党による議席獲得を阻む意図もあったとされ，議会内や EU からも閾値を下げるべきだという議論が存在する（Yavuz and Özkan 2006）。

戦略投票の理論

他方，阻止条項の影響を考える上で，非常に重要になってくるのが，戦略投票（strategic voting）の問題である。戦略投票とは，「自らの投票が死票となることを回避するために，第一選好の政党と異なる政党に投票する」こととされる（Cox 1997）。戦略投票を行うには，結果の予測が必要であり，世論調査の結果が大きな影響を与える。その効果は勝ち馬に乗る「バンドワゴン」効果と，

一方の負けすぎを危惧する「アンダードッグ」効果の双方が想定される。阻止条項を採用している選挙で，それほど選好順位に差がない場合には，閾値を越えられないと判断された政党よりも，確実に自らの票が反映される，よりましな政党に投票することになるはずであり，そのことが政党数を減らす効果を持っている。

しかしながら，これまでの戦略投票についての研究には阻止条項との関連を論じたものは少なく，大統領選挙と議会選挙の間や比例区と小選挙区の間での分割投票，つまり選挙制度の違いにより重視する点が違うことに関するものや，日本の中選挙区制における有力候補者数がどのように決まるのかをめぐる議論などが中心であった (河野 1999；2000；川人 2002；浜中 2005；名取 2008；Cox 1997；Reed 1997；Shikano et al. 2009)。この他，連立政権を見越して戦略投票が行われるという研究や，グシェヴェントによる，小さな選挙区よりインセンティブは弱いが，大規模な選挙区でも多少の戦略投票が起きるとする分析もある (Meffert and Gschwend 2011；Gschwend 2007；鬼塚 2002)。トルコに関しては，ヘイル (Hale 2008) が2007年選挙について戦略投票と小政党の問題に触れているが，2002年からの票の移動の問題が中心であり，閾値の影響についての十分な分析とは言えない。

現実に10%という高い閾値の阻止条項を採用しているトルコの事例は希少であり，本当にシミュレーションどおりになるのか，実際にどのような戦略がとられたのか，次節以降で見ていきたい。

3　トルコにおける阻止条項と多党化

トルコの選挙制度

トルコの場合，複数政党制は1945年に導入されたが，当初は各県で最大の得票を得た政党がその県に割り当てられた議席を全て獲得するという大政党に有利な比較多数制の方式がとられ，過大代表による「多数派の専制」を招き，クーデタの一因になった。その後，1960年代からは県単位の定数から得票率に基づいて議席を与える比例代表制となり，断片化・多党化が進み，二大政党のど

ちらも過半数を取れず，左右の分極化により，小政党がキャスティングボートを握り政治的混乱を招いた。一般に比例代表制は政党の数を増やすとされ，サヤル（Sayarı 1978, 46-47）は，1960年に選挙制度が比例代表制になったことで二大政党からの分裂が促進されたと指摘し，その例として共和信頼党（CGP），民主党（DemP），統一党（BP），国民救済党（MSP）を挙げている。

このことへの反省を踏まえ，1980年代からは比例代表制に全国での得票率10％以上という世界的に見て非常に高い閾値の阻止条項が加わった。1991年以降は一人別枠方式を採用し，各県に人口に比例して議席プラス1議席が配分されており，定数は550議席である。原則的に1選挙区2〜14議席（大都市部は1つの県をいくつかの選挙区に分割）で，3人区が最も多く，2〜6人区が約7割である。トルコは閾値が10％と高いだけではなく，選挙区レベルではなく全国での得票率が必要であったり，選挙区定数が比較的少なかったりするなど，非常に厳しい阻止条項となっている。それにもかかわらず，トルコでは1990年代は多党化が進み，不安定な連立政権が何度も組み替えられることになった。

トルコにおける多党化の背景

1990年代の多党化の1つ目の背景として考えられるのが，新旧のエリート間対立である。1980年クーデターにより，二大政党の党首であったデミレルとビュレント・エジェヴィトは公民権を停止されたため，その間に新たな人物が二大政党を率いるようになっていたが，旧指導者の復活に伴い1887年には中道右派・中道左派の双方が組織分裂に至った。そのため，中道政党が4つ併存する事態となり，表5-2から明らかな様に彼らは中道右派同士・中道左派同士の連立よりも，異なるイデオロギーの党との連立を優先する傾向にあった。

2つ目の要因は，地域差である。ライカー（Riker 1976）は，小選挙区制については，選挙区単位では二大政党制であるが，それが全国での二大政党制につながらないカナダやインドなどの国があると指摘したが，トルコの阻止条項問題も，その議論と共通する点がある。トルコでは，中道左派政党が西部のエーゲ海沿岸で強く，中道右派は中西部と黒海沿岸，MHPは内陸と南部，親イスラーム政党は内陸と東部，親クルド政党は東部で強いという特徴がある（平井

第5章 政党制

表5-2 トルコ第三共和制下における連立政権の組み合わせ

代	成立年	首相	SHP/CHP	DSP	ANAP	DYP	MHP	親イスラーム	親クルド
45-46	1983	オザル			◎		—	—	—
47	1989	アクブルト			◎		—	—	—
48	1991	ユルマズ			◎		—	—	—
49	1991	デミレル	○			◎			
50	1993	チルレル	○			◎			
51	1995	チルレル				◎			
52	1995	チルレル	○			◎	—		
53	1996	ユルマズ			◎	○		—	
54	1996	エルバカン				○	—	◎	
55	1997	ユルマズ		○	◎		—		
56	1999	エジェヴィト		◎			—		
57	1999	エジェヴィト	—	◎	○		○		
58	2002	ギュル		—	—	—	—	◎	
59-61	2003	エルドアン		—	—	—	—	◎	
62-64	2014	ダヴトオール		—	—	—	—	◎	
65	2016	ユルドゥルム		—	—	—	—	◎	

注1：◎：首班政党，○：連立与党，空白：野党，—：議席なし。
注2：51・56代は選挙管理。55代は民主トルコ党も連立内。

2001)。そのため，特定の地域で多くの票を得られる政党が閾値を越えやすい傾向が見られる。

　また3つ目の要因として，比例代表制にもかかわらず無所属で立候補できるという制度が挙げられる。選挙区単位で，各政党の得票率に応じて議席が配分されるが，無所属の場合，候補者名で投票されるため，2議席分の票を得たとしても1議席しか取れず，他の無所属候補へ票の移譲はできない。従来は部族系の地方有力者か超大物議員のみしか無所属としては当選できなかったが，近年は小政党の議席獲得に利用されることもある。

　このように，高い閾値の阻止条項が存在しても政党制が断片化する理由としてエリート間対立・地域差・無所属候補の存在が挙げられるが，特に2000年以降の政党制の変容に阻止条項が与えた影響についてさらに考察を進めるため，次節では有権者の側の戦略投票の実態について，第5節では阻止条項に対応した政党の戦略について具体的に考察していく。

4　トルコにおける戦略投票の実態

世論調査の影響

　トルコにおける戦略投票の実態を見るため，第1に事前の世論調査と実際の選挙結果の開きを分析する。事前の選挙予測は，特に当落線上の候補・阻止条項に達しない可能性がある政党の場合，アナウンスメント効果により投票に影響を与えることが多い。

　2002年の選挙では，ぎりぎりまで10％前後を取れる可能性のある政党が多く予測が難しかったため，戦略投票が少なく，正道党（DYP）が9.5％，MHPが8.4％，青年党が7.3％となり，結果として45％が死票となった。2007年の選挙では，MHPの支持率は2006年7月〜2007年6月にかけてA&G社やSONAR社などが行った6度の世論調査では5.8％〜14.1％まで幅があり，議席獲得が危ぶまれたものの10％の閾値を越えることに成功した。その一方，中道右派2政党は同じ事前調査でDYPが7.3〜13.3％，ANAPが3.7〜8.0％であったが，合併失敗騒ぎもあり，実際の得票率は事前予測を大きく下回る5.4％（DYPのみが民主党DPと改名し，合流予定のANAPは合流できず単独での選挙参加もできなかった）であった。青年党も予想を下回る3％に留まり，AKPは予想を上回る票を得た。

　2011年の選挙では，中道右派政党が合併した後のDPが得票率1％以下という大惨敗を喫した。また，時期によってはAndy-Ar社の調査で5.8％，他の調査でも3〜6％の支持が見られた至福党（SP）についても，実際の得票は1.3％に留まった。一方，Andy-Ar社の調査で10.2〜11.2％の間で低迷し，他社の調査でも10％と15％の間で動いてきたMHPは，ビデオ問題のスキャンダルがありながらも13％の得票を得ることに成功した。[2]

　2015年7月の選挙では，親クルド系の人民民主党（HDP）の得票予測は8〜12％で議席獲得が危ぶまれたが，13.1％を獲得した。AKPによる単独過半数を阻止するため，今回はHDPに票を入れたCHP支持者もいるという報道も見られるなど，戦略投票が影響を与えていたと考えられる。

第5章 政党制

国会議員選挙と地方選挙の差異

　第2に，1990年代以降の地方選挙について，国会議員選挙との違いを見てみる（表5-3）。アカルジャ（Akarca 2010）は，地方選挙では与党が強くなりすぎないようバランスをとるという意味で戦略投票をしていると述べたが，むしろ地方選挙は阻止条項がないため誠実投票に近く，国会議員選挙の方が戦略投票の色彩が強いと考えるべきであろう。たとえば2009年の選挙ではAKPが38.3％に留まった一方，民主左派党（DSP）が2.9％，DPが3.8％，親イスラーム系のSPが5.2％，大統一党（BBP）も2.2％と，小政党がそれなりに得票をしていた。

　第3に，この問題をより詳細に分析するため，2009年の地方議会議員選挙と2011年の国会議員選挙との間の票の移動について，県別の得票率の差を計量分析した（表5-4）。なお，イスタンブル県，アンカラ県，イズミル県については，国会議員選挙ではそれぞれ3つ，2つ，2つの選挙区に分割されているが，地方選では1つの選挙区のみであるため，標本数は81となる。この表で，1％基準で負の相関の有意性が認められたものを見ると，どの政党からどの政党に票が移動したかがわかる。AKPはCHPおよびMHPと負の相関にあり，CHPとMHPが票を失った県でAKPが票を伸ばしていた。地方選でSPとBBPに投票していた人々が国会議員選挙ではイスラーム色が強いことで共通するAKPへ，地方選でDSPに投票していた人々が同じ中道左派のCHPに投票していた。DP/DYPとAKPの得票の間には5％基準での相関があったが1％基準での相関が見られず，中道右派政党に投票していた人々はややAKPに投票することが多かったことがわかる。

　以上のように，たしかに10％の阻止条項の存在は有権者の行動に影響を与えていた。票の予測が難しい状況では戦略投票がうまく機能せず阻止条項を越えられない結果となったが，2011年・2015年の選挙ではアンダードッグ効果が機能しMHPとHDPが議席を獲得した。また，地方選挙で小政党を支持している人々も阻止条項がある国会選挙ではイデオロギーが近い大政党への戦略投票を行っていた。

表5-3 トルコ第三共和制下における県議会議員選得票率

(%)

政　党	1984	1989	1994	1999	2004	2009	2014
CHP/HP	8.8		4.6	11.1	18.2	23.1	16.9
SHP/SODEP	23.4	28.7	13.5				
DSP		9.0	8.8	18.7	2.1	2.9	0.4
ANAP	41.5	21.8	21.1	15.0	2.5	0.8	
DP/DYP	13.2	25.1	21.4	13.2	9.9	3.8	1.0
MDP	7.1						
GenP					2.6		
MHP/MÇP			4.1	8.0	17.2	10.4	16.0	20.7
BBP				1.3	1.7	1.2	2.2	2.3
AKP/FP/RP		4.4	9.8	19.1	16.5	41.6	38.3	45.4
SP						4.0	5.2	3.3
DTP/DEHAP/HADEP/BDP/HDP					3.5	5.1*	5.7	8.1
BAĞ		1.6	0.5	0.3	0.2	0.7	0.4	0.4

注：2004年のSHPは，1994年のSHPと党首が同じであるが，DEHAPなどと同盟を組み，南東部で主に立候補・得票したので＊の欄に入れた。
出所：選挙統計より筆者作成。

表5-4 トルコ2011年国会議員選挙と2009年地方議会選挙の間の票の移動

	AKP+	CHP+	MHP+	BDP+	SP+	BBP+	DP&ANAP+	DSP+	定数
AKP+	―								
CHP+	−0.304**	―							
MHP+	−0.308**	−0.167	―						
BDP+	−0.370**	−0.073	0.125	―					
SP+	−0.603**	0.346**	−0.089	0.047	―				
BBP+	−0.455**	0.055	0.015	0.091	0.064	―			
DP&ANAP+	−0.267*	−0.067	−0.068	0.072	0.077	−0.152	―		
DSP+	0.193	−0.634**	−0.117	0.084	−0.270*	−0.066	−0.064	―	
定数	−0.044	−0.081	−0.153	−0.122	0.029	0.037	0.095	0.090	―
Volatility	0.568**	0.483**	−0.188	−0.128	−0.329**	−0.391**	−0.320**	−0.377**	−0.183

注1：N=81；定数に関連する相関係数のみN=78
注2：表内数字は，各党の県別の2011年国会議員選挙の得票率から2009年地方選の得票率を引いたもの同士の相関係数。なお，両選挙の間に祖国党（ANAP）は民主党（DP）に吸収合併された。
注3：ピアソンの相関係数。イスタンブル，アンカラ，イズミルについては，国会議員選挙と異なり，地方議会選挙の選挙区がそれぞれ1つであり分割されていないため，定数を空白として国会議員選挙については県全体の得票率を用いた。Volatilityは全政党の移動の総和を示すペデルセン指標（$\Sigma | Pit - Pi(t-1) | /2$）を用いた。
注4：無相関の確率の検定　**p<0.01；*0.01<p<0.05
出所：選挙統計より筆者作成。

第5章　政党制

5　阻止条項と政党の戦略変化

政党の戦略

　有権者が戦略投票を行う一方で，阻止条項を越えられるか微妙な状況に置かれた政党の側にも議席を最大化するための選択肢が3つある。

　まず，10%以上の得票を得るため，主張を穏健化し，議席獲得を目指す方向が挙げられる。1990年代，親イスラーム政党とトルコ民族主義政党は1970年代のEU反対などの過激な主張を弱め，穏健化を進めて政権にも参加した（荒井 2014）。2つ目はその逆で，プログラム政党，議会外政党という選択肢である。つまり，イデオロギーを優先し，街頭でのデモや直接的暴力に訴え，議会外の反システム政党として存在するというものである。1970年代のトルコのように，対立が先鋭化したり，弾圧が厳しかったりする状況では起こりやすいが，影響力には限界があるため，平時はあまり一般市民の共感を得られず，弱体化していくリスクを伴う。

　3つ目が，統一名簿・政党連合という選択肢である。1991年には，例外的に非拘束名簿が採用されていたため，候補者調整や，統一名簿に批判的な支持者を失うといったリスク・コストが小さくなり，積極的に統一名簿が作成された。RPは民族主義者労働党（MÇP）と統一名簿を組み議席を獲得した。ただし，その後はRP単独でも10%を越えることができるという判断が働き，一度のみで協力関係は終わった。1995年には，元MHPの議員が設立したイスラーム寄りの分派であるBBPが，中道右派のANAPと統一名簿を組み7議席を獲得したが，次の選挙では組まれなかった。2007年には，左派の票の分裂を阻止するため，エジェヴィト党首が亡くなり弱体化したDSPとCHPが統一名簿を組み躍進したが，DSPの主要メンバーがCHPに吸収されるか離脱したかしたため，次の回では必要とされなくなった。一方，中道右派政党同士は合併を試みたが，選挙名簿などをめぐって折り合いがつかなかった。このように，トルコでは統一名簿は長続きすることがなかった。

親クルド政党の戦略

　中でも，親クルド政党はこれらの様々な戦略を活用してきた。はじめは選挙参加をしていなかったが，1991年，親クルド政党の人民労働党（HEP）は中道左派の社会民主人民党（SHP）と左派連合を組み，初めて議会に進出したものの，SHP内の深刻な対立に発展して組織分裂を招き，1回限りとなった。2011年にも，平和民主党（BDP）を中心とした左派系などの20政党は「Emek, Demokrasi ve Özgürlük Bloku（労働民主自由主義ブロック）」という統一名簿を作り，無所属候補として35名が当選した。このうちの2名はBDP以外の小政党の候補であった。

　1999年（得票率4.8％）と2002年（得票率6.2％）の選挙では，親クルド政党は阻止条項に届かず，2007年の選挙では無所属で立候補する形で，20議席を確保した。親クルド政党は全国で10％の阻止条項を越えることは難しかったが，トルコ東部で強く，選挙区単位では議席を獲得しやすいという強みがあったのである。

　2011年の選挙では，BDPは郡ごとに担当候補を割り当てることで表5-5のように複数の候補を当選させ，33議席へと大きく議席を伸ばした。たとえばバトマン県では2名の候補のどちらに投票するか担当の郡を決めておき，2人とも26.1％，25.8％と当選に必要な票数を獲得した。これを決めずに自由に投票して票が片寄ると，比例候補と異なり落選してしまう。2007年の選挙でも郡ごとに担当を変える手法を一部の県では採用していたのであるが，その時は十分に票を予測できず，死票が多くなってしまっていたが，2007年の選挙や2009年の地方選などの得票率に基づいて票割りを行う「戦略擁立」によって死票を減らしたことが，この議席増につながった（Hale 2008）。たとえばハッキャリ県では，2007年の親クルド政党の民主社会党（DTP）の得票率は56.1％で，政党として比例代表で出ていれば2議席（AKPが1議席）取れたはずであったが，無所属候補を1人しか立てておらず，1議席（AKP2議席）に留まった。マルディン県でも，3議席（AKP3議席）取れる票数を得ながら2議席（AKP4議席），ディヤルバクル県でも5～6議席取れる票を得ながら4議席しか獲得できなかった。それに対して，2011年にはハッキャリ県で3人の無所属候補，マルディ

表5-5 トルコ東部における親クルド政党系候補の得票率および当選者数

(得票率%，括弧内は議席数)

県	DTP 2007年国会	DTP 2007年県議	EDÖB 2011年国会
バトマン	39.4(2)	53.6	26.1+25.8(2)
ディヤルバクル	47.0(4)	59.6	11.2+10.2+9.9+9.4+9.3+8.7(6)
マルディン	38.8(2)	47.1	18.5+17.3+16.2(3)
スィイルト	39.5(1)	38.3	42.8(1)
シャンルウルファ	6.2+5.6(1)	19.6	11.1+6.1(2)
シュルナク	51.8(2)	60.0	26.9+23.0+22.9(3)
ビトリス	21.7(1)	27.9	26.4(1)
ハッキャリ	56.2(1)	71.5	26.9+26.8+26.1(3)
ムシュ	45.8(2)	45.0	23.1+21.4(2)
ヴァン	32.6(2)	48.2	15.4+12.1+11.6+9.7(4)

出所：選挙統計より筆者作成。

ン県で3候補，ディヤルバクル県で6候補を擁立し，全員を当選させることに成功した。

2014年の大統領選挙でHDP党首のデミルタシュが9.76％の得票を得たことなどを受け，2015年の選挙ではHDPが政党として選挙に参加し，主張を穏健化して人権を重視し，アレヴィーやキリスト教徒や女性などクルド系以外のマイノリティの支持も取りつけながら，単独政党としては初めて議席を獲得することに成功した。親クルド政党の得票が多い東部ではAKPも強く，もし10％の阻止条項を越えていなければAKP単独で憲法改正に必要な議席を確保できていた可能性が高い。

以上のように，阻止条項をクリアするため，政党の側も統一名簿・穏健化・無所属候補など多様な戦略を駆使し，親クルド政党のように成功した例もあることがわかる。

6　高い阻止条項と政党制

比例代表制における阻止条項の存在は，一般に多党化を抑制する効果があり，また閾値が高ければ高いほどその影響は大きいのではないかと考えられてきた。たしかにトルコでも，阻止条項により一定程度は政党の数が減少した。極小政

党は国会議員選挙では選択肢として避けられる傾向にあり，イデオロギー的特徴の少ない政党は淘汰され，青年党や新トルコ党などの新政党の参加を阻んだ。また2003年の選挙後に見られたように，AKPによる予想外の単独政権を生み，中道右派政党の凋落を加速化させるなど，政党制の急速な再編成につながる結果をもたらした。もちろん，中道右派政党の凋落の大きな要因は自らの経済運営の失敗と，対照的なAKPの成功にあったものの，阻止条項がなければこれほど急速な変化は進まなかっただろう。中道右派およびSP・BBPの支持者にとって，死票を投じて労組と近く世俗的・エリート主義的な中道左派政党を利するよりも，比較的イデオロギーが近いAKPを勝たせる方が「ましな選択」であったのである。

しかしながら，1980年クーデタ後の10％という非常に高い閾値の阻止条項にもかかわらず，トルコでは多党制が維持されてきた。その背景にはエリート間対立や地域差や無所属候補が立候補可能な制度などがあった。有権者の側の戦略として，選挙予測が困難ではない場合は10％ぎりぎりの政党に対してアンダードッグ効果が働き，MHPやHDPも議席の確保に成功してきた。また政党の側も阻止条項を越えるための多様な戦略を採用し，特に強力な地盤や熱心な支持者を持つ，親イスラーム政党・親クルド政党・トルコ民族主義政党といったアイデンティティに基づく政党は，穏健化を進めて議席を獲得できるようになり，中道政党が淘汰された後は，イデオロギー的な分極化が進展することになった。

このように，トルコにおける阻止条項の事例から，10％という高い閾値は政党制の安定や政党数の減少を必ずしももたらすものではないことがわかった。中道政党の凋落に見られたように，他にましな選択肢があり勝敗予測が容易な場合には，安定ではなく急速な政党制の再編成を促進することもあった。また，選挙制度と社会的亀裂の下で有権者と政党が阻止条項を超えるために取る多様な戦略の中には，多党制を促進するものもあったと言うことができる。

注
(1) この指標は，ダグラス・レイ（Rae 1967）により定式化されたもので，全政党の得

票割合の二乗の総和を1から引いたものである。破片化指数（Fractionalization Index）とも呼ばれる。数式に表すと以下のようになり、有効政党数を示すラクソ＝タゲペラ（LT）指数（$1/\Sigma\, Pti^2$）とは直接連動する。有効政党数（LT指数）は、1987年が4.12、91年は4.67、95年になると6.17、99年は最も多く6.80、2002年が5.43、07年に3.47、11年が2.94であった（Rae 1967, 54）。

$$Fe = 1 - \left(\sum_{i=1}^{n} Pti^2 \right) \qquad Pi：i 番目の政党の得票割合 \qquad t：選挙の回$$

(2) "Türkiye Siyasi Gündem Araştırması EYLÜL ― 2010 (Referandum değerlendirmesi)", http://andy-ar.com/arsiv/ および "Türkiye Siyasi Eğilimler ve Beklentiler Araştırması", http://www.sonararastirma.com/arsiv.asp（すべて2016年5月7日閲覧）。

参考文献

荒井康一（2008）「民族主義者行動党（MHP）支持層の変化と社会的亀裂構造——社会経済的地域特性による計量分析」『国際文化研究』東北大学国際文化学会、14：15-29。

荒井康一（2009a）「トルコ東部における動員的投票行動の計量分析——『近代化論』と『エスニシティ論』の再検討」『日本中東学会年報』24-2：1-28。

荒井康一（2009b）「現代トルコにおける資源開発と国家‐社会関係——南東アナトリア開発計画の事例から」浜中新吾編『中東諸国家運営メカニズムの普遍性と特殊性の析出』（CIAS Discussion Paper No. 11）、京都大学地域研究統合情報センター。

荒井康一（2010）「トルコ南東アナトリア開発計画と資源分配構造——大地主制から資本家的農業経営へ」『国際文化研究』東北大学国際文化学会、16：31-44。

荒井康一（2014）「トルコにおける親イスラーム政党の成功と今後の課題——AKP中道化の背景とゲズィ抗議運動の意味」『中東研究』519、中東調査会。

今井宏平（2011）「2011年6月12日総選挙に関する一考察」『アナトリアニュース』130：58-63。

鬼塚尚子（2001）「新選挙制度下における中小政党の戦略と有権者の投票行動」『帝京社会学』14：69-103。

鬼塚尚子（2002）「中小政党の連立政権参加と有権者の投票行動」『選挙研究』17：113-127。

川人貞史（2002）「選挙協力・戦略投票・政治資金——2000年総選挙の分析」『選挙研究』17：58-70。

河野勝（1999）「日本における並列制導入の功罪——戦略的分裂投票に関する理論と実証」『青山国際政経論集』48：43-62。

河野勝（2000）「日本の中選挙区・単記非移譲式投票制度と戦略的投票——『M＋1の法則』を越えて」『選挙研究』15：42-55。

サルトーリ, G., 岡沢憲芙・川野秀之訳（1992）『現代政党学——政党システム論の分析枠組み（新装版）』早稲田大学出版部。

澤江史子（2002）「トルコの選挙制度と政党」『中東諸国の選挙制度と政党』国際問題研究所（平成13年度，自主研究）：20-47。
中井遼（2009a）「断片化するリトアニア政党制──定量的特徴と小選挙区比例代表並立制の影響」『ロシア・東欧研究』38：89-103。
中井遼（2009b）「少数民族政党の議席獲得の成否──アクター中心アプローチによる理論的再検討」『早稲田政治公法研究』90：31-43。
中井遼（2015）『デモクラシーと民族問題──中東欧・バルト諸国の比較政治分析』勁草書房。
夏目美詠子（1996）「トルコ総選挙における東部選挙民の投票行動」『日本中東学会年報』11：71-130。
名取良太（2008）「2007年統一地方選における戦略投票──集計データによる44道府県議選の分析」『選挙研究』23：61-81。
間寧（1996）「トルコにおける比例代表選挙制──個人票の重み」『アジア経済』37-3：54-67。
間寧編（2006）『西・中央アジアにおける亀裂構造と政治体制』（研究双書）アジア経済研究所。
浜中新吾（2005）「首相公選制度下における分裂投票──誠実投票インセンティブ仮説の検証」『選挙研究』20：178-190。
浜中新吾（2009）「比較政治体制理論と中東地域研究の調和と相克──エジプト・トルコ・イスラエル」『山形大学紀要社会科学』39-2：21-61。
早水伸光（2002）「1999年総選挙回顧：民族主義者行動党圧勝の勝利」『イスラム世界』58：93-110。
平井由貴子（2001）「トルコの総選挙における各政党の得票パターン──地域的偏りとその時系列的傾向」『筑波法政』31：165-181。
福田恵美子・脇田祐一朗（2009）「投票力指数による自公連立政権分析」『日本オペレーションズ・リサーチ学会和文論文誌』52：38-55。
堀内勇作・名取良太（2007）「二大政党制の実現を阻害する地方レベルの選挙制度」『社會科學研究』58-5/6：21-32。
水崎節文，森裕城（1995）「中選挙区制における候補者の選挙行動と得票の地域的分布」『選挙研究』10：16-31。
山尾大（2011）「曖昧なナショナリズムが生んだイラク政治の『分極化』：2010年3月7日イラク国政選挙の分析」『イスラーム世界研究』4-1/2：347-369。
リード，スティーブン・R（2000）「中選挙区制における均衡状態」『選挙研究』15：17-29。
若松新（1990）「比例代表制における阻止条項について──政党制との関連において」『早稲田社会科学研究』40：113-165。
Akarca, Ali T., and Aysıt Tansel（2006）"Economic Performance and Political Outcomes:

An Analysis of the Turkish Parliamentary and Local Elections Results between 1950 and 2004", *Public Choice*, 129: 77-105.
Akarca, Ali T. (2010) "Analysis of the 2009 Turkish Election Results from an Economic Voting Perspective", *European Research Studies*, 13-3: 3-38.
Akdağ, Gül Arikan (2016) "Rational Political Parties and Electoral Games: The AKP's Strategic Move for the Kurdish Vote in Turkey", *Turkish Studies*, 17-1: 126-154.
Aksoy, Deniz (2010) "Elections and the Timing of Terrorist Attacks in Democracies", Paper presented at the 2010 North American and the 2010 meeting of the American Political Science Association.
Abramson, Paul R., John H. Aldrich, André Blais, Matthew Diamond, Abraham Diskin, Indridi H. Indridason, Daniel J. Lee, and Renan Levine (2010) "Comparing Strategic Voting under FPTP and PR", *Comparative Political Studies*, 43-1: 61-90.
Cox, Gary W., and Matthew S. Shugart (1996) "Strategic Voting Under Proportional Representation", *The Journal of Law, Economics, & Organization*, 12-2: 299-324.
Cox, Grey W. (1997) *Making Votes Count*, New York: Cambridge University Press.
Gschwend, Thomas, Michael Stoiber, and Mareen Günther (2005) "Strategic Voting in Proportional Systems: The Case of Finland", Working Paper, University of Mannheim.
Gschwend, Thomas (2007) "Institutional Incentives for Strategic Voting and Party System Change in Portugal", *Portuguese Journal of Social Science*, 6-1: 15-31.
Hale, William (1976) "Particularism and Universalism in Turkish Politics" in William Hale (ed.), *Aspects of Modern Turkey*, London: Bowker.
Hale, William (2008) "The Electoral System and the 2007 Elections: Effects and Debates", *Turkish Studies*, 9-2: 233-246.
Hazama, Yasushi (2007) *Electoral Volatility in Turkey: Cleavages vs the Economy*, アジア経済研究所。
Hazama, Yasushi (2012) *Non-economic Voting and Incumbent Strength in Turkey*, IDE Discussion Paper. No. 340, アジア経済研究所。
Heper, Metin, and Ahmet Evin (1994) *Politics in the Third Turkish Republic*, Boulder: Westview Press.
Lijphart, Arend; in collaboration with Don Aitkin *et al.* (1994) *Electoral Systems and Party Systems: A Study of Twenty-seven Democracies, 1945-1990*, Oxford; New York: Oxford University Press.
Mardin, Şerif (1973) "Center-Periphery Relation: A Key to Turkish Politics?" *Daedalus*, 102-1: 169-190.
Meffert, Michael F., and Thomas Gschwend (2007) "Strategic Voting under Proportional Representation and Coalition Governments: A Simulation and Laboratory Experiment", Paper presented at the annual meeting of the Working Group for

Decision Theory and Behavioral Decision Making (AK Handlungs- und Entscheidungstheorie) of the German Political Science Association (DVPW), Jena, Germany, June 15-16, 2007.

Meffert, Michael F., and Thomas Gschwend (2011) "Polls, Coalition Signals and Strategic Voting: An Experimental Investigation of Perceptions and Effects", *European Journal of Political Research*, 50: 636-667.

Mutlu, Servet (1996) "Ethnic Kurds in Turkey", *International Journal of Middle East Studies*, 28: 517-541.

Özbudun, Ergun (1976) *Social Change and Political Participation in Turkey*, Princeton: Princeton University Press.

Rae, Douglas (1967) *The Political Consequence of Electoral Laws*, New Haven: Yale University Press.

Reed, Steeven R. (1997) "Strategic Voting in the 1996 Japanese General Election", *Comparative Political Studies*, 32-2: 257-270.

Riker, William H. (1976) "The Number of Political Parties: A Reexamination of Duverger's Law", *Comparative Politics*, 9-1: 93-106.

Sayarı, Sabri (1978) "The Turkish Party System in Transition", *Government and Opposition*, 13-1: 46-47.

Sayarı, Sabri (2002) "Changing Party System" in Sabri Sayarı and Yılmaz Esmer (eds.), *Politics, Parties and Elections in Turkey*, London: Lynne Rienner Publishers.

Shikano, Susumu, Michael Herrmann, and Paul W. Thurner (2009) "Strategic Voting under Proportional Representation: Threshold Insurance in German Elections", *West European Politics*, 32-3: 634-656.

Taagepera, Rein (1989) "Empirical Threshold of Representation", *Electoral Studies*, 8-2: 105-116.

Taagepera, Rein (1998a) "Effective Magnitude and Effective Threshold", *Electoral Studies*, 17-4: 393-404.

Taagepera, Rein (1998b) "Nationwide Inclusion and Exclusion Thresholds of Representation", *Electoral Studies*, 17-4: 405-417.

Taagepera, Rein (2002) "Nationwide Threshold of Representation", *Electoral Studies*, 21-3: 383-401.

Yavuz, M. Hakan, and Nihat Ali Özcan (2006) "The Kurdish Question and Turkey's Justice and Development Party", *Middle East Policy*, 8-1: 102-119.

第6章

地方行政
—— 分権化から再権威主義化へ ——

山口 整

1 地方行政の再権威主義化——ケマリスト体制から公正発展党政権へ

　トルコの地方行政はオスマン帝国時代にフランスをモデルに導入された中央集権的な諸制度を淵源とし，単一国家制を前提とした県特別行政体（il özel idaresi）・市（belediye）・村落（köy）の三層の地方自治制度は長い歴史を持つ。しかし，建国後のトルコを長く支配した権威主義的なケマリスト体制の下では，中央行政と同じく地方行政もまた極めて国家主義的であり，地方自治体の裁量は著しく制限されてきた。一方，西欧化を強く志向してきたトルコは早くからヨーロッパの国際機関に加盟するとともに，欧州共同体やその後身である欧州連合（EU）への加盟を目指してきた。また，1988年には欧州地方自治憲章（European Charter of Local Self-Government）にも署名している。したがってトルコは，民主主義や人権，法の下の平等などと同様に，地方分権に関してもヨーロッパで発展した規範を受け入れるべき立場にあり，ヨーロッパから対応を求められてきた。実際，トルコ側でも地方分権に関する動きが全くなかったわけではない。しかしそれらは限定的であり，1990年代に至っても顕著な変化は見られなかった。[1]

　この状況に転機をもたらしたのは2002年に発足した公正発展党（AKP）政権である。AKP政権下で地方行政は大きく揺れ動いてきたが，今日から振り返れば，そのプロセスには3つの段階があったと言える。1つ目はAKP政権の第1期（2002～07年）における地方分権化のアジェンダ化とその結果としての地方行政関連諸法の改正である。2つ目は2012年の広域市法改正である。この改

正により広域市の数や管轄地域が拡大され，県にかわって広域市が地方行政の主役となった。3つ目は2016年7月のクーデタ未遂事件とそれを契機とした大統領権限の強化に伴う新たな局面である。この間，AKP政権は一貫して地方分権化の推進を標榜してきた。しかし後述するとおりそれを額面どおりに受け取るのは困難であり，むしろAKP政権の登場により一時はヨーロッパ型の地方分権化の道を進むかに見えたトルコの地方行政は，同じ政権の下で再び権威主義的なシステムへと戻りつつあるように見える。

では，AKP政権下で地方行政はなぜ再び権威主義化しつつあるのか。本章では，AKP政権における地方行政政策の変化に着目し，その要因を分析する。この試みは，今後トルコの地方行政がヨーロッパ的な地方分権化に再び向かう可能性があるのかどうかを考える上でも有益だろう。本章の構成としては，まず次節で研究上の課題を整理し，分析の視角を示した上で，第3節で第1期AKP政権による地方分権化推進の内容と要因を考察する。その後，第4節では主に2012年の広域市法改正から2016年のクーデタ未遂事件にかけての時期を対象に，AKP政権による地方行政政策の変化とその要因を検討する。最後に第5節で本章の結論を示すとともに，今後の展望にも触れておきたい。

2 地方行政の矛盾と分析の視角

地方行政の特徴と先行研究の傾向

ケマリスト体制下の地方行政では，地方自治体は国の地方機関である県や郡の監督下に置かれ，予算・組織から議決内容に至る広い範囲で統制を受けた。特に県特別行政体の首長を兼任する官選の県知事は，国による地方統制の要の役割を担った。法令に基づく国の監督権限は強く，国は「政治的な」活動への関与を理由に民主的に選ばれた自治体首長を罷免したり地方議会を解散させたりする手立てさえ有してきた。バイラクタルはこうした統制を地方自治体の「脱政治化」と呼び，その目的は，ケマリスト体制の近代化政策にとって妨げとなる，地方の名士層による政治力の獲得を阻止するとともに，地方に存在する資源を国家的な開発事業に優先的に配分することにあるとしている。「脱政

治化」された地方自治体は,所定の行政サービスを提供する中央政府の出先機関にすぎず,その財政力は弱められた(Bayraktar 2007, pars. 18-20)。

　地方行政制度のこうした権威主義的・国家主義的な特徴は,伝統的にトルコ人研究者主体で行われてきたトルコの地方行政に関する研究の関心を専ら政策の評価に向けさせる理由の1つとなった。そこでは地方分権化を民主化と強く結びつけた上での,西欧を尺度としたトルコの後進性に対する批判や,1980年代以降にトルコで徐々に導入されてきた新公共経営(New Public Management; NPM)型の地方行政政策の是非などが主要なテーマとなってきた。[2]

　同様の傾向はAKP政権の地方行政に関する研究にも見て取れる。第1期AKP政権による法改正や2012年の広域市法改正はトルコ国内外の研究者達の関心を集めてきたが,主要な論点はやはり政策の是非であり,政策変化の要因が検討されることは少ない。転機となった第1期AKP政権の法改正の要因が付随的に言及される場合でも,その多くは世界的な地方分権化の潮流や歴史的な必然性による説明である。たとえばギョイメンは2006年の論文で,第1期AKP政権の法改正を,民主化に向けてトルコ社会が遂げてきた長期的な変化にEU加盟プロセスという外的要因が働いた結果生じたものとする発展論的な説明を行っている(Göymen 2006, 246-248)。当時,地方分権化の進展に寄せる研究者たちの期待は高く,AKPが果たした役割に触れないこうした説明が,AKPとは政治的立場の異なる研究者の間でさえ通用しえた。ギョイメンもその1人である。しかしAKP政権のその後の政策の変遷を見れば,こうした発展論的な説明はすでに説得力を失っているし,もともと実証的な根拠を持っていたとは言い難い。分権化を当然視するあまり,ケマリスト体制が固執してきた制度を転換できた理由は何かという分析の視角に欠けるからである。

地方行政におけるケマリスト体制の矛盾と制約

　AKP政権の登場までにトルコの地方行政は,連関する少なくとも3つの課題を抱えていた。それはEU加盟のためにヨーロッパの規範を受容するかどうかという問題,国と地方の行政の効率化という問題,そしてクルド問題である。

　トルコが受け入れを求められてきた,地方行政と関係が深いヨーロッパの規

範には,「補完性の原理」や少数民族・少数言語の保護がある。「補完性の原理」とは,住民の意思決定をできるだけ下位の自治体に委ね,国家には外交や国防など自治体では対応できない事務のみを任せるべきとする考え方であり,欧州地方自治憲章だけでなく EU 設立の基礎であるマーストリヒト条約にも導入されている。しかしこれらの規範は地方自治体の「非政治化」をもたらした国家主義や,クルド問題を引き起こした,クルド人の存在すらも否定するトルコ民族主義など,ケマリスト体制の権威主義的なイデオロギーとは相容れないものであった。[3]特に国家に対する軍による後見が強化された1980年の軍事クーデタ後の体制においてはなおさらであった。ケマリスト体制にとって地方分権化は「国家の統一性（ülke bütünlüğü）」を損なう「政治的分権」をもたらしかねない危険性を孕んだ政策であり,とりわけ地方分権の選択肢として連邦制を語ることはタブー視されてきた。その最大の要因がクルド問題であり,地方自治体の「非政治化」の目的の1つにクルド民族主義の抑え込みがあったことは疑いがない。一方で,トルコは地方都市の人口増加とそれに伴う深刻な都市問題への対応を迫られており（ケレシュ・加納 1990, 108-109），効率的な行政の必要性は高まっていた。そのため新自由主義経済政策を進めたオザル政権以降は,地方自治体に権限や財源を委譲する政策がとられてきたものの[4],国による地方統制の緩和は微修正の域に留まっていた（Keleş 2006, 478-479）。トルコはまた,1988年に欧州地方自治憲章に署名（1992年批准）しておきながら,必要最小限の条項しか批准せず[5],「補完性の原理」とは距離を置き続けた。これらの事実は,ケマリスト体制における矛盾と制約を如実に示していると言えるだろう。

分析の視角としての親イスラーム政党・クルド問題

したがって,AKP 政権下で地方分権化が始まった要因を問うなら,AKP 政権がなぜケマリスト体制における矛盾と制約を転換できると判断したのかを考える必要がある。この点でバイラクタルとマシカールの2011年の共著は分析の手がかりとなる。著者らは同著で,第1期 AKP 政権の法改正と EU 加盟交渉の進展の同時性にもかかわらず,前者を促した要因は後者ではなく国内の政治過程であると指摘する（Bayraktar and Massicard 2012, 27）。著者らによれば,ト

ルコにおけるイスラーム主義の運動が伝統的に中央ではなく地方から台頭し，親イスラーム政党が国政ではなく地方都市で力をつけたこと，中央政界のAKP指導者層の多くがキャリアを地方から始めていること，AKPが単独で安定政権を維持していること，多数の自治体首長がAKP所属となり，地方へ権限を委譲しても党の損失にならなかったことなどが，AKP政権が地方分権化を進めえた要因であった。

　バイラクタルとマシカールの考察はAKP政権が地方分権化政策を選択した動機や親イスラーム政党としてのAKPの政治的資源に着目しており，説得的である。しかし同著の射程は第1期AKP政権の法改正であり，その後の地方行政政策の変遷は検討されていない。また同著にも言えるが，クルド問題と地方分権化の関係はこれまであまり検討されてこなかった（Ferman 2014, 377）。それは，クルド問題を避ければ単一国家制の枠内で議論を収めることができ，「政治的分権」に踏み込まずにすむからかもしれない。しかしクルド問題がケマリスト体制下での地方行政を強く制約してきた要因である以上，これを考慮せずに政策変化を分析しても十分とは言えない。したがって本章の目標は，AKP政権期の全体を通じた地方行政政策の変化の要因を，クルド問題との関係を含めて探ることとなる。

3　AKP政権による地方分権化のアジェンダ化

第1期AKP政権による地方行政関連諸法の改正

　2002年にAKP政権が発足すると，トルコ初の親イスラーム政党による単独政権がケマリズムの核心的理念である世俗主義やEU加盟問題に対して示す姿勢に注目が集まった。しかし第1期AKP政権が最優先課題として取り組んだ政策の1つは地方分権化であった。この地方分権化政策は，国と地方の行政を包括的に見直す改革として構想された，いわゆる「公共改革（Kamu Reformu）」の一環として推進されたものであった。AKP政権は2002年11月の施政方針演説の段階ですでに「公共改革」への着手を表明しており，翌年には「公共改革」の具体的内容をまとめた普及用冊子と「公共改革」の中核に位置づけられ

る「公共経営基本法案 (Kamu Yönetimi Temel Kanunu Tasarısı)」を,そして2004年1月以降は市制法や県特別行政体法など個別法の法案を次々と発表した。

　AKP政権が起草した諸法案は,ヨーロッパにおけるNPMの潮流に乗った構造改革と,市民参加や行政の透明性の向上といった民主的内容を掲げるとともに,ケマリスト体制下では留保されてきた「補完性の原理」の受け入れを明確化していた。特に公共経営基本法案には,「欧州地方自治憲章に従って」中央政府の事務を司法や国防・外交などに限定し,それ以外の事務を地方行政に委ねることや,住民に最も近い当局が行政サービスを提供することが明記されていた（公共経営基本法案第7,8,11条）。

　AKP政権のこの取り組みは地方分権化を一気にアジェンダ化した。AKP政権は「公共改革」を単一制国家の原則の枠内で進める旨を繰り返し強調して予防線を張っていたが,(8) ケマリスト政党を自任する国会野党の共和人民党 (Cumhuriyet Halk Partisi；CHP) は激しく反発した。CHPは,法案の内容が単一制国家の原則に反するとして国会審議で抵抗するとともに,2004年3月の地方選挙で「公共改革」の阻止を強く訴えた。

　AKPは地方選挙に圧勝し,多くの自治体で首長や地方議会の過半数を獲得したが,地方選挙後の国会ではケマリストの抵抗が続いた。国会で多数を確保していたAKP政権には諸法案を一旦は可決する力があったが,憲法裁判所出身の世俗主義者として名高かった当時のアフメト・セゼル大統領は2004年6月以降,国会を通過した諸法案に拒否権を行使し,一部を除き審議差し戻しとした。ここでも主な拒否理由は法案が単一国家制を損なうというものであった。AKP政権は公共経営基本法案以外の個別法を国会で再可決して対抗した。これに対して,再可決された個別法についてCHPや大統領が憲法裁判所への提訴を行うと,憲法裁判所の判断によって個別法には部分修正が施された。AKP政権は公共経営基本法案の立法化を見送ったものの,最終的に2004年7月に広域市法,2005年2月に県特別行政体法,同7月には市制法の改正を達成した。また,2005年5月には,複数の地方自治体が行政サービスの一部を連合して提供する際の手続きなどを定めた地方行政連合法 (Mahalli İdare Birlikleri Kanunu) を新たに成立させている。

一連の法改正によりAKP政権は，少なくとも制度上，地方自治体の自己決定権を向上させた。たとえば県特別行政体法改正では，県知事による県議会議長兼務が廃止され，県議会議長は県議会議員の互選となった。県議会の議決に県知事の承認は不要となり，以前は内務省の承認を得る必要があった予算の執行も，県議会の承認に代えられた。組織改正の自由度も旧法より高まった。同様に市制法改正により，市議会の決定に対する中央政府機関の承認は廃止され，報告に代えられた（Parlak, Sobacı and Ökmen 2008, 38-44）。しかし最も急進的な内容を含んでいた公共経営基本法案が廃案となったため，地方行政に「補完性の原理」を明確に組み込むAKP政権の狙いは達成されなかった。

AKP政権はなぜ地方分権化をアジェンダ化したのか

ケマリスト体制の抵抗が予想された中でAKP政権はなぜ地方分権化をアジェンダ化したのか。これは政権の生存という動機とそのための戦略およびAKP政権のクルド問題に対する楽観的な姿勢という観点から説明できるだろう。

トルコの親イスラーム政党は歴史的にケマリスト体制によってしばしば弾圧・排除されてきた。AKPの創設者の1人であるエルドアンも，政治集会での言動を咎められて投獄された経験を持っている。AKPは国政選挙と地方選挙を制し，民主的な正当性は担保されていた。しかしセゼル大統領をはじめ，官僚機構，司法機関，軍などケマリストの牙城として知られてきた諸組織に対し政権はまだ劣位にあった。党の存続さえ危ぶまれる状況にあって，生存戦略を講じることは政権にとって死活的に重要だった。

AKPの生存戦略を検討した澤江によれば，AKPはそれまでの親イスラーム政党との違いを明確化するために，イスラーム主義を連想させる表現の使用や政策の提示を控えるとともに，自らの立ち位置を「保守民主」とすることで民主的な改革者として振る舞い，親イスラーム政党として排除される危険を回避しようとしたという。また，欧米との間での信頼関係の構築や，大企業が構成する有力経済団体TÜSİAD（トルコ実業家連盟）との信頼関係を構築することで生存戦略を強化していた（澤江 2005, 236-249）。

地方分権化もまた生存戦略として優れた政策であった。まずバイラクタルとマシカールが指摘するとおりAKP政権にとって地方自治体は重要な権力基盤であった。トルコのイスラーム主義運動は伝統的に、世俗的な生活様式に慣れた人々の多い大都市や地中海沿岸部ではなく、アナトリア内陸部の地方都市から台頭し、信仰熱心な中小商工業者に支えられてきた。また1990年代以降、親イスラーム政党はイスタンブルやアンカラのような中心都市でも政治力を伸ばし、エルドアン自身、1994年地方選挙でイスタンブル広域市長に当選し、行政手腕を発揮したことが政界での存在感を高める契機となった[9]。AKPは前身の親イスラーム政党の支持基盤を引き継いでいたため（Massicard 2009, 22）、地方自治体の裁量を高めて権力基盤を固めようと考えるのは当然であった。

　AKP政権は地方分権化政策を正当化するにあたり、民主化と行政の効率化の両面から政策の意義を強調する戦略をとった。エリチンによれば、1999年地方選挙の際のCHPの公約とAKP政権の公共経営基本法案や県特別行政体法改正案には権限委譲の考え方に関して多くの類似点があった（Eliçin 2011, 113-114）。民主化や行政の効率化はイスラーム主義とは結びつけにくい、ケマリスト政党も主張してきた政策課題であり、CHPが単一国家制の危機を繰り返す以外、有効に反論できなかったことは、2004年地方選挙でCHPが敗北した要因の1つだと言えるだろう。

　またAKP政権は地方分権化政策によりヨーロッパとの関係を利用してケマリスト体制を牽制することができた。実際にAKPの改革方針や関連諸法の改正はEUや欧州評議会から肯定的な評価を得ている[10]。欧州地方自治憲章に関しては、AKP政権以前、トルコが同憲章に署名していること自体社会的には広く知られていなかった上、同憲章は抽象的な規範であって、特定の政策の実現までもがEU加盟の前提条件とされていたわけではなかった。しかしAKP政権はむしろ積極的に地方分権化政策の正当化に同憲章を利用しただけでなく、留保条項の将来的な撤回をも主張してケマリスト体制の矛盾を突いた[11]。

　さらに地方分権化は、AKP政権がTÜSİADとの信頼関係を築く上でも有効な戦略であった。世俗主義的な志向を持つTÜSİADは、1980年代以降の新自由主義経済政策とNPM型の地方分権化政策を支持していた。それまでの親イ

スラーム政党とは異なり新自由主義経済政策を掲げた AKP 政権は，親イスラーム政党でありながら TÜSİAD に接近し，ケマリスト体制の切り崩しを図ったが，地方分権化政策はこの戦略にも合致していたと言えるだろう。

AKP 政権の楽観的なクルド問題観と地方分権化

一方，AKP 政権による地方分権化のアジェンダ化を促した要因の１つには，クルド問題に対する AKP 政権の楽観的な姿勢があったと考えざるをえない。

2004年地方選挙における勝利により，AKP は多数の自治体で影響力を強めたため，それらの自治体に権限を委譲しても AKP の損失にはならなかった。しかし親クルド政党に所属する首長を持つ自治体をクルド系自治体と呼ぶとすれば，地方への権限委譲は当然そうしたクルド系自治体にも恩恵を及ぼすはずである。これはまさにケマリスト体制が避けようとした事態にほかならない。しかし AKP はケマリスト体制に対抗するため，文化的多様性を重視する姿勢を掲げていた。これは一義的には，イスラームを宗教よりもむしろ文化と位置づける修辞によって自らの立場を守る戦略であったが，同時に文化や民族の相違を超えて，より広範な支持者を得るための戦略でもあった。そのため，クルド人に対してもケマリスト体制の被害者としての共通性やムスリムとしての共通性を強調する姿勢がとられた。実際に，AKP 政権は CHP や国粋的トルコ民族主義に立つ民族主義者行動党（Milliyetçi Hareket Partisi；MHP）とは違い，クルド人が集住する南東部でも一定の支持を得ることができた（Yesiltas 2014, 162）。

AKP 政権がクルド問題の解決を楽観していたことは，エルドアン首相が，クルド人住民が多数を占める南東部の中心都市ディヤルバクルで2005年８月に行った演説で首相として初めてクルド政策の誤りを認め，クルド問題解決への意思を大々的に表明して見せたことからも明らかである。後述するように AKP 政権の楽観的なクルド政策はその後行き詰まるが，この時点の AKP 政権は，クルド問題に関してもケマリスト体制下での制約を逆手に取ることが可能であるという見通しの下で地方分権化政策を選択していたと言えるだろう。

4　地方分権化の後退

改正広域市法の成立とその性質

　トルコでは1984年に初めて広域市法が制定され，人口の集中する都市部では複数の自治体を統合した広域市が作られるようになった。当初イスタンブル・アンカラ・イズミルの3大都市のみであった広域市は，2000年までに16市に拡大した。広域市と，広域市を構成する自治体との責任の分担を明確化したのが2004年の広域市法改正であった。

　一方，2012年の広域市法改正では，広域市の人口基準は75万人以上と従前のままとされたものの，市域は広域市が属する県の全域に拡大された上，その数は一挙に30に増加した。全県広域市（bütünşehir）とも呼ばれる，この新しい広域市の属する県では県特別行政体が廃止され，投資監視調整庁（Yatırım İzleme ve Koordinasyon Başkanlığı）が新設された。また，全県広域市に統合される小規模な市や村落は，地方自治体としての法人格を廃止され，行政単位としての地区（mahalle）に格下げされたため，市および村落の数は大幅に減少した（表6-1）。従来，行政の一体性を盾に一律の制度で設計されていた地方行政は，県特別行政体が残る地域と廃止された地域に分かれ，全人口の約77％および面積の51％が全県広域市に含まれることとなった（Çelikyay 2014, 7）。改正広域市法は2014年3月の地方選挙から施行され，地方行政の構造は大きく変化した。

　さらに2012年の広域市法改正は，その成立過程と法の性格が，第1期AKP政権の法改正とは明らかに異なっていた。まず成立過程を見ると，広域市法改正案は2012年10月3日に閣議決定された後，同8日に国会に提出された。CHPやMHPなどの野党は広域の自治は連邦制につながるとして激しく反発したが，広域市法改正案は11月12日には成立している。CHPは全県広域市が憲法に予定された地方自治体ではなく，違憲であるとして憲法裁判所に提訴したが，憲法裁判所は2013年9月12日に訴えを退けた。AKP政権は2012年の広域市法改正を極めて短期間のうちに，かつ特段の障害もなく達成しているのである。

表6-1 地方自治体数

	県特別行政体	市（うち広域市）	村	計
（改正広域市法施行前）2013年	81	2,950 (16)	34,283	37,314
（改正広域市法施行後）2014年	51	1,396 (30)	18,216	19,663

出所：トルコ共和国内務省地方行政総局発行「地方行政総覧」より筆者作成。

　改正広域市法のもう1つの特徴は，同法の集権的性格である。AKP政権によれば全県広域市は欧州地方自治憲章の趣旨に沿った制度であった。しかし全県広域市では住民の意思が問われぬまま傘下の基礎自治体の多くが廃止され，市内全域の開発は全県広域市当局の所管となった。AKP政権の理屈では全県の住民が広域市政に参加できるようになったことが自治の拡充であったが，廃止された自治体の住民はそれまで意思を託してきた議会や首長を失うため，地方分権の観点からは後退と見るほかなかった。基礎自治体の大幅な削減は，住民に近い自治体が行政サービスを提供すべきとしていた第1期AKP政権の公共経営基本法案の趣旨からは乖離している。新設の投資監視調整庁にしても，その責務は県内における公共投資の効率化促進に限られていた。実際，AKP政権が強調した全県広域市の長所は，規模の経済を生かした行政効率の改善のみであった。広域市法改正を第1期AKP政権の法改正と比較すると，行政効率化の側面だけが引き継がれ，「補完性の原理」の側面は後退したと言わざるをえない。当然ながらヨーロッパからは消極的な評価しか得られなかった。

クルド問題の混迷化と「補完性の原理」

　ではAKP政権はなぜ2012年の広域市法改正を容易に成し遂げることができ，またなぜ改正広域市法は「補完性の原理」から遠ざかったのか。ここではまず，クルド問題の混迷化と「補完性の原理」の関係性について考察しておきたい。

　第1期AKP政権は当初，「補完性の原理」に基づく地方分権化とクルド問題の解決とが単一国家制の枠内で両立しうると楽観視していた。しかしクルド問題の要因は，ケマリストの排他的なトルコ民族主義に基づく国民概念である。したがってクルド政策を転換するには，従来の国民概念を脱した具体的な方策

を示す必要があったが，AKP 政権は文化的多様性やクルド人とトルコ人のムスリムとしての共通性の重要性を説き続けただけであった（Yesiltas 2014, 163）。

AKP 政権はクルド側で高まる自治区の設立やクルド語の公用語化を求める声に対案を示せず，実際に公務でのクルド語使用を強行するクルド系自治体が現れると，行政機関等による抑圧を是認した。クルド系自治体は1990年代から南東部で数を増やしていたが，ケマリスト体制下では厳しい抑圧を受けていた。その際に用いられた，憲法裁判所による政党の解党や「政治的な」活動を理由とした首長の罷免などの手法は AKP 政権期に入っても継続して用いられた。2009年3月の地方選挙で親クルドの民主社会党（Demokratik Toplum Partisi；DTP）が南東部で AKP に勝利したことに加え，AKP 政権が「クルド問題の打開」と銘打って進めようとしたクルド政策が暗礁に乗り上げると，それに呼応するように DTP は同年12月に憲法裁判所により解党された（Akkaya and Jongerden 2013, 197）。

AKP 政権の姿勢はクルド側の反発を買い，2010年の半ば以降，クルド系政党やその支持者らによる「民主的自治区制」導入要求を活発化させる結果となった。「民主的自治区制」論はトルコを26の自治区に分け，それぞれに幅広い権限と財源を付与するとともに，多言語の公用語化など多文化主義的な行政を認めるだけでなく，自衛軍をも持たせるという主張である。クルド側はこの主張を正当化するため欧州地方自治憲章などヨーロッパの規範を引き合いに出す戦略をとった。「民主的自治区制」論はトルコ国内で広範な議論を引き起こし，2011年6月の国政選挙ではクルド問題解決の前提となる憲法改正が争点となった。この選挙戦で CHP 党首がそれまでの CHP の姿勢を転換し，欧州地方自治憲章の留保項目を撤回する意向を表明すると，エルドアン首相は強く反発した。これは AKP 政権が「民主的自治区制」論に動揺し，「補完性の原理」に対する姿勢を修正しはじめたことを示している。

国政選挙後の2011年10月，AKP 政権は，国会に議席を持つ AKP，CHP，MHP および親クルドの平和民主党（Barış ve Demokrasi Partisi；BDP）の代表からなる憲法問題和解委員会（Anayasa Uzlaşma Komisyonu）を立ち上げた。しかし，国民の定義をめぐる4党の議論はかみ合わず，対立を浮き彫りにするだけの結

果に終わった。一方で，AKP政権とPKK（クルディスタン労働者党）との間で2006年以来続けられていたとされる和平交渉（いわゆるオスロ・プロセス）は失敗に帰し，2011年の夏以降，PKKとトルコ軍の衝突は激化しはじめた。

　結局，AKP政権はムスリムとしての紐帯という情緒に訴えるのみでは事態を打開することができず，さらに「民主的自治区制」論の登場により，地方分権化政策にクルド側を取り込める見込みが薄まる中で，「補完性の原理」に基づいた地方分権化を進める動機を広域市法改正までに失っていたと言えよう。

生存戦略から政権基盤の強化へ

　では，AKP政権が広域市法を容易に改正することができたのはなぜか。端的に言えばそれはそれまでにAKP政権がケマリスト体制への優位性を確立していたからである。AKPは政権獲得後，2011年までのすべての国政選挙と国民投票で勝利した。この間，2007年にはAKPの創設者の1人であるギュルの大統領選出に成功した。その後，1980年クーデタで作られた現行憲法から権威主義的な側面を取り除くとの名分で，2010年に行われた憲法改正国民投票により，ケマリスト体制に対するAKP政権の優位性は確立された。この国民投票の勝利により，AKP政権は憲法裁判所および裁判官・検察官最高評議会の構成員に占めるケマリストの割合を減らすことに成功した。また，軍人による違憲行為の裁判権が軍事裁判所から通常司法へと移され，文民統制が強化されるとともに，従来憲法で禁じられていた1980年クーデタ関係者の訴追までもが可能となった。憲法改正により軍と司法がAKP政権に挑戦する可能性は大幅に低下したのである（Özbudun 2014, 156）。

　一方，AKPがケマリスト体制への優位性を確立していく時期は，EU加盟プロセスの停滞と軌を一にしている。トルコとEUの間では2005年10月から正式加盟交渉が開始されたが，キプロス共和国の承認をめぐる対立から2006年12月に交渉が凍結されて以降，加盟交渉は停滞した。EU加盟路線は，AKP政権にとってケマリスト体制に対抗するための生存戦略の1つであった。しかしEU加盟交渉が停滞する間に，AKP政権がケマリスト体制への優位性を強めた結果，生存戦略としてのEU加盟交渉の価値は相対的に低下し，AKP政権

がヨーロッパの規範の導入を進める動機はここでも弱まった。

　結局，AKP政権の生存戦略が奏功してケマリスト体制への優位性を確立すると，生存戦略としては重要だった，ヨーロッパの規範を導入する動機や利点はかえって失われ，AKP政権は地方行政政策に対する姿勢を転換した。AKP政権がケマリスト体制に対して優位に立ちながら，第1期政権期に廃案となった公共経営基本法案を再び上程しようとしなかった事実もAKP政権の姿勢転換を裏づける。

　2012年の広域市法改正はこの姿勢転換を経てAKP政権が地方行政政策の目的を生存戦略から政権基盤の強化へとシフトさせた結果であると言える。AKP政権は，2014年8月に行われる初めての直接選挙による大統領選に向けて，前哨戦となる同年3月の地方選挙に勝利する必要があったため，政権基盤の強化は喫緊の課題であった。AKP政権は改正広域市法により支持層の厚い郡部の集票に成功し，2014年地方選挙で30広域市長のうち18市を押さえて勝利した。

　一方，広域市法改正により権限の強まった広域市長の座を親クルド政党が獲得する可能性は選挙前から予測されており，実際に2014年地方選挙ではBDPとクルド系の無所属候補が3広域市長の座を確保する成果をあげた。しかし広域市法改正はAKP政権によるクルド側への配慮を意味しない。AKP政権はすでにクルド系自治体との対決姿勢を鮮明にしていた。むしろ広域市法改正は，自らの優位に乗じて自党に有利な制度設計を行う一方，その制度上でクルド系自治体が台頭するという矛盾には強権をもって臨むという点で，AKP政権の地方行政政策の権威主義化を先取りしていたと言えるだろう。そしてその権威主義化を決定づけた契機が次で述べるクーデタ未遂事件であった。

クーデタ未遂事件と地方行政の強権化

　2016年7月15日に発生したクーデタ未遂事件は，AKP政権が地方行政政策の強権的な側面を強める契機となった。事件後，AKP政権はクルド系自治体に対する抑圧を強化した。クーデタ鎮圧の直後から，AKP政権は事件の関与者に対する摘発を開始したが，摘発の対象はほどなく拡大された。同年9月，

南東部を中心に28市の市長が罷免されたが，そのうち24市長の容疑はPKKとのつながりであった。これらの自治体には内務省より管財人が派遣され，市長の業務を代行した。さらに同年10月25日には，やはりPKKとのつながりを理由にディヤルバクル広域市の共同市長2人が逮捕された[20]。親クルドの国民民主主義党（Halkların Demokratik Partisi；HDP）は激しく反発したが，翌11月4日には，HDPの共同党首2人を含む9名のHDP所属国会議員が，PKKへの支援や国家侮辱の容疑で逮捕されている[21]。AKP政権のこうした抑圧政策は，国内外からの厳しい批判にさらされたが[22]，AKP政権は正当化した。

また，クーデタ未遂事件後の非常事態において，AKP政権は大統領がAKP所属自治体首長に直接指示するという上下関係の構図を公然化した。これは2017年4月の憲法改正国民投票の結果，次期大統領選挙からの大統領制への移行とあわせて現職大統領の政党所属が認められたことが契機となってもたらされた変化である。国民投票後の同年5月にAKP党首に復帰したエルドアン大統領は，まもなく開かれた党の会合で，2019年の大統領選挙や国政選挙に向けて年内に党の地方組織を刷新する意向を表明した[23]。これは選挙での劣勢が懸念される自治体首長の入れ替えを意味しており，2017年9月以降，エルドアン大統領の指示により複数のAKP所属自治体首長らが辞任を余儀なくされた[24]。

5　トルコ地方行政はどこへ行くのか

クーデタ未遂事件後にAKP政権が進めた強権的な地方行政政策は，それぞれ異なる政治的文脈で起きている。しかし，そのいずれもが第1期AKP政権の法改正から2012年の広域市法改正に至る過程でAKP政権が形成してきた地方行政政策の延長線上にあると言えるだろう。クルド系自治体への抑圧強化は，2012年の広域市法改正の前からすでにAKP政権がとっていたクルド系自治体に対する強権的な姿勢が一層強化された結果と見ることができる。また，大統領がAKP所属自治体首長に直接指示を下す事態は，2012年の広域市法改正により多数の広域市の行政に直接関与する機会を獲得したAKP政権が，大統領が党首を兼任できる制度の実現を機に地方自治体への直接関与を強めた結果と

見ることができるだろう。その結果，クルド系自治体だけでなく，それ以外の地方自治体においても，民主的に選ばれた自治体首長が，政権の一存で排除されるという非民主的な状況が公然と起きているのである。

　結局，AKP政権がケマリスト体制に対して劣位にあった時期には親イスラーム政党としての政治的資源を活用した生存戦略が地方分権化の進展をもたらしたものの，ケマリスト体制に対して優位に立ったAKP政権が地方行政政策の主目的を優位性の維持と強化にシフトしていくにつれて，地方行政は再び権威主義化したと言えるだろう。換言すれば，AKP政権が地方行政政策を常に自らの利益のための手段としてきたことが，地方分権化の進展も後退ももたらしたということである。一方，地方行政のこの新しい権威主義はケマリスト体制のそれと同じとは言えない。ケマリスト体制下での地方自治体は体制の意志を国土に行き渡らせるための出先機関であり，その統制の手段は法令による「非政治化」だった。しかしAKP政権下では地方自治体がAKPの出先機関として党首たる大統領個人への従属を強めつつある。地方自治体の多くがAKPの傘下にあるためこのことが持つ意味は重要である。

　最後に，トルコの地方行政が今後，ヨーロッパの規範に沿った地方分権化を再び目指す可能性があるかどうかに関して，考慮すべき点を2つ挙げておきたい。まず，これまでに見たとおりAKP政権が「補完性の原理」などヨーロッパの規範に沿った地方分権化を進める政治的動機は失われている。一方で2017年9月の閣僚発言によれば，その時点で2019年に予定されていた選挙の前に人口基準を下げて広域市を増やす案がエルドアン大統領の指示により政権内部で検討されていたという。これはAKP政権が政権基盤強化の手段としては今後も地方行政政策を重視していく可能性を示唆している。

　もう1つは，選択肢となるはずの有力野党が抱える限界である。第1期AKP政権の地方分権化政策に対して頑強に抵抗したCHPは後に「リベラル民主主義」へと舵を切り，2011年国政選挙戦において欧州地方自治憲章の留保条項撤回を表明するに至った。しかしその後もCHPは全県広域市や「民主的自治区制」論には「政治的分権」を招くとして反対しており，「国家の統一性」の取り扱いには依然慎重な姿勢を崩していない。また，MHPもトルコ民族の

優越性を重んじる国粋的なイデオロギーを維持する限り，親クルド政党の多文化主義的な主張を受け入れることは容易でないだろう。

トルコは今も EU 加盟候補国であり，国内で民主的な正当性を確保する必要性もあることから AKP 政権が地方分権化推進の旗を直ちに降ろすことは考えにくい。しかしトルコ地方行政の今後についてはトルコ政治に存在する複雑な制約を念頭に置いて考える必要があるだろう。

注

(1) 欧州評議会加盟国の地方分権化の度合いを複数の指標から比較したラドナーらによれば，トルコは1990～2014年の平均値で39カ国中31位，2014年の平均値では39カ国中35位である。1990年と2014年の指標ごとの特徴を見ると，移転財源の自由度に関する Financial transfer system（最低値0，最高値3）は両年とも3，自主財源に関する Financial self-reliance（最低値0，最高値3）は1990年の1から2014年の2へと上昇しており，比較的評価が高いのに対し，起債の自由度を見る Borrowing autonomy（最低値0，最高値3）は両年とも1，課税自主権に関する Fiscal autonomy（最低値0，最高値4）も両年とも1と低めである。特に評価が低いのは地方自治体が供給に関与できる行政サービスの範囲に関する Policy scope と行政サービス供給への決定権の度合いを測った Effective political discretion で，2014年で見た場合，前者は0.79（最高はノルウェーの3.67），後者も0.79（最高はフィンランドの3.17）でともに39カ国中38位である（両者とも最下位はマルタ）（Ladner, Keuffer and Baldersheim 2016, 321-357）。

(2) トルコでは1980年代の新自由主義経済政策の開始に伴い，地方行政にも NPM 的な考え方が導入された。外資導入や外部委託推進が地方社会をグローバル資本主義に従属させるとして NPM 路線に批判的なギュレル（Güler 2013）や，民主化と公共経営における説明責任を飛躍的に向上させたとして AKP 政権の路線を高く評価するデミルカヤ（Demirkaya 2015）など，研究者の立場には開きがある。

(3) 欧州評議会加盟国の地方自治体の代表者らによって構成され，欧州地方自治憲章に関わる事案を所管する地方自治体会議（Congress of Local and Regional Authorities）は，トルコに対して，「地域言語・少数言語のための欧州憲章（European Charter for Regional or Minority Languages）」および「少数民族保護のための枠組条約（Framework Convention for the Protection of National Minorities）」の受け入れを繰り返し求めてきたが，トルコは応じていない。

(4) オザル政権下で地方自治体は中央政府の行財政的なコストを転嫁できる受け皿と見なされ，地方自治体の収入は1980年から1986年までに2倍，1980年から1993年までに3倍となった。また，規制緩和により，公共交通や都市衛生，公共施設の建設事業などの地方行政サービスが民間セクターに移管されるようになった（Bayraktar 2007, pars.

31-39）。

(5) トルコは30項目のうち批准に必要な最低限の20項目しか受け入れていない（間 2003, 16-19）。

(6) 大学教員から官界に転じ，当時総理府次官として法案作成を主導していたオメル・ディンチェルは，2015年12月のハベルテュルク（インターネット版）のインタビューに対し，エルドアン首相の強い指示があったと語っている（http://www.haberturk.com/gundem/haber/1169986-omer-dincer-uzuldum-yoruldum-ama-asla-pisman-olmadim［2018年5月19日閲覧］）。

(7) T. C. Başbakanlık (2003) *Değişimin Yönetimi için Yönetimde Değişim*, Kamu Yönetiminde Yeniden Yapılanma 1, Ankara.

(8) たとえば，政権獲得直後の施政方針においてギュル首相は次のように述べている。「……地方行政改革の枠組みにおいて，中央行政と地方行政の間における責務・権限・財源の配分は，単一国家の概念に立脚しつつ，機能性・効率性・及び現代のマネジメントの諸原則に従って改めて明確化されることになります。……」（https://www.tbmm.gov.tr/hukumetler/HP58.htm［2018年5月19日閲覧］）。

(9) ダウトオール首相は2016年4月13日にAKP所属の自治体首長らを集めたイベントで，次のように挨拶している。「皆さん，我々の活動を醸成している場は我が党員が首長を務めている自治体なのです。我々の活動が，我々の政治が国民に受け入れられている理由は，全県における我々の実績なのです。この成功の根底には都市を活性化させる自治体運営に対する我が党の姿勢があるのです。我々はこうした姿勢を，初代党首たるレジェプ・タイイプ・エルドアン大統領閣下がイスタンブル広域市長であった時の伝説的な成功以降，党の政治の基本に据えてきたのです。我々はこの分野で歴史を作りました。世界の模範となるサービスを実現しました。イスタンブル，アンカラ，カイセリ，コンヤ，コジャエリ，ブルサ，サムスンその他多くの我が党が治める都市は，トルコがどのように発展してきたのかを明確に示しているのです。」（http://m.akparti.org.tr/site/haberler/basbakan-davutoglunun-5.-yerel-yonetimler-sempozyumunda-yaptigi-konusmanin/83514#1［2018年5月19日閲覧］）。

(10) 欧州委員会は，2005年のトルコ進捗レポート（Turkey Progress Report）で地方行政に関して一定の進展があったとして積極的に評価するとともに，公共経営基本法案の立法化を含めた，一層の改革に期待を示していた。

(11) エルドアン首相自身，「公共改革」がEU加盟の必須要件であるとの認識を率先して発言していた。「EU加盟という目標は，トルコが行政の面においても現代的な規範に調和することを必然化するものである」("AB için Kamu Reformu zorunlu", *Yeni Şafak*, 7 Ekim 2003)。

(12) 2004年3月の地方選挙では，AKPは全県議会議員3208人中2276人，16広域市長のうち12人，3193市長のうち1750人を獲得していた（トルコ共和国内閣府国家統計局）。

(13) ハーカン・ヤヴズは，ムスリムとしての共通性さえ強調すればクルド問題が解決でき

るかのように語る AKP のアプローチについて,「AKP にとってイスラームは『社会の接合剤』であり,同党によってクルド問題は『イスラーム化』した」と述べている (Yavuz 2009, 173)。

(14) AKP 政権の見解については,Ak Parti Genel Merkezi Yerel Yönetimler Başkanlığı (2012) *Sorular ve Cevaplarla Yeni Büyükşehir Belediye Yasası*: 10 を参照のこと。

(15) 欧州委員会は,2013年のトルコ進捗レポートで以下のように評価している。「……地方政府への権限移譲について一定の進展はあった。11月に採択された広域市法は市の権限の及ぶ範囲を拡大した。これは小規模自治体が行政サービスを提供するための権限の脆弱性に対する欧州評議会からの批判に部分的に応えるものではある。しかしこれは権限委譲や自治体自身による歳入増加を可能にすることを通して自治体を強化するよう求めた欧州評議会の勧告を実施したものではない。……」

(16) たとえば,ディヤルバクル広域市の構成自治体であるスール市が2006年10月から,クルド語を含めた5言語での行政を開始したことに対し,ディヤルバクル県知事は憲法および市制法に反する行為として内務省に調査要請し,内務省の調査結果を受けて審理を行った行政審査院は2007年6月に同市議会の解散と同市市長の罷免を決定している。

(17) トルコ語では「キュルト・アチュルム(Kürt açılımı)」。なお,AKP 政権は2009年の夏ごろからは「デモクラティック・アチュルム(Demokratik açılım, "諸問題の民主的な打開"の意)」という表現を積極的に用いるようになる。

(18) アクカヤらは DTP に対する弾圧を,ケマリストの司法機関と AKP 政権の共闘であると論じている(Akkaya and Jongerden 2013, 197)。

(19) Güngör İzgi. (2010) "BDP's Decentralization Proposal Debated in Turkey", *Hürriyet Daily News*, 3 Oct. 2010.

(20) "Gültan Kışanak ve Fırat Anlı gözaltına alındı", *Hürriyet*, 25 Ekim 2016.

(21) "Selahattin Demirtaş ve Figen Yüksekdağ tutuklandı! İşte o cezaevine götürüldü…", *Milliyet*, 4 Kasım 2016.

(22) 欧州評議会議員会議は2017年4月25日付の決議第2156号で次のように言及している。「当会議はトルコ南東部における地方行政の状況に関心を寄せている。当会議は,親クルド政党が執政していた自治体の3分の2が,政府の任命した管財人に引き渡されていることに注目している。現在,数十人の首長が投獄されている。これらの拘禁により,欧州地方自治憲章に反して地方における民主主義の実践が停止され,管財人の任命によって地方行政が不相応な監督を受け,かつ地方行政サービスが削減されていることは遺憾である。当会議はトルコ当局に対して,欧州評議会地方自治体会議2017年決議416号及び2017年勧告397号に従い,必要に応じて,現在未決拘禁されている首長の釈放と,トルコ南東部における地方民主主義の完全回復を要請する。」なお,トルコは2004年に欧州評議会議員会議の監視対象国から外れたが,この決議により再度監視対象国となった。トルコは再度監視対象国となった初めての国家となった。

(23) "Metal eskimesi görüyorum", *Milliyet*, 30 Mayıs 2017.

(24) 対象者には主要都市で長年市長を務めてきた人物たちも含まれていた。2017年9月に突如辞任したイスタンブル広域市長カディル・トプバシュは辞任理由を明らかにしなかった。アンカラ広域市長メリフ・ギョクチェクは，一時辞任を渋ったものの，同年10月，大統領の意向を理由に辞任した。その後も各地でAKP所属自治体首長の辞任が相次いだ。

(25) "Bakan Özhaseki: 'Bütünşehir Yasası'nın kapsamı genişliyor", *Milliyet*, 27 Eylül 2017.

(26) CHPは2011年国政選挙のマニフェストで「リベラル民主主義（özgürlükçü demokrasi）」を掲げて以降，自らをリベラリストと規定している。

(27) クルチダルオールCHP党首は2016年1月のテレビ番組で次のように発言している。「我々は欧州地方自治憲章を導入しなければならないと考えており，躊躇は全くない。しかし，HDPが望む地域自治は地域に特殊な地位を与えてしまう。欧州地方自治憲章はトルコの全ての地域を対象とするものだ。つまり，全ての自治体は同じ法令に従う。彼らが自衛軍を望むのであれば，我々は反対だ。軍隊とは国家が持つものだ。自治と言えばすぐに国家の分裂という捉え方が出てくる。我々は，地域自治は認めない。複数県の統合も正しいと思わない」（"Kılıçdaroğlu'ndan özerklik açıklaması...", *Milliyet*, 7 Ocak 2016.

参考文献

ケレシュ，R.／加納弘勝（1990）『トルコの都市と社会意識』アジア経済研究所。

澤江史子（2005）『現代トルコの民主政治とイスラーム』ナカニシヤ出版。

間寧（2003）「トルコ——地方行政から地方自治へ」伊能武次・松本弘（共編）『現代中東の国家と地方（Ⅱ）』日本国際問題研究所。

Akkaya, Ahmet Hamdi, and Joost Jongerden (2013) "Confederalism and Autonomy in Turkey: The Kurdistan Workers' Party and the Reinvention of Democracy", in Gunes, Cengiz and Welat Zeydanlioglu (eds.), *The Kurdish Question in Turkey: New Perspectives on Violence, Representation and Reconciliation*, London: Routledge.

Bayraktar, Ulaş, and Elise Massicard (2012) *Decentralisation in Turkey*, Focales, AFD（仏語版は2011年刊），https://www.afd.fr/en/decentralisation-turkey（2018年5月27日閲覧）。

Bayraktar, Ulaş (2007) "Turkish Municipalities: Reconsidering Local Democracy beyond Administrative Autonomy", *European Journal of Turkish Studies*, https://ejts.revues.org/1103（2018年5月27日閲覧）。

Çelikyay, Hicran (2014) *Değişen Kent Yönetimi ve 6360 Sayılı Büyükşehir Yasası*, SETA.

Demirkaya, Yüksel (2015) "Strategic Planning in the Turkish Public Sector", *Transylvanian Review of Administrative Sciences*, Special Issue 2015: 15-29.

Eliçin, Yeşeren (2011) "The Europeanization of Turkey: Reform in Local Governments", *International Journal of Economic and Administrative Studies*, 7: 103-126.

Ferman, Leyla (2014) "Decentralization in Turkey: Affecting the Kurdish Question? How Central and Local Systems Contribute to Ethnic Conflicts", in Göymen, Korel, and Onur Sazak (eds.), *Centralization Decentralization Debate Revisited*, Istanbul: Istanbul Policy Center.

Göymen, Korel (2006) "Dynamics of Local Governance in Turkey: Demise of the Bureaucratic Ruling Tradition?" *Society and Economy*, 28(3): 245-266.

Göymen, Korel, and Onur Sazak (eds.) (2014) *Centralization Decentralization Debate Revisited*, Istanbul: Istanbul Policy Center.

Güler, Birgül Ayman (2013) *Yerel Yönetimler—Liberal Açıklamalara Eleştirel Yaklaşım —*, Ankara: İmge Kitabevi.

Keleş, Ruşen (2006) *Yerinden Yönetim ve Siyaset*, Genişletilmiş 5. Basım, İstanbul: Cem Yayınevi.

Ladner, Andreas, Nicolas Keuffer, and Harald Baldersheim (2016) "Measuring Local Autonomy in 39 Countries (1990-2014)", *Regional & Federal Studies*, 26(3): 321-357.

Massicard, Elise (2009) "L'Islamisme Turc à l'épreuve du Pouvoir Municipal. Production d'Espaces, Pratiques de Gouvernement et Gestion des Sociétés Locales", *Critique Internationale*, 42(1): 21-38.

Özbudun, Ergun (2014) "AKP at the Crossroads: Erdoğan's Majoritarian Drift", *South European Society and Politics*, 19(2): 155-167.

Parlak, Bekir, M. Zahid Sobacı, and Mustafa Ökmen (2008) "The Evaluation of Restructured Local Governments in Turkey within the Context of the European Charter on Local Self-Government", *Ankara Law Review*, 5(1): 23-52.

T. C. Başbakanlık (2003) *Değişimin Yönetimi için Yönetimde Değişim*, Kamu Yönetiminde Yeniden Yapılanma 1, Ankara.

T. C. Başbakanlık (2003) *Kamu Yönetimi Temel Kanunu Tasarısı*, Kamu Yönetiminde Yeniden Yapılanma 2, Ankara.

Yavuz, M. Hakan (2009) *Secularism and Muslim Democracy in Turkey*, Cambridge Middle East Studies 28, New York: Cambridge University Press.

Yesiltas, Ozum (2014) "Rethinking the National Question: Anti-Statist Discourses within the Kurdish National Movement", *FIU Electronic Theses and Dissertations*, Paper 1325, http://digitalcommons.fiu.edu/etd/1325（2018年5月27日閲覧）.

第7章

外　交
——米国中東政策の「請負」理論とその検証——

今井宏平

1　国際秩序安定化政策としてのオフショア・バランシング

　近年,「オフショア・バランシング（Offshore Balancing）」という概念に注目が集まっている。その背景には, バラク・オバマ政権およびドナルド・トランプ政権の中東政策のキーワードの1つとなったこと, そして, 国際関係論における構造的リアリズム（ネオリアリズム）の代表的な論客であるジョン・ミアシャイマーとスティーヴン・ウォルトがこの概念をアメリカが採るべき政策として提唱していることが挙げられる。

　オフショア・バランシングは, 端的に言えば,「ある国による異なる地域の勢力関係の操作」（小野沢 2016, 20）であり, 通常, 国際社会における大国によって選択される政策である。オフショア・バランシングを採用する国の戦略は, 責任転嫁（Buck-passing）と呼ばれるもので, 影響力を行使したい地域大国（域内大国）に地域秩序の維持という, 通常は大国の責任である行動を委任させ, 地域秩序が混乱した場合にのみ, 域外大国が直接介入し, 勢力の均衡を図る。[1] 責任転嫁を中核に据えるオフショア・バランシングで重要なのは, 当該国家にとって重要な地域の選定と責任転嫁する際に, 地域秩序の維持を請け負う責任請負国（バック・キャッチャー）である。現在, 相対的に超大国の地位にあるアメリカにとって, 重要な地域はヨーロッパ, 東アジア, ペルシャ湾岸, そして中東の北層（トルコ, イラン, イラク, シリア）と考えられている。

　アメリカの同盟国であり, 中東地域の域内大国の1つであるトルコは, 中東の北層に対するオフショア・バランシングの有力な責任請負国と見なされてき

た。たとえば，イラク戦争後にジョージ・ブッシュ・ジュニア政権が提唱した拡大中東政策やオバマ政権の中東からの撤退において，トルコは地域の安定に貢献する役割が期待された。その一方で，オバマ政権第2期において，アメリカとトルコは中東において利害の不一致が目立つようになった。オバマ政権期にアメリカとトルコの同盟関係に亀裂が入ったと言えるだろう。逆に言えば，両国の同盟関係を考える上で，オバマ政権期は興味深い事例となる。よって，本章の問いは，「オバマ政権期，トルコは中東におけるアメリカのオフショア・バランシングの責任請負国となり得たのか」とする。この問いに答えるために，本章では，オフショア・バランシングの概念を中心に先行研究をまとめた上で，オバマ政権期においてトルコが責任請負国として行動したのかを検証する。

2 オフショア・バランシングの理論的考察

グランド・ストラティジーとしてのオフショア・バランシング

まず，オフショア・バランシングという政策について見ていきたい。オフショア・バランシングは，国際関係論のリアリズムの文脈の中で議論されるようになった概念であり，特にクリストファー・レインとミアシャイマーによって精緻化された。

オフショア・バランシングの概念を最初に提示したのが，レイン（Layne 1997, 86-124）である。彼は，冷戦後の時代に唯一の超大国となったアメリカが，他国に関与するとともに優位に振舞う政策（Preponderance）からオフショア・バランシングへとグランド・ストラティジーを転換させるべきだと主張した。優位に振舞う政策は，アメリカ大陸以外の他地域にアメリカが直接的に力を行使することによって，覇権を確立し，その地域の安定化の責任を負うというものであった。ただし，優位に振舞う政策は，アメリカの相対的なパワーを減少させるとともに，力の直接的な行使を伴うため，他国に受け入れられない可能性が高い。それに対して，他国に当該地域の安定化の役割を委譲するオフショア・バランシングは，近未来の他地域における戦争にアメリカが巻き込まれる

ことを防ぎ，国際システム（国際社会）におけるアメリカの相対的なパワーを高める効果を持つ。2001年9月11日アメリカ同時多発テロの後，ブッシュ・ジュニア政権がアフガニスタン，イラクへの関与の拡大を選択する中でも，さらにオバマ政権がシリア内戦に関与せざるをえなくなる中でも，レインはオフショア・バランシングこそアメリカの理想のグランド・ストラティジーであると一貫して提唱してきた（Layne 2002, 245-247；2015, 19）。レインは単著の中で，オフショア・バランシングを「国際政治が多極構造であることを受け入れたアメリカが，同盟国と責任や負担を分担するのではなく，他国に責任と負担を委譲する戦略」と定義している（レイン 2011, 365-366）。

一方，ミアシャイマーは，オフショア・バランシングを責任転嫁とほぼ同じ意味で使用している。正確には，責任転嫁という戦略を重要な地域に対して行うことがオフショア・バランシングということになる。ミアシャイマーは，オフショア・バランシング／責任転嫁を直接的なバランシングとともに，大国が侵略国を抑止するための政策と見なしている。直接的なバランシングは，大国自ら当該地域に介入するため，戦争に巻き込まれるなど，リスクが伴う（ミアシャイマー 2007, 209）。それに対し，責任転嫁／オフショア・バランシングはリスクが低く，大国にとって採るべき理想的な戦略とミアシャイマーは見ている。

オフショア・バランシングには3つの段階がある。まず，超大国にとって戦略上，最も重要な地域を選定することである。次に，最重要地域以外に関与している地域から軍隊を撤退もしくはその規模を縮小させることである。同時に，そのために当該国（超大国）の利益を担保してくれる責任請負国を確保する必要がある。最後に，最重要地域に当該国の戦力を集中させ，そこでのバランシングに力を入れる。

責任委譲国と責任請負国の関係

ミアシャイマーは，オフショア・バランシングの責任委譲国（バック・パッサー）と責任請負国の関係を定式化した（ミアシャイマー 2007, 209-214）。ミアシャイマーは，責任委譲国による戦略として，以下の4つを提示している。第1の戦略は，責任委譲国は侵略国の注意が常に責任請負国に向くように侵略国と一

定の関係を有しておく，というものである。第2の戦略は，責任委譲国は責任請負国との外交関係を限定的にし，もし責任請負国と侵略国との間に戦争が発生した場合でも巻き込まれることが少ないようにしておく，というものである。第3の戦略は，責任委譲国が防衛費を増大させ，軍事的な装備を固めるなどして侵略国に圧倒的な力の差を見せつけることで侵略国の興味を責任請負国に向けさせる，というものである。第4の戦略は，責任委譲国が責任請負国に軍事的支援を行うなどして，責任請負国の侵略国に対抗できる能力を養う，というものである。

責任請負国の類型として，(1)すでに同盟関係を結ぶ外部の大国が関与する場合，(2)地域大国をはじめとした地域の有力アクターに関与を促す，もしくは手懐ける場合，がある。たとえば，前者には1930年代に東アジアで日本が現状打破国家となった際，アメリカは日本への対応を検討したが，すでにソ連，中国，イギリス，フランスといった他国が日本の封じ込めを図っていたため，アメリカは関与しなかったケースが該当しよう。一般的に後者が採られる場合が多いので，本章でも責任請負国には地域大国が該当するものと仮定する。

ウォルトはアメリカがオフショア・バランシングを展開して守るべき地域として，ヨーロッパ，アジアの工業国（東アジア），ペルシャ湾岸という3つを挙げている（ウォルト 2008, 322）。また，2016年にミアシャイマーとウォルトが発表した共著論文においても上記の3つの地域を対象としている（Mearsheimer and Walt 2016, 71）。一方で，レインは，シリア内戦におけるアメリカの関係についても触れているように，中東の北層のオフショア・バランシングも重要視している（Layne 2015, 19-21）。

ヨーロッパ，東アジア，ペルシャ湾岸がアメリカにとって恒常的に重要な地域であるのに対し，中東の北層は国際秩序の不安定化につながる恐れがある兆候，もしくは事件が起きた際，そしてその後の復興の時期にオフショア・バランシングの対象地域となる。冷戦初期の1950年代，湾岸危機が起きた90年代前半，イラク戦争が起きた2003年からシリア内戦により混迷が深まった現在までの時期，同地域はオフショア・バランシング対象地域となった。

とはいえ，オバマ政権期における最重要地域は東アジアにおける中国の脅威

の台頭を防ぐことであり、これはピヴォット戦略と呼ばれた。アメリカ軍は東アジアの安全保障を最重要視し、東アジアでの中国のバランシングに力を入れた。よって、その他の重要地域、ウォルトやミアシャイマーの考えに沿うと、中東とヨーロッパではアメリカは責任請負国を確保する必要があった。

最後に、オフショア・バランシングの責任請負国となっているかどうかの判断についても検討しておきたい。まず、責任請負国の必要条件は上述したように地域大国かつ同盟国とされる。中東においてこの両方を満たすのは、冷戦後の時期ではサウジアラビア、トルコ、エジプト、イスラエルということになる。それでは、これらの国家が責任請負国となるための十分条件は何であろうか。まずは(1)利益の共有が挙げられる。そして、(2)共通の利益を達成するための手段についての意見の一致も必要となる。また、(3)責任委譲国が責任請負国の内政に干渉しすぎない配慮も必要となる。この3点は、トルコが責任請負国となったかを評価する第5節で再度言及する。

オフショア・バランシングの理論的課題

責任請負国に焦点を当てる本章のような研究は少ない。オフショア・バランシングは、基本的に責任委譲国の視点からの研究がほとんどである。ミアシャイマーの責任請負国の定義は極めて曖昧であり、責任請負国が同盟国なのかどうかすら分類していない。ミアシャイマーは、オフショア・バランシングは侵略国に対抗する措置とだけ考えているが、侵略国に対抗するケースに加え、国際秩序を動揺させる可能性がある地域秩序の乱れに対抗するケースも念頭に置くべきである。ペルシャ湾岸および中東の北層は、後者のケースに当てはまる。

特定の地域の責任請負国の分類に関しては、差し当たり、(1)当該地域の同盟国、(2)共通の脅威認識を持つ同盟国ではない地域大国、(3)共通の脅威認識を持つ同盟国ではない地域の有力アクターに単純化できるだろう。後者の2つは、共通の脅威認識が存在する限りにおいての時限的な協力関係である。

オフショア・バランシングにとって、責任請負国が重要であることは言うまでもないが、レインがオフショア・バランシングと対比している優位に振舞う政策においても責任請負国は一定の役割を果たす。覇権国が直接的に他地域へ

影響力を行使する場合でも，地域大国の支援は必要である。

　また，オフショア・バランシング論を含め，バランシングの理論は構造的リアリズムの範疇で議論されるのが一般的であるが（Parent and Rosato 2015, 54-60），関与と秩序の安定に焦点を当てるリベラリズムの視点も考慮すべきである。オフショア・バランシングは，他国に統治もしくは当該地域の安定化を委譲することで，覇権国の関与を減らし，覇権国の財政的・人的被害を減少させ，軍事力と経済力の維持を目指す戦略である。しかし，関与を減らすことで生じるマイナス点はほとんど検討されていない。特に優位に振舞う政策からオフショア・バランシングに移行する際，つまり，直接的な関与から間接的な関与に移行する際の地域大国および覇権国と同盟関係にあった国の不安感や脅威認識については理論化されていない。リベラリズムの視点はこうした点を補足できるのではないだろうか。

3　中東におけるオフショア・バランシング

中東におけるオフショア・バランシングの史的展開

　アメリカは歴史的に中東地域に対してオフショア・バランシングを展開してきた。オフショア・バランシングを提唱する識者たちは，その対象としてしばしばペルシャ湾岸に言及している。ペルシャ湾岸が重要な地域とされる所以はその石油である。1970年代の石油危機に顕著なように，ペルシャ湾岸の石油の流れは世界経済を混乱させる可能性がある。近年はシェールガス革命によってペルシャ湾岸の石油の重要性が相対的に低下しているが，依然としてその石油資源は国際政治の安定にとって不可欠である。アメリカはナセル主義への対抗戦略として1950年代からサウジアラビアを重用してきた。1970年代前半に石油危機を経験する中で，アメリカはイランとサウジアラビアを軸とする「二柱政策」を展開し，1979年のイラン革命後は石油の安定供給のためにサウジアラビア，そしてイランの封じ込めのためにイラクを支援するものの，直接同地域に関与しない「水平線のかなた」戦略を採用した（立山 2014, 22）。

　とはいえ，中東の重要性はペルシャ湾岸に限定されない。小野沢は1950年代

のアメリカの中東外交を包括的かつ詳細に論じた大著『幻の同盟』において，アメリカが冷戦期に中東に展開したオフショア・バランシングを2つに大別している（小野沢 2016, 1205-1206）。第1に，アメリカが1958年以前に採ったオフショア・バランシングは，中東地域を西側陣営の一角に組み込む形で展開された。これはたとえば，1955年に調印されたバグダード条約のように，NATOと連動しながらソ連を中心とした東側に対抗する安全保障機構の確立が目指された。言い換えれば，この時期の中東のオフショア・バランシングはアメリカを中心とした「封じ込め」政策の一端を担うものであった。1958年以前，アメリカは，中東全体を政治的・経済的・軍事的に西側陣営に統合するという目標の下，直接的なバランシングを達成する過程の前段階として，オフショア・バランシングを一時的に活用した。

それに対し，イラクが脱退し，バグダード条約機構が崩壊した1958年以降の中東に対するアメリカのオフショア・バランシングは西側諸国の戦略とは切り離され，あくまで石油の確保とソ連が中東地域を支配することを防ぐ，という2点に注力されることになった。これが2つ目のオフショア・バランシングである。

後者は，各時代において微調整がなされたものの，冷戦構造が崩壊するまで一貫して展開された。石油の確保に関しては主にイランとサウジアラビアを中心とするペルシャ湾岸，ソ連の支配を防ぐことに関しては，中東の北層に位置するトルコとイランがその対象となった。言い換えれば，責任委譲国であるアメリカから見て，トルコ，サウジアラビア，イランが主要な責任請負国であった。この時期，アメリカは中東への将来的な直接的なバランシングを想定せず，オフショア・バランシングを基本的な政策として採用することとした。

アメリカの中東地域に対するオフショア・バランシングはイラン革命によってイランが反米勢力に転じ，イランの主要な対抗国であったイラクをアメリカが支持しはじめた辺りから次第に劣化し，1990年8月に起きた，イラクのクウェート侵攻による湾岸危機によって破綻した。なぜなら，湾岸危機以降，アメリカは中東地域に直接関与する政策を展開することを余儀なくされたからである。もちろん，この直接的な関与政策も各政権によってその関与の濃淡が異な

っている。ブッシュ・シニア政権、そしてその後のビル・クリントン政権は限定的な関与に留まった(2)。それに対し、ブッシュ・ジュニア政権は、2001年9月11日アメリカ同時多発テロの影響もあり、2003年のイラク戦争とその後のイラクへのアメリカ軍の駐留と国家建設への関与に見られるように全面的な関与を展開した。しかし、イラクへの駐留は多くの犠牲、さらにはその後イスラーム国（IS）を生み出す土壌を作り出したという点で明らかな失敗であった。

責任請負国としてのトルコの位置づけ

アメリカのオフショア・バランシングにおけるトルコの位置づけは、冷戦期、ソ連封じ込めに関して、その責任請負国であった。特に1958年以前の時期、NATO加盟国であり、バグダード条約機構の中心国の1つであったトルコの重要性はアメリカにとっても高かった。1959年以降もソ連封じ込めの要の1つであったことは間違いないが、中東における責任請負国としての重要性は次第に低下した。「低下した」と言う表現は、二重の意味を持つ。1点目に、とりわけキューバ危機以降、相対的にソ連の封じ込めよりも石油の確保の方が重要となり、イランとサウジアラビアの責任請負国としての役割が増加したためである。これはキューバ危機後、アメリカとソ連の間にホットラインがつながり、米ソ間のデタント（緊張緩和）が本格化したためでもあった。その象徴が1963年の第一次キプロス紛争の勃発とトルコのキプロスへの介入決定を受けてのリンドン・ジョンソン大統領のイスメット・イノニュ首相宛ての書簡であった。その内容は、もしトルコがキプロスに介入するのであれば、NATO加盟国のトルコがソ連から攻撃を受けても、アメリカは集団安全保障を行使しないというものであった。トルコとアメリカの同盟関係は共通の脅威認識によって強まる傾向にあり、ソ連とアメリカの関係が好転したデタント期にはアメリカにとって、トルコの重要性が相対的に低下した(3)。1974年の第二次キプロス紛争に際して、アメリカのジェラルド・フォード政権はトルコへの軍事援助と軍備品の売却の禁止を決定するなど、やはり厳しい対応をとった。

2点目に、トルコが中東よりもヨーロッパの防衛を担う国家としてアメリカに認識されていたことである。NATO加盟国であるトルコは、中東の北層の

国としてではなく，南東欧の国としてアメリカの戦略に組み込まれていた。

しかし，冷戦構造が崩壊する前後に起きた湾岸危機は，トルコの中東地域に対する戦略的な重要性をアメリカに刷り込ませた。湾岸危機での基地使用の許可，湾岸戦争後，イラクの飛行禁止区域設置への貢献，そしてイラク戦争後に立ち上げられた拡大中東政策における貢献が，それに当たった。[4]

湾岸危機とそれに関する一連の貢献が軍事分野に限定されていたのに対し，ブッシュ・ジュニア政権下での拡大中東政策は中東における民主化の促進を目的としており，そこにおけるトルコの協力は，オバマ政権下でも有力な責任請負国と見なされる下地を作った。

拡大中東政策は2004年6月にアメリカのジョージア州，シーアイランドで行われたG8サミットにおいて発表された，主に中東地域の政治的発展と改革，自由主義経済への移行を目的とした多国間の枠組みである。拡大中東政策の柱の1つに「民主主義の発展」が謳われており，その中核となったのが「未来のためのフォーラム」であった。「未来のためのフォーラム」は，民主主義支援対話，識字率の向上，中小企業支援，起業支援センターの設立，マイクロファイナンスのためのセンター設立，投資の拡大という6つの分野における活動が主体であった。トルコはイタリア，イエメンとともに2004年の12月にラバトで開催された拡大中東政策の第1回会議で設立された民主主義支援対話における主導国となり，女性の地位向上，政党と選挙プロセスの強化に努めた。拡大中東政策とその下部組織である民主主義支援対話は，アメリカのイラク政策が行き詰まりを見せ，中東地域でアンチ・アメリカニズムが高まると機能不全に陥った。一方で，国内で民主化が進展し，中東の民主化にも積極的であったトルコは中東諸国およびアメリカの両方から好意的に見られた。

このように，トルコはアメリカにとって，オフショア・バランシングと優位に振舞う政策の両方の戦略下において責任請負国と認知されてきた。次節では，オバマ政権が志向したオフショア・バランシング下における両国の関係について見ていきたい。

4　事例研究——オバマ政権下での公正発展党の域内外交

オフショア・バランサーを志向したオバマ政権

オバマ政権は第1期および第2期ともに程度の差こそあれ，中東におけるオフショア・バランシングを模索かつ実施した。ファワズ・ゲーゲスやマーク・リンチが指摘しているように，オバマ大統領は，限られた資源と能力を活用して適切な規模（rightsizing）での関与を志向した（Gerges 2013, 301；Lynch 2015, 18-27）。また，アジア・太平洋地域に対するピヴォット政策を打ち出し，同地域を重視するとともに，中東に関してはイラクからの米軍の撤退を最優先するなど，限定的な関与を打ち出した。

それでは責任請負国となる国はどこだったのだろうか。該当するのは中東地域におけるアメリカの同盟国，つまり，トルコ，サウジアラビア，エジプト，イスラエルが候補として考えられた。ただし，どの諸国家も1国だけでアメリカの利益を満たすことはできない。よって，アメリカは複数の責任請負国との同盟関係を通して，責任を委譲させてきた。オバマ政権の外交の一般的な特徴として，先述したゲーゲスは，適正規模での関与に加え，敵対する国家とは交渉しない点，抽象的なモラルや軍事力ではなく，利益を重視する点，アメリカの内政や経済状況を考慮して政策を立案する点を挙げている（Gerges 2013, 301-302）。また，オバマ大統領はリベラルな国際秩序，端的に言えば，ソフトパワーによる民主主義国の拡大も重視した（Rose 2015, 7）。オバマ大統領が2009年6月にエジプトのカイロ大学において行った，対中東の指針を示した演説にもそうした姿勢が表れている。この演説において，オバマ大統領は次の点を強調した。

第1に，暴力による攻撃，特にアメリカに対する攻撃は許容しないという点である。しかし，もし必要ないのであれば，アフガニスタンやイラクから米軍を撤退させる可能性があること，アメリカはイラクにおいて後援者ではなく，あくまで支援者であることも付言した。第2に，パレスチナとイスラエルの中東和平を二国家解決案で進めることを宣言した。第3に，核兵器をめぐる各国

第7章　外 交

の権利と責任について触れ，特にイランが国際社会におけるルールと義務を守るのであれば核開発は権利として進めることは可能だと説いた。第4に，各国の政治の伝統を尊重するが，選挙を通じた民主主義こそ国民の意見を尊重するものであり，安定した政権運営には必要であるということを述べた。第5に，信教の自由，第6に女性の権利，第7に経済開発とその機会について触れている。このオバマ大統領の諸指針，特に民主主義の必要性の強調は，同盟国の中でも権威主義に分類されるサウジアラビアとエジプトの政府に警戒心を抱かせるものであり，一方でリベラルな手法を駆使して秩序安定化を目指していたトルコの政策とは共鳴するものであった。また，アフガニスタンやイラクの復興に関して，アメリカはあくまで支援者であり，直接的にはイラク中央政府，そして地域大国が復興の中心となるべきという考えは，段階的にではあるが，クリントンとブッシュ・ジュニア時代の優位に振舞う政策からオフショア・バランサーへの転換を意図したものでもあった。

公正発展党の外交ドクトリン

　アメリカの責任請負国の1つであるトルコにおいて，2002年11月～2018年12月現在まで親イスラーム政党である公正発展党が第一党の座を維持している。トルコが中東において責任請負国となっているかを検討するために，まずは公正発展党の外交ドクトリンについて素描しておきたい。2002年11月に与党となった公正発展党の外交を2016年5月まで牽引したのがダヴトオールであった。[5] ダヴトオールは「秩序」を鍵概念として，複合的な外交アプローチを採った。「アラブの春」以前，その核となっていたのは，2004年2月にラディカル紙に掲載された「トルコは中心国となるべきだ」という論説で表明された，自由と安全保障のバランス，近隣諸国とのゼロ・プロブレム，多様な側面かつ多様なトラック（経路）による外交，地域大国として近隣諸国への間接的な影響力行使，リズム外交，という5つの原則であった（Davutoğlu 2004）。[6] 自由と安全保障のバランスとは，安全保障政策と市民の自由を両立することであった。ダヴトオールは，2001年9月11日のアメリカ同時多発テロ以降，多くの国がテロ対策など安全保障政策を追求する中で，市民の自由が制限されるケースが増加し

たが，この2つは両立されなければならないと主張した。近隣諸国とのゼロ・プロブレムとは，できるだけすべての近隣諸国と関係を良好に保つことを目指す外交であった。多様な側面かつ多様なトラックによる外交とは，冷戦期に安全保障だけを重視し，外交ルートも政府間交渉に限られていたトルコの外交姿勢を反省し，経済や文化など多様なイシューを扱い，官僚機構，経済組織，NGOなど多様なトラックを外交カードとして使用することを目指すものであった。近隣諸国への間接的な影響力の行使とは，地域大国として周辺各国と良好な関係を保つだけでなく，様々な地域機構に所属し，重要な役割を担うことで間接的な影響力を高めることを目指す外交であった。リズム外交とは，冷戦後に急速に変化した国際情勢に際して，トルコが冷戦期と変わらない静的な外交を採り続けたことを反省し，積極的に新たな状況に適応する動的な外交を指すものであった。

　5つの原則に見られるように，「アラブの春」以前の公正発展党の外交ドクトリンの基軸は地域秩序の安定であった。シリアとの間での関係改善に象徴的なように，権威主義国家であっても友好関係を取り結ぶ「現状維持」がその特徴であった。また，地域秩序の安定化と同時にダヴトオールは国際秩序への貢献という点も考慮に入れた。ダヴトオールが目指したのは，トルコが地域秩序の安定に寄与することで，国際社会での存在感も高めることであった。

　「アラブの春」後のトルコの外交方針に関して，ダヴトオールは2012年4月に新たに4つの原則を提示した（Davutoǧlu 2012, 4-7）。第1の原則は，「価値を基盤とした外交」である。「価値を基盤とした外交」とは，「トルコは国益を追求するだけではなく，グローバルアクターの責任として，国際社会の普遍的な価値のために予防外交，仲介，紛争解決，開発援助といった機能を果たすべきであり，地域において自由と民主主義を追求する」外交である。第2の原則は，「賢い国家」の実現である。賢い国家とは，ダヴトオールによると，「世界におけるグローバルな問題に耳を傾け，前もって準備し対策を立て，代替案を提示することができる国家，世界の周辺地域においてより多くの危機が起こる前にその危機を察知でき，仲介外交によって常に地域においてその問題の解決をもたらすことができる国家」のことである。第3の原則は，他国から自立した外

第7章 外交

交である。これは，トルコの社会とエリートの間に蔓延している劣等感を取り払い，自分たちの国益を優先した外交を展開することである。第4の原則は，「先を見越した外交」である。これは，外交の長期的な展望を持つことを意味し，地域の危機管理政策で積極的な役割を果たし，長期的には民主主義と経済的相互依存をもたらし，グローバルなレベルで秩序に貢献することを目指す外交である。

「アラブの春」以前は，地域秩序の安定を保つため，権威主義諸国とも友好関係を取り結んだが，「アラブの春」以降は，権威主義国家との関係を許容しない形での地域秩序の安定化を目指している。ダヴトオールはトルコが中東・北アフリカ地域において「秩序を制定する役割」を果たせると主張する。このように，「アラブの春」以前の公正発展党の外交ドクトリンが「現状維持」を前提とした地域安定化を模索する政策だったのに対し，「アラブの春」以降のダヴトオール・ドクトリンは「現状打破」を前提とした地域安定化を模索する政策，そしてグローバル秩序への貢献を強調する政策へと変化した。

オバマ政権第1期（2009～12年）のトルコとアメリカの関係

オバマ政権第1期において，トルコ政府との関係は非常に良好であった。それは，核の廃絶，多国間主義，民主主義などいわゆる「リベラル国際主義」の根幹を形成する諸要素を重視するオバマ政権と，中東域内秩序の安定化を仲介や制度構築などリベラルな手法で図ろうとした公正発展党政権とは相性が良かったためである。とはいえイランの核開発に関しては，双方が解決に向けて取り組んだものの，オバマ政権はあくまで安全保障理事会の常任理事国にドイツを加えたP5＋1主導による解決を最優先とした。一方で公正発展党政権とオバマ政権は「アラブの春」に対しては民衆による民主化を支持するというコンセンサスが一致していた。

事例1：思惑が一致しなかったイラン核開発交渉　2009年9月26日にコム郊外で2カ所目のウラン濃縮施設を建設中であることが明らかになり，イランへの風当たりが強まっていた。2009年11月に国際原子力機関（IAEA）はイランに対して，第三国にウランを移送し，そこでウラニウムで保管する案を提示した

167

が，イラン側はこの案を拒否した。2010年4月の核安全保障サミットにおいて，P5+1の国々は，イランに対する新たな制裁を加えることを検討した。こうした中，制裁には反対の立場を採るトルコがブラジルとともに積極的な活動を展開した。ダヴトオール外相は，あくまで「イランの核開発問題は最後まで外交による解決を目指し，関与を継続していく必要がある」と強調した。トルコとブラジルが目指した解決案は，2009年11月にイランが拒否したトルコへのウラニウム移送案であった。2010年5月半ばにトルコ，ブラジル，イランの3カ国間でイランの核開発に関する妥協案が調印された。この妥協案では，(1)イランは1週間以内にIAEAにウラン搬送の用意があることを通告する，(2)アメリカ，フランス，ロシアの合意を得られれば，1カ月以内に濃度3.5%のウラン1200キログラムをトルコに移送する，(3)IAEAの監視下でウランを保管，濃度20%の医療用実験炉燃料120キログラムと交換する，というものであった。ダヴトオール外相は，「もはやこれ以上イランに対して新たな制裁を課す必要はない」と述べた。しかし，翌日，ヒラリー・クリントン国務長官が「安全保障理事会の常任理事国にドイツを加えた6カ国は，イランの核開発疑惑に対して新たな制裁を課すことに合意した」と述べた。これを受け，エルドアン首相は，5月20日にオバマ大統領とロシアのウラジミール・プーチン大統領と電話で会談し，P5+1の国々に対して，トルコとブラジルの妥協案を了承するように求めた。これに対してオバマ大統領は，「イランとの間ではまだ信頼関係が構築されていない」と述べ，新たな国連安保理決議の交渉を続けることをエルドアン首相に告げた。イランは5月24日に正式にIAEAにトルコ，ブラジルとの妥協案を提出した。しかし，6月9日に対イラン経済制裁のための安保理決議1929が可決され，トルコとブラジルがイランと調印した妥協案は有効性が失われた。

　イランの核開発に関するトルコとブラジルの妥協案が失敗した理由は，両国がイランとの協議は十分に行ったのに対し，P5+1の国々，特にその中心であるアメリカと十分に協議できていなかったことが挙げられる。ただ，いずれにせよ，アメリカはイランの核開発問題に関してはあくまでP5+1の枠組みに固執した可能性が高かった。イラン核開発交渉に関しては，アメリカ，トルコ

第7章 外交

ともに中東域内の秩序安定化, つまりイランの核の平和利用という認識は共有していたが, そのアプローチは異なっていた。そのため, イランの核開発交渉において, トルコはアメリカの責任請負国とはならなかった。

事例2：思惑が一致した「アラブの春」への対応

次に, 「アラブの春」において両国がどのような対応を見せたのか確認していきたい。オバマ政権はエジプトでデモが発生してから, 一貫して「暴力に反対し, 抑制を求め, 普遍的な権利を支持し, エジプト内における政治改革を進める具体的ステップを支持する」というスタンスをとった（三上 2012, 113-114）[8]。上述したように, トルコは「アラブの春」以前は地域秩序の安定化を最優先し, そのためには権威主義体制の国々と協力する姿勢を打ち出してきたが, 「アラブの春」の勃発を受け, 民主化を志向する人々およびその母体となる勢力を支持する姿勢を明確に打ち出した。このように, トルコとオバマ政権の間で, 「アラブの春」において, 民主化を標榜する民衆を支持するというコンセンサスが一致していた。

両国の足並みが揃っていることはエジプトに対する対応で確認された。エジプトでの民衆蜂起に際してエルドアン首相はオバマ大統領と2011年1月29日に電話会談を行い, ホスニ・ムバラク大統領に退陣を要求することを確認, 2月1日にムバラク大統領と電話会談し, 退陣するよう直接勧告した（Hürriyet 30 Ocak 2011 ; 1 Şubat 2011）。また, オバマ政権は, トルコが民主化を標榜する国のモデル・ケースになると考えていた。このいわゆる「トルコ・モデル」は, 公正発展党がトルコにおいて実践した, 正当性調達過程であった。親イスラーム政党でありながら, 近代的な政党化に成功している点, 一部の敬虔なムスリム以外の人々も支持層に取り込んでいる点, 宗教的規範を保守的な価値観に置き換えている点, 新自由主義への対応, 憲法・議会・選挙を通じた国民の承認獲得, 外圧または民主化によって軍部の抑制に成功している点, 弱者救済を積極的に行っている点などが「トルコ・モデル」の核として指摘できる（Roy 2012, 13）。

一方で, 「アラブの春」は中東におけるアメリカの他の同盟国であるエジプトの政権基盤を揺るがすものであり, トルコが地域秩序の「現状打破」を目指したのに対し, エジプト, 特に軍部は当然のことながら「現状維持」を志向し

ていた。また，アメリカの同盟国であるサウジアラビアにも「アラブの春」の影響は波及した。

　エジプトは2011年の「1月25日革命」によってムバラク政権が転覆し，ムスリム同胞団の政党である「自由公正党」が議会選挙で第一党となり，2012年6月には同党のムハンマド・ムルシーが大統領に就任した。エルドアン政権はムスリム同胞団とのつながりが深く，ムスリム同胞団が「トルコ・モデル」を採用し，安定した国家運営を行っていくことを期待していた。さらにムルシー大統領は2012年12月26日に新憲法を発布した。こうしたムスリム同胞団の急速な権力掌握は，既得権益を持つ軍および世俗主義者にとって脅威に映り，結果的に軍のクーデターを招くことになった。(9)

　一方，サウジアラビアは2011年1月28日から数回のデモが起きたものの，政府が人々の不満を解消するための経済政策を早急に打ち出したりしたことで，デモも過激化せず，事態はおおむね短期間で収束した（辻上 2013, 75-76）(10)。しかし，サウジアラビアの隣国バハレーンにおけるデモは大規模化し，2011年3月にはバハレーン政府の要請に応じてサウジアラビアを中心とした「湾岸の盾軍」が派兵される事態にまで発展した（辻上 2013, 74）。湾岸の盾軍は同年6月に撤退したが，その後もバハレーンではデモの中心となったシーア派住民の不満はなかなか解消されなかった。すぐに下火になったものの，サウジアラビア国内でのデモ，そして大規模化・長期化した隣国バハレーンのデモは，サウジアラビアにとって看過できない現象であった。このように，オバマ政権は中東における同盟国間で，既存の秩序打破を目指すトルコと秩序維持を目指すサウジアラビアとエジプトの間の板挟みとなった。

オバマ政権第2期（2013～16年）のトルコとアメリカの関係

　第1期のオバマ政権はイラクからの米軍の撤退を進めるなど，次第に中東への関与を減らそうとした。第2期のオバマ政権は，イランとの関係改善には積極的であったものの，中東への関与をさらに弱めたいと考えた。しかし，シリア内戦の勃発，とりわけISの台頭により，アメリカは中東から簡単に手を引けなくなった。一方，中東の域内国家は，域内から撤退を進めるアメリカがシ

リア内戦をはじめとした中東の地域秩序の安定化への貢献度が低下していると捉えている。トルコ政府とオバマ政権の関係も，オバマ政権第1期に比べ，第2期は停滞した。トルコとオバマ政権の関係が目に見えて悪化するのは2013年夏以降である。両者の関係に直接影響を与えたのは，(1)アサド政権の化学兵器の使用に対するアメリカの対応，(2)エジプトでのアブドルファッターフ・シーシー政権の誕生，(3)シリアにおけるクルド勢力の台頭，(4)トルコにおけるクーデタ未遂事件に関するアメリカの対応，であった。

事例1：アサド政権の化学兵器使用疑惑をめぐる両国の関係　オバマ大統領は2012年7月にアサド政権の化学兵器使用疑惑が取りざたされると，同年8月に同政権の化学兵器使用をシリアへの介入のレッドラインと公言した。2012年12月には，ホムスでアサド政権が化学兵器を使用した可能性が浮上した。2013年3月にはアレッポとダマスカスの近郊で再度，アサド政権の化学兵器使用が疑われた。その際，アサド政権は反体制派が化学兵器を使用したと反論している。オバマ大統領は「化学兵器はシリア内戦のゲーム・チェンジャーだ」と述べ，再度アサド政権の化学兵器使用を牽制した。同年8月21日にダマスカス近郊でアサド政権による化学兵器使用の疑惑が浮上した際，トルコはアサド政権がレッドラインを越えたとして，アメリカがシリアに直接介入すべきであると強く主張した。しかし，オバマ大統領は動かず，最終的にロシアの仲介を受け入れ，アサド政権への制裁を見送った。オバマ大統領の対応にトルコ政府は大きく失望した。こうしたオバマ政権の「消極的な」態度は，中東における同盟国——イスラエル，サウジアラビア，トルコ，エジプトといった国々——にアメリカは中東から撤退するのではないかという不安感と不満を与えることとなった。

事例2：エジプトのシーシー政権をめぐる両国の関係　オバマ政権第1期の部分で説明したように，「アラブの春」の際には明確に現状打破を支持したオバマ政権であったが，その姿勢は次第に揺らいだ。2013年6月30日に，シーシー国防大臣を中心とする軍部がムルシー政権に対して退陣を迫ったが，ムルシー大統領がこれを拒否したため，軍は7月初旬に実権を掌握，ムルシー政権は転覆した。この軍部による政権転覆は，ムルシー政権と良好な関係にあるとともに，選挙による政権交代を民主主義の根幹と位置づける公正発展党政権にと

って，受け入れられないものであった。オバマ政権もクーデタという手段による政権奪取は民主的ではないとして，当初は関係を硬化させた（長沢 2015, 13）。たとえば，2013年9月に予定されていた合同軍事演習を中止し，10月に米国議会はエジプトへの資金援助，そしてアパッチ・ヘリコプターなどの軍事援助の供与中止を決定した。しかし，政権転覆から1年経った2014年7月に一部の援助が支給されるようになり，同年9月にはジョン・ケリー国務長官がエジプトを公式訪問するなど，次第にその関係を正常化させた。

事例3：シリアのクルド勢力をめぐる両国の関係　2014年9月～2015年1月にかけてのISと有志連合の全面的な支援を受けたクルド人とのコバニ（アイン＝アラブ）をめぐる戦いは，ISと国際社会が対峙した初めての本格的な戦闘となった。北シリアのクルド人は民主統一党（PYD）と，その武装組織である人民防衛隊（YPG）を中心に，PYDとの関係が深いと見られているトルコのクルディスタン労働者党（PKK），そしてイラクのクルド人兵士であるペシュメルガから構成された。このコバニの戦闘に際して，トルコは最も近い位置にありながら，静観もしくは消極的な関与に終始した。トルコ政府がコバニの戦闘に消極的だった理由は，PYDへの警戒である。トルコの大手世論調査会社であるメトロポール社が2014年10月にトルコ国内を対象に実施した調査における「あなたは，トルコにとってISとPKKのどちらがより脅威と考えますか」という質問で，ISと答えた人は41.6%，「PKK」と答えた人は43.7%となっており，わずかながらPKKの方がより脅威と見なされているという結果が出ている。この調査結果に明らかなように，トルコ国民のPKK，そしてPKKの関連組織と認識されているPYDへの脅威認識は高く，トルコ政府も安易にPYDを支援することはできなかった。また，シリア内戦に際して他のクルド人組織が反体制側に与したのに対し，PYDは基本的にアサド政権側に付いたこともトルコ政府にとって受け入れられない点であった。2014年10月5日にPYDの共同代表であるサリフ・ムスリムは秘密裏にアンカラを訪問し，ダヴトオール首相や国家情報局（MİT）の代表者等と会談した。その際，トルコ側はムスリムに自由シリア軍への参加を促したと報じられている。しかし，その後，ムスリムはトルコ政府のISへの対応を批判しており，両者の歩みよりは

失敗に終わったと見られる。トルコ政府は有志連合のYPGに対する武器援助に強く反対した。なぜなら、トルコ政府はYPGに提供された武器がPKKやアサド政権に渡る可能性を危惧していたためである。トルコ政府は難しい立場の中、IS対策に前向きな姿勢も見せている。10月2日にイラクとシリアで活動するテロ組織に対する武力行使と外国軍のトルコへの駐留に関する決議を採択するとともに、同月20日にはペシュメルガのトルコ越境を許可した。また、11月中旬にはトルコとアメリカが少なくとも2000人のシリア反体制派の兵士をアンカラに近いクルシェヒルのヒルファンル軍事訓練センターでトルコ軍とアメリカ軍によって訓練することでも合意した。しかし、最終的に2015年1月26日にクルド勢力がコバニでの勝利を宣言した時点で、トルコ軍はISとの戦闘には参加しておらず、トルコ政府は150名のペシュメルガのトルコ領内の通過を認めたにすぎなかった。

　一方でアメリカはPYDおよびYPGを積極的に支援していくことになる。アメリカはPKKをテロリスト集団と認定しているが、PYDおよびYPGはPKKとは関係がないという立場をとった。アメリカはコバニ争奪戦以降、PYDおよびYPGに武器および物資の提供を行うようになった。また、アメリカ軍の一部がPYDおよびYPGに対して軍事訓練を実施したと言われている。トルコ政府は、自分たちが強く反対しているにもかかわらず、アメリカがPYDおよびYPGを積極的に支援してきたことに不快感を示した。

事例4：トルコにおけるクーデタ未遂事件をめぐる両国の関係

　トルコのアメリカに対する不信感は、トルコで起きた2016年7月15日のクーデタ未遂事件以降、さらに強まることになる。この背景には2つの出来事があった。まず、クーデタ未遂事件の黒幕がアメリカだったという疑惑である。これは、クーデタ未遂の前日である7月15日にイスタンブルの島でイランに関するワークショップが開催され、そこにアメリカ人の中東研究者、ヘンリー・バーケイが参加していた。そして、そのワークショップがクーデタの決行に関するものだったとその後、疑われることになった。この点に関して、真偽のほどは不明であるが、トルコ政府の中でそうした意見が有力視されていることは事実である。トルコ側がアメリカの対応を批判している2つ目の出来事は、クーデタの黒幕と

言われているフェトフッラー・ギュレン師がアメリカのペンシルヴァニアに在住しており，クーデタ未遂事件後にアメリカ側がトルコのギュレン師引き渡しに十分に応じていないという点である。これはオバマ政権から現在のトランプ政権に至るまで続いている問題である。このように，オバマ政権第2期になり，トルコとアメリカの間の溝は確実に深くなった。

5　評　価——オバマ政権下でトルコは責任請負国だったのか

　それでは，オバマ政権下でトルコは責任請負国の役割を果たしたのだろうか。この問いに対する答えは，第2節で論じた責任請負国の必要十分条件の十分条件に照らし合わせて検討してみたい。必要条件である同盟国もしくは地域大国という点を，対象国として取り上げるトルコは満たしているので，ここでは問題としない。前述した十分条件は，(1)利益の共有，(2)手段に関する共通理解，(3)責任委譲国の責任請負国の内政への配慮，という3点であった。
　まず，オバマ政権第1期における，トルコのイラン核開発に関する仲介を検討しよう。先述したように，トルコはブラジルとともにP5＋1の枠組みとは別にイランの核開発を抑制する措置を進め，イランからも合意を取りつけたが，オバマ政権はこのトルコの行動を評価しなかった。中東秩序の安定化の委譲という点ではトルコの行動は十分評価できるものであったが，オバマ政権はイランの核開発という国際社会全体にインパクトを与える問題については，アメリカおよびP5主導で進めたいと考えていた。これは責任請負国であるトルコと責任委譲国であるアメリカの間の利害調整がうまく機能しなかった事例で，特にその手段に関して一致しなかった事例であった。ここからオフショア・バランシングの難しさが見て取れる。責任委譲国は，ある地域への関与を減退する場合でも，当該地域のすべての問題を責任請負国に委譲するわけではない。責任委譲国は委譲する問題を選択する。しかし，一方の責任請負国は委譲された地域のすべての問題に関与することで地域および国際的な存在感を高めることを志向しがちである。責任委譲国と責任請負国は密な利害調整が不可欠となる。
　オバマ政権第1期に起きた「アラブの春」は，オバマ大統領の中東における

民主化拡大を浸透させる絶好のチャンスであった。しかし，その試みは結果として失敗に終わり，「アラブの春」が起きた諸国家で体制移行に成功したのはチュニジアのみであり，そのチュニジアにしても IS へ多くの若者が加入するなど，今後の体制の安定に不安が見られる。「アラブの春」によってオバマ政権は，サウジアラビアやエジプトといったその動きに反対した同盟国とその動きを支持した同盟国トルコとの間の板挟みとなった。当初は利益を共有していたアメリカとトルコであったが，アメリカの他の同盟国への配慮もあり，次第にトルコとの利益共有が難しくなった。

オバマ政権第1期は，「アラブの春」後の中東情勢に関して，トルコは一時的に責任請負国としての役割を果たした。また，イランの核開発の交渉に関しても，手段は異なっていたが，利害は共通していたと言えよう。

オバマ政権第2期，両国関係はより一層難しくなる。アサド政権の化学兵器使用疑惑に際してのオバマ政権の曖昧な態度，そしてクーデタという強硬手段で政権を獲得したにもかかわらず，オバマ政権がシーシー政権を支持するようになった出来事に関して，両国の利害は一致しなかった。それはアメリカのクルド勢力の支援も同様であった。加えて，アメリカのクルド勢力への支援とクーデタ未遂事件に関連したギュレン師の引き渡し拒否は，トルコにとっては内政問題への干渉と考えられた。このように，オバマ政権第2期，トルコは責任請負国とはならなかった。

6　オフショア・バランシングの課題

本章では，オフショア・バランシングの概念を中心に先行研究をまとめた上で，オバマ政権期においてトルコが責任請負国として行動したのかを検証してきた。本章を通じて明らかになったことは，オフショア・バランシングは一見単純な戦略に見えるが，その運用には細やかな配慮が必要だという点である。オバマ政権はその細やかな配慮に欠けていた。その配慮は，大きく2点に区別できる。まずは，アメリカがある地域への関与を減らすことで，秩序維持もしくはその安定化に与える影響を十分に考慮すべきだということである。それは，

単に秩序に与える影響に留まらず，その地域への同盟国との信頼関係にも波及する問題である。2点目は，責任請負国の内政への配慮である。本章の事例で明らかになったことは，特にシリア内戦をめぐる問題で，オバマ政権のトルコへの配慮が欠けていたことが，トルコのアメリカへの不信を増大させた。ミアシャイマーは，責任委譲国が常に責任請負国を出し抜くことを戦略の1つとして挙げているが，これは完全に超大国およびその国に所属する研究者の欺瞞的な発言と言えるだろう。

イランの核開発問題，そしてシリア内戦でのアメリカのトルコへの対応は，責任請負国と責任委譲国の間で共通の利益があっても，その解決の仕方，関与の仕方で両国関係が悪化し，容易にオフショア・バランシングは破綻することを示した事例である。ISが台頭して以降，オバマ政権およびその後のトランプ政権はトルコよりもシリアのクルド勢力に責任委譲国の役割を期待しており，このことがさらにトルコの対米不信を強めた。

オフショア・バランシングの今後の研究課題は，本章のように，事例研究を積み重ねることによって，どのような場合，責任請負国と責任委譲国の間の関係が悪化，さらには破綻するかを明らかにすることである。構造的リアリストの論考は，常に責任請負国の視点で，成功例しか扱っていない。責任委譲国の視点と失敗の事例を検証することによって，オフショア・バランシングの成功に不可欠な責任請負国と責任委譲国の間のより細やかな関係を明らかにすることができるはずである。

注
(1) 国際関係論で定義される大国は，他地域にも影響を及ぼすことができる国家であり，本章では大国と域外大国を同一のものとして扱う。一方で，域内大国は，ある特定の地域内においてのみ大国と見なされる国家のことであり，国際社会全体では大国と見なされない国家のことを指す。
(2) ただし，ブッシュ・シニア政権は湾岸危機後にサウジアラビアに軍を駐留させ，これがアル＝カーイダのアメリカ攻撃の遠因となった。
(3) キューバ危機以前からトルコ政府はアメリカに対して不信感が芽生えていた。たとえば，1959年9月のジュピター・ミサイルのトルコ領内のチーリ基地への配備，米軍の偵察機U2がインジルリック基地から飛び立った後，ソ連領内を偵察飛行中，ソ連によっ

⑷　これらの諸点については今井（2015）を参照。2003年のイラク戦争に関しては、トルコ大国民議会において有志連合にトルコ領内の基地を提供することが否決され、実質的な軍事的貢献はなかったので取り上げなかった。

⑸　元々、大学で国際関係論を講じていたダヴトオールは2002年12月に首相の外交アドヴァイザーに就任し、2009年5月〜2014年8月までは外務大臣、そして2016年5月までは首相を歴任した。

⑹　5つの原則についてダヴトオールが初めて言及したのは、2004年2月19日に放送されたCNN Türkにおいてであった。

⑺　ただし、オバマ政権は「リベラル国際主義」だけに根差していただけでなく、効果的なパワーの活用、他国との協調を図っての武力行使も同時に選択肢に入れていたと考えられる（上村 2009, 51-73）。

⑻　一方で三上が指摘しているように、米軍はエジプト軍と緊密に連絡を取り合い、デモおよび政権移行が平和裏に実施されるよう促したと見られている（三上 2012, 114）。

⑼　また、ムルシー政権は、1月25日革命以降の経済停滞を打破することができなかった。

⑽　ただし、サウジアラビア東部の村（アワーミーヤ）では警察との対立が解消されないなど、いまだに「アラブの春」の影響は残っている。

参考文献

今井宏平（2015）『中東秩序をめぐる現代トルコ外交——平和と安定の模索』ミネルヴァ書房。

ウォルト、スティーヴン、奥山真司訳（2008）『米国世界戦略の核心——世界は「アメリカン・パワー」を制御できるか？』五月書房。

上村直樹（2009）「オバマ政権と変革の課題——対外政策、特にラテンアメリカ政策を中心とした歴史的視点からの考察」『立教アメリカンスタディーズ』31：51-73。

小野沢透（2016）『幻の同盟——冷戦初期アメリカの中東政策（上・下）』名古屋大学出版会。

立山良司（2014）「オバマ政権の『中東離れ』と増大する域内の不安」『国際問題』630：16-25。

辻上奈美江（2013）「湾岸諸国の「アラブの春」——デモの波及、外交そしてビジネスチャンス」『「アラブの春」の将来』日本国際問題研究所：73-88。

長沢栄治（2015）「アラブの春から4年…混迷する中東・北アフリカ諸国——第5回「7月3日体制」下のエジプト」『アナリシス』39(2)：1-16。

ミアシャイマー、ジョン、奥山真司訳（2007）『大国政治の悲劇——米中は必ず衝突する』五月書房。

三上陽一（2012）「アラブの政治変動への米国の対応——エジプト、リビアに注目して」

『中東政治変動の研究——「アラブの春」の現状と課題』国際問題研究所：111-128。
レイン，クリストファー，奥山真司訳（2011）『幻想の平和——1940年から現在までのアメリカの大戦略』五月書房。
Davutoğlu, Ahmet (2004) "Türkiye Merkez Ülke Olmalı", *Radikal*, 26, Şubat, 2004.
Davutoğlu, Ahmet (2012) "Principles of Turkish Foreign Policy and Regional Political Structuring", *SAM Vision Papers*, 3: 1-14.
Gerges, Fawaz A (2013) "The Obama Approach to the Middle East", *International Affairs*, 89(2): 299-323.
Hürriyet (2011) "Obama Erdoğan'ı aradı", 30 Ocak 2011.
Hürriyet (2011) "Başbakan'dan Mübarek'e ilk resmi mesaj", 1 Şubat 2011.
Layne, Christopher (1997) "From Preponderance to Offshore Balancing: America's Future Grand Strategy", *International Security*, 22(1): 86-124.
Layne, Christopher (2002) "Offshore Balancing Revisited", *The Washington Quarterly*, 25(2): 233-248.
Layne, Christopher (2015) "Obama's Missed Opportunity to Pivot away from the Middle East", *Insight Turkey*, 17(3): 11-21.
Lynch, Marc (2015) "Obama and the Middle East: Rightsizing the U.S. Role", *Foreign Affairs*, 94(5): 18-27.
Mearsheimer, John, and Stephen M. Walt (2016) "The Case for Offshore Balancing", *Foreign Affairs*, 95(4): 70-83.
Parent, Joseph, and Sebastian Rosato (2015) "Balancing in Neorealism", *International Security*, 40(2): 51-86.
Rose, Gideon (2015) "What Obama Gets Right: Keep Calm and Carry the Liberal Order On", *Foreign Affairs*, 94(5): 2-12.
Roy, Olivier (2012) "The Transformation of the Arab World", *Journal of Democracy*, 23(3): 5-18.

第8章

国内治安
—— クルド問題における和平の試みと失敗 ——

岩坂将充

1 クルド問題「解決」の試み

　トルコにおいて，国内の少数民族であるクルド人（Kurd）[1]の分離独立・権利拡大をおもに武装闘争によって勝ち取ろうとするクルディスタン労働者党（Partiya Karkerên Kurdistanê；PKK）[2]は，1980年代以来安全保障上および国民統合上の重大な問題であり続けてきた。特に1990年代には，トルコ政府やトルコ軍・治安部隊と，非合法組織であるPKKとの間に激しい暴力の応酬がみられ，民間人を含め4万〜10万人が死亡したと言われている。しかし，1999年に指導者であるアブドゥラー・オジャランがトルコ国家情報機構（Millî İstihbarat Teşkilatı；MİT）によって身柄を拘束されたことを契機に，PKKは停戦を宣言，最終的に終身刑となったオジャランは従来のマルクス・レーニン主義の放棄を宣言するとともに，分離独立から自治権獲得へと方針転換をはかった。こうしたオジャランの逮捕とPKKの転換は，対反乱（counterinsurgency）におけるトルコ政府の「勝利」を印象づけたものの，PKKが停戦を放棄した2004年から再び武力衝突が活発化し，2013年に再度PKKによって停戦が宣言されるまで両者の散発的な衝突は継続した。

　この2013年の停戦を導き，具体的な和平プロセスの開始を実現したのが，エルドアン（2003年3月〜2014年8月首相，2014年8月以降大統領）が率いる公正発展党（Adalet ve Kalkınma Partisi；AKP）の単独政権である。エルドアンとAKP政権は，2009年夏頃から「民主的開放（demokratik açılım）」[3]と名づけたクルド人の権利拡大のための取組みを宣言し，これまで禁じられていたトルコ語以外での選挙

179

活動や大学でのクルド語教育[4]などを実現，さらに2013年頃からは「解決プロセス（çözüm süreci）」と呼ばれる和平構築を進めた。「解決プロセス」は，2015年2月に AKP 政権とクルド勢力の代表が PKK の武力闘争の放棄を盛り込んだドルマバフチェ合意（Dolmabahçe anlaşması）を発表したことで結実したかに見えたが，突如エルドアンがこの合意に強硬に反対したことで状況は一変，両者の決裂は決定的となった。そしてクルド人に基盤を持つ人民民主党（Halkların Demokratik Partisi；HDP）の2015年6月総選挙での躍進と AKP の単独政権維持の失敗，さらに同年11月の早期選挙における AKP のトルコ民族主義路線の強調と単独政権への復帰によって，対立はより鮮明なものとなったのである。

　では，なぜエルドアンは，自身のイニシアティヴのもと推進してきた PKK との和平交渉を突然放棄したのだろうか。PKK を含むクルド問題と向き合う画期的な「民主的開放」や，テロとの戦いの終結を目指した「解決プロセス」は，ほかでもないエルドアンの大きな実績だったはずである。それらを失わせ，過去の自らの方針や言説を捨てるに足る理由とは，何だったのだろうか。本章は，クルド勢力との和平交渉を頓挫させたエルドアンによる決定の要因分析を射程に入れながら，対 PKK・対クルド政策の背景にあるトルコの政治構造の変化を説明しようと試みるものである。具体的には，AKP 政権が，政治構造の変化にともない対 PKK 政策において政治的アプローチ（非軍事的アプローチ）[5]を採用するようになったこと，そしてその手法の1つとして「クルド人の代表（利益代弁者）としての AKP」像を打ち出してきたことを示した上で，エルドアンがドルマバフチェ合意を「クルド人の代表としての AKP」像を損なわせるものであると見なし，軍との対立がほぼ解消された状況下では政治的アプローチに固執する理由がなくなっていたことを指摘する。

2　PKK とトルコ

PKK をめぐる研究とその動向

　PKK は1990年代以降のトルコの政治・社会環境で最も注目を集めた組織の1つであり，またトルコのみならずイラクやシリア，イランの国内政治や地域

政治とも密接な関わりを持つため，様々な点から研究がなされてきた。ここでは，こうした研究の潮流を大まかに2つに分類し，それぞれにおける傾向を確認した上で，本章で扱う問いに答えるために対PKK・対クルド政策の構造を整理したい。

　1つ目の潮流は，PKKそのものに焦点を当てた研究である。こうした研究には，まず，組織としてのPKKに注目し，その構造や構成，動員形態・手法などを分析したものが挙げられる。PKKが非合法組織であることや，2000年代にはヨーロッパへもネットワークを拡大させるなど，組織が複雑化し多岐にわたるものとなっていることから，こうした研究は他のトピックに比べて非常に多く，近年もこの傾向に変わりはない。代表的なものとしてはクリスら（Criss 1995；Eccarius-Kelly 2012；Akkaya and Jongerden 2013；Özeren et al. 2014；O'Connor 2015；Abbas 2016）が挙げられるが，特にオルハン（Orhan 2015）はPKKが1980～90年代において軍事よりも政治活動において動員を拡大し，クルド政治勢力としての地位を確固たるものとしたと指摘した。PKKやその活動の「越境」および「国際化」という観点からは，エフェギルら（Efegil 2008；Sezgin 2013；Černy 2014；Dogan 2015）による分析が挙げられる。また，街頭デモへの参加を通した動員の拡大や，ノウルーズ（Nevruz）[6]が動員の重要な要素となった過程，そしてクルド社会内における世代間格差の存在など，PKKについて多角的に論じることで実態把握を試みる論集形式の書籍も多い（Gunes and Zeydanlıoğlu eds. 2014；Gambetti and Jongerden eds. 2015）。さらに，トルコ政府の政策や国際情勢の変化によってPKKがどのように変容したかについて分析したものも，一定数存在する（Ünal 2014；Saeed 2016）。PKKの変容は，組織的な動揺という形で観察されることもあれば，その方針の転換を導くこともあった。オズジャン（Özcan 2007；2010）は，学生組織として出発したPKKが「大衆化」してきた過程とその限界を指摘した。ユンヴェル（Ünver 2015）は「クルド問題」についてのディスコース分析から，トルコの右派政党にはクルド問題に対する一貫した姿勢がないことを明らかにし，PKKとの関係をより困難にした可能性を論じた。

　2つ目の潮流は，トルコ政府の対PKK政策に注目した研究である。各時代

の政策やその変化についてまとめたもの (Kim and Yun 2008) のほか，ユナル (Ünal 2012a；2012b) は政府による軍事力の行使は組織としての PKK を弱体化させることには成功したが，テロの抑止にはつながりにくいと評価した。また，これと同様に2009年頃までの政府の軍事力に頼った政策の「失敗」でありむしろ逆効果であったと評価したものにはバジュクとジョシュクンら (Bacik and Coskun 2011；Ciftci and Kula 2015) の研究が，さらにその後の政府の方針転換とその脆弱性について指摘したものにはユナルの研究 (Ünal 2016) が挙げられる。AKP 政権の対 PKK 政策を，過去のトルコ政府のものからの方針転換と捉えたものもいくつか存在するが (Aydınlı 2002；Uslu 2007)，エルジャン (Ercan 2013) はこれを「和平＝クルド排除」という図式からの脱却であると論じ，カイハン＝プサーネ (Kayhan Pusane 2015；2016) は PKK 以外のクルド市民の取り込みへの動きと見なした。そしてキリシュジ (Kirişci 2011) は，EU 加盟プロセスが文化的権利をめぐるクルド人の状況の改善に寄与したと評価しつつも，プロセスの停滞がトルコ国内のナショナリズムや領土保全意識を刺激し，それ以上の進展を妨げたと分析した。またキョセ (Köse 2017) は，2015年頃からの「頓挫」を，クルド勢力の要求拡大や選挙戦の影響としつつも，トルコ社会にまだ和平の用意がなかったことを最大の要因として指摘した。

　こうした研究は PKK の特質や変化，トルコ政府と PKK との相互作用を詳細に論じているが，あくまでも個別論に留まっており，トルコにおける対 PKK 政策・対クルド政策を部分的に論じているにすぎない。そのため本章では，PKK 自体にも注意を払いつつ，トルコ政府による PKK への軍事的アプローチと政治的アプローチの入れ替わりという，より大きな潮流に注目して分析を行う。また同時に，近年の政策や動向については，新聞や政府の公式文書なども参照することで，より精緻な分析を行うものとする。

PKK とその歴史

　PKK は，クルド人の居住地域であるクルディスタン (Kurdistan) での国家建設とそのためのトルコからの分離独立を目指す非合法組織として認識されることが多いが，1978年に設立された際には，左派武装組織であるトルコ革命的青

年連盟（Türkiye Devrimci Gençlik Federasyonu；Dev-Genç）から派生したこともありマルクス・レーニン主義もその大きな特徴の1つであった。そのため，クルド民族主義とマルクス・レーニン主義が組織の思想的支柱であり，クルド人の多くがムスリムであるにもかかわらず，イスラーム的な思想はPKKには含まれていない。(8) この点において，PKKは，世俗主義を標榜するトルコ軍を中心とした従来の体制と同様に，クルド人に対してあくまでも親イスラーム的なアプローチはとりえなかったことに注意が必要である。

　PKKは1980年代から武装闘争を活発化させていったが，最初の攻撃は1984年にトルコ軍を標的として行ったものであった。そのため，トルコにおけるPKKへの対応はまず軍事作戦と武力鎮圧を柱とする軍事的アプローチがとられることとなり，1980年クーデタ後の軍の存在感の非常に大きな時期において，軍は戒厳令の下でクルド人が多く居住するトルコ南東部・東部やイラク北部でPKKへの軍事作戦を実施した。政府も，1985年には村落法（Köy Kanunu；法律第442号，1985年）の改定によって，非PKKのクルド人を武装させPKKから村落を守る準軍事組織として暫定村落防衛隊（Geçici Köy Korucusu；GKK）の制度を導入し，一般市民も対PKK作戦へと参加させていった。(9) GKKとして参加した人数は，4万～9万5000人にのぼるとされる（Aktan and Koknar 2002）。初期段階においては，こうした軍の対PKK作戦は極めて効果的であった。PKKは1980年代半ばまでは200～300名程度しか武装メンバーを有しておらず，またクルド人からの支持もそれほど多くはなかった。その一方で，PKKは1985年にはクルディスタン国民解放戦線（Eniya Rizgariya Neteweyî ya Kurdistanê；ERNK）を，翌1986年にはクルディスタン人民解放軍（Artêşa Rizgariya Gelê Kurdistanê；ARGK）を設立し，武装闘争のための組織化を進めていった。

　こうした状況は，オザル政権（1983年12月～1989年10月首相，1989年11月～1993年4月大統領）が南東部・東部の11県において戒厳令に代わり非常事態宣言を発令した1987年から大きく変化した。非常事態宣言によって当該地域の県知事間や武官・文官間の調整を担う非常事態知事が設置されたことで，軍や参謀総長から指揮命令系統の不明確さに関する批判を招きつつも，対PKK作戦は軍事的アプローチを維持しつつより政府に近い内務省・警察とジャンダルマのもと

で実行されることとなった (Bila 2007, 130)。軍が直接この地域の対 PKK 作戦に関わることはできなくなったことは，PKK の伸長を許すことにもつながった。1987年以降，PKK はメンバーの増員と武装闘争の拡大を実現し，南東部・東部での存在感を増していった。さらに1990年代前半には，湾岸戦争によって生じたイラク北部の空白状態を利用することで，PKK は活動をいっそう活発化させた。この時期には，PKK はその勢力圏において徴税を行い，南東部・東部はトルコ政府との二重支配が存在する状況となっていた。

しかし，ほどなく対 PKK 軍事作戦は再び軍が主導することとなり，軍は PKK の拠点となりうるとして4000を超える小規模なクルド人の村の破壊や最大で100万人超とも言われる住人の強制移住を実施，これによってクルド人は軍への反感を強め，潜在的な PKK 支持者を増やすことにもつながった。ただ，それでも軍事的にはこの時期は一定の成果をおさめ，PKK による武装闘争とその被害は縮小し，1993年春には PKK は一方的な停戦を宣言した。また，国家安全保障会議（Millî Güvenlik Kurulu；MGK）の発表によると，1997年までに PKK の武装闘争は制御可能と考えられる程度にまで制圧されていた。1998年には対 PKK 軍事作戦は最終局面を迎え，トルコ政府および軍は1980年代からダマスカスに潜伏していたオジャランを確保すべく，軍事作戦を示唆してシリアにオジャランの追放を迫った。これによりシリアを追われたオジャランは，最終的には1999年にケニアで拘束されるに至った。その後オジャランは国家安全保障裁判所（Devlet Güvenlik Mahkemesi；DGM）において死刑判決を受けたが，トルコが EU 加盟に向けて2002年に死刑を廃止したことで終身刑となり，マルマラ海のイムラル島刑務所（İmralı adası cezaevi）に収監されて現在に至っている。オジャランの逮捕によって，PKK は一方的停戦を宣言し武装メンバーの一部は国外へと退去した。また裁判において，オジャランはクルド人の独立国家に言及することはなく，民主的なトルコ国家においてトルコ人とクルド人が共存するという言説を主張するようになった。

ただ，こうした PKK およびオジャランの変化によっても，PKK が武装解除を行うことはなく，イラク北部での活動も継続された。この意味において，オジャランの逮捕が PKK の解体にはつながらなかった事実は重要である。

PKKは，2002年にはクルディスタン自由民主会議（Kongreya Azadî û Demokrasiya Kurdistanê ; KADEK），2003年にはクルディスタン人民会議（Kongra Gelê Kurdistan ; Kongra-Gel）と改称するなどしてその変化を強調したが，大きな変化は見られていない。また，2004年にはPKKは武装闘争を再開しており，従来のトルコ政府と軍による対PKK作戦の成果は，あくまでも限定的であったということが言える。

3　軍事的アプローチから政治的アプローチへ

オザルによる政治的アプローチの試み

このように，1990年前後から武装闘争を活発化させ，南東部・東部において勢力を拡大してきたPKKに対し，トルコ政府および軍は軍事的アプローチによってその鎮圧を目指してきた。この方針は軍のイニシアティヴのもと実行され，南東部・東部での軍事作戦やイラク北部への越境攻撃などによって，2000年代までには実際にPKKの活動をある程度抑制することに成功した。こうした軍事的アプローチはPKKのあり方を確実に変化させたが，2004年に再び武装闘争を開始したことからもわかるように，PKKは軍事的アプローチのみで対処可能な単なる武装組織ではなかった。むしろ，軍事以外の側面も保持することでリクルートを継続し，組織の存続と再起を可能としていたのである。

その代表的な側面が，合法組織としてのクルド系政党やそれらとの関係である。こうした政党は，PKKとの関連が強いと言われており，国会（議会）や地方議会において議席を獲得し，政治活動を通して合法的にクルド問題の存在をアピールし続けた。特に，人民労働党（Halkın Emek Partisi ; HEP, 1990～93年）や人民民主主義党（Halkın Demokrasi Partisi ; HADEP, 1994～2003年），民主人民党（Demokratik Halk Partisi ; DEHAP, 1997～2005年）などは，こうした意味において重要な役割を果たした。各政党とも，国政選挙において南東部・東部諸県で多くの票を獲得し，地方選でも同地域の大半の県で勝利を収めた。近年では，民主社会党（Demokratik Toplum Partisi ; DTP, 2005～09年）が憲法裁判所の判決によって閉鎖されてからも，事実上の後継政党である平和民主党（Barış ve

Demokrasi Partisi；BDP, 2008〜14年）や HDP（2012年〜現在）が，このような役割を受け継いでいった。このように，政党などとの関係が認識されていく中で，PKK はクルド・アイデンティティの形成や動員をすすめることに成功し，「クルド人の代表」としてのイメージを次第に獲得していった。

　しかし，トルコ政府もこれら PKK の武装組織以外の側面を完全に看過していたわけではない。軍事的アプローチだけでは対処できない状況が存在していることは，1990年代からすでに認識されており，軍事作戦によらない，政治的アプローチとも言うべき対 PKK 政策の試みがいくつか実行されてきた。そうした政治的アプローチの先駆けとなったのは，オザルの時代である。オザルは，前節で述べた戒厳令の撤廃と非常事態宣言への移行によってもっぱら軍主導であった軍事的アプローチを限定的ながら変化させたことに加え，1988年3月にイラク北部で生じた対クルド人攻撃（「ハラブジャ虐殺」）で発生した難民の受け入れを決定するなど，PKK に限定されない対クルド政策も実施した。この難民受け入れでは，6万人以上がトルコに流入したと考えられており，軍は PKK 兵士の入国を容易にするものとして反対していたが，オザルは人道的見地からこれを実現した（Birand and Yalçın 2001, 454）。オザル自身が後に振り返ったように，この難民受け入れは，オザルの対クルド・PKK 政策において重要な転換点と言えるものであった（Birand and Yalçın 2001, 451）。さらに1991年には，クルド語での公の場での会話・出版禁止の撤廃を実現させた。

　このようなオザルの方針は，当然多くの危惧や反発を招くものであったが，オザル自身が正当性を強く主張することで反対意見を抑えていった。特に，軍はこうした動きがクルド人の独立要求へとエスカレートすることを危惧していたが，オザルは自身が設立した与党・祖国党（Anavatan Partisi；ANAP）や野党と並んで，軍関係者に対しても，クルド人は独立を意図してないとして説得に努めた。また同時に，トルコが冷戦後の国際社会における地位を維持するためにこの種の譲歩は必要であるとも訴えた（*Milliyet*, 26 March 1991）。そして最終的には，1980年クーデタを率いた元参謀総長であるエヴレン大統領も，教育や政治に用いられない限りこの方針を支持すると表明した（Gunter 1991, 36）。

　オザルによって開始されたこうした政治的アプローチは，PKK という組織

ではなくまずはクルド人全体に向けられたものであったが，次第にオザルはPKKとの非軍事的な接触も進めていった。1991年には，オザルはイラク北部のクルド人組織との緊密な関係を構築することをうったえ，やはり軍の批判にもかかわらず，イラク北部の有力組織であるクルディスタン愛国同盟（Yekitiya Niştimaniya Kurdistan）の指導者・タラバニ（2006年4月～2014年7月イラク大統領）とも会談を行った。この背景には，湾岸戦争におけるイラク北部の空白化やイラク国家崩壊の可能性が憂慮されていたこととともに（Birand and Yalçın 2001, 461），そこでのPKKの活動の活発化への懸念も存在していた。当該時期は，PKKが軍事的に最も活発だった時期であり，湾岸戦争後にはPKKはイラク軍の兵器を接収していたとも言われている。そのため，こうした状況でのイラク北部のクルド人組織との接触は，PKKやオジャランとの接触と彼らに向けた政治的アプローチにもつながっていった。オザルはタラバニに対しオジャランへのメッセージを託すことに慎重であったとも言われるが，PKKが1993年3月に一方的に停戦を宣言した際には，タラバニは双方のメッセージを互いに伝える役割を担ったと言われ，PKKとの水面下での接触は繰り返されていった（Birand and Yalçın 2001, 465, 474；Güller 2011, 25-31）。これに加えて，オザルがクルド系政党HEPの議員を大統領官邸に秘密裏に招き，オジャランへのメッセージを伝えたことも明らかとなっている（Birand and Yalçın 2001, 455, 457）。

　オザルにこのような対クルド・対PKKの政治的アプローチを可能としたものは，安定した単独政権と党内でのリーダーシップ，比較的良好な軍との関係，そして改善が模索されていたヨーロッパ（EC）との関係であった。オザルは1980年クーデタ後初の総選挙（1983年）においてANAPを率い，約45.1％の得票率で一院制議会400議席中211議席を獲得，ANAP単独政権において首相に就任した。ANAPは1987年総選挙でも勝利して単独政権を維持，オザルは1989年には大統領に選出された。議院内閣制を採用するトルコでは執政権の大部分は首相に属するが，オザルはANAPの創設者として例外的にリーダーシップを保持することに成功した。ANAPは1991年総選挙で下野したものの，オザルは1993年4月に急死するまで，政治的に強力であり続けたと言える[10]。

また，当時後見（vesayet）として政治に強い発言権を持った軍との関係も彼の政治的アプローチを可能とした。1970年代末に経済専門家として政界に進出したオザルは，1980年クーデタ直前まで緊縮財政プログラムを策定・実施し，経済立て直しに手腕を発揮した。そこでの経験により，1980年クーデタ軍事政府では経済担当副首相に就任，軍から信頼を獲得していた。経済政策での成功は首相就任以降も続き，1984～91年にかけて，トルコの経済成長率は年6～8％が維持され，各種インフラも劇的に改善された。こうした状況は，政権運営だけではなく，軍の存在がある中での政策決定能力にもつながるものであった。さらに，1980年クーデタで民主国家としての信用を失ったトルコにとって，西側世界での地位の回復との関係から，ECの存在も重要であった。トルコはオザルのもとで1987年にECへの加盟申請を行い，関係改善に向けて大きく前進を始めていた。それにともない，欧州人権条約（トルコは1954年に調印）もより重要性を増し，対PKK政策における政治的アプローチを後押しした。

　一方で，こうした要素以上に重要なのは，オザルがそもそも政治的アプローチを試みることとなった背景である。オザル自身がそれについて明確に語ることはなかったが，その手がかりは彼の「国民」観に求めることができる。オザルは，PKKを含むクルド問題を，トルコ人やクルド人といった個別の民族ではなく「トルコ国民」というより大きな視点を通して捉えていた（Birand and Yalçın 2001, 454）。クルド語の会話・出版の禁止を撤廃する際にも，トルコを「モザイク」であるとして，多民族が共存する国家という現実を指摘することで反対派を説得している（Birand and Yalçın 2001, 477）。また，これにはオザルの親イスラーム的傾向も大きく関わっていると考えられる。彼自身は敬虔なムスリムであると言われており，イスラームとトルコ民族主義の融合を掲げ1980年軍事政府にも影響を与えたとされる「知識人の炉辺（Aydınlar Ocağı）」のメンバーでもあった（澤江 2005, 109-110）。ハラブジャ虐殺後の難民受け入れやイラク北部のクルド人組織との連携の際には，クルド人との歴史や宗教，宗派の共有が関与の動機となったことを示唆した（Birand and Yalçın 2001, 461）。

　このようなオザルの視点は，軍事的アプローチにおいて主導権を握ってきた軍や，旧来の有力政治家たちとは大きく異なったものであった。共和国建国以

来涵養され1980年クーデタ後により強調されるようになったトルコの世俗主義性は，クルド人に対する見方を民族というトルコ人との相違点のみに限定し，トルコ国民や（スンナ派）ムスリムといった共通点を見落とさせていた。オザルの「国民」観は，彼が旧来のエリート層と違い，ムスリムであることをより積極的に肯定し，国家よりも国民を重視する姿勢にも支えられていたと考えられる。そしてこれは，外面的には，オザルのもとで首相を務めたユルマズ（第1次，1991年6月～11月）の表現にあるように「タブーを設けない」思考，また現実主義的な思考として表れたと言えるだろう（Birand and Yalçın 2001, 456）。

対 PKK 政策における政治的アプローチは，こうしたオザル個人の資質によるところが大きかったため，彼の死去にともない次第に存在感を失っていった。オザル死後のチルレル（1993年6月～1996年3月）やユルマズ（第2次，1996年3月～6月），エルバカン（1996年6月～1997年6月）といった歴代首相・連立政権も，政治的アプローチにおいて大きな成果はあがらなかった。そしてこの傾向は，オジャランが収監された1999年以降も継続した。トルコ政府による政治的アプローチがうまく継続されなかったことで，一般のクルド人の支持を得ることに失敗し，軍事的に弱体化したにもかかわらずクルド人の擁護者として認知され続けた PKK は，その支持者たちが PKK の合法的な代理組織と見なすクルド系政党によって，非軍事的な分野を軸に存続したのである（Marcus 2007, 292）。対 PKK 政策として，PKK への民衆の支持や正統性を失わせ，代わりに政府がそれらを得るという方針の一貫性の欠如が，組織としての PKK の存続と2004年の武装闘争再開を支えていたと言える（Arreguín-Toft 2001, 123-124）。

AKP 政権と「民主的開放」

オザルの死去と ANAP 単独政権の終焉以降，あまり用いられることのなかった政治的アプローチだが，2002年11月総選挙で ANAP 以来の単独政権を樹立したエルドアン率いる AKP 政権においては，少しずつ再度試みられるようになった。2003年には，「外国語教育・指導およびトルコ国民の異なる言語・方言学習に関する法律」（Yabancı Dil Eğitimi ve Öğretimi ile Türk Vatandaşlarının Farklı Dil ve Lehçelerinin Öğrenilmesi Hakkında Kanun；法律第2923号，1983年）の改定に

よってクルド語に関する教育の制限が撤廃され，また2004年には，国営放送局でのクルド語放送が短時間ながら開始されとともに，PKK を含む「対テロ闘争」をおもに管轄してきた DGM が廃止された。そして2006年には，クルド語のテレビ局およびラジオ局の開局が認可された。

しかし一方 PKK は，オジャラン拘束後にも継続してきた組織の拡充を経て，2004年から武装闘争を再開した。こうした状況は，これまでの基本方針であった軍事的アプローチが PKK の根絶に至るほど効果的ではなかったということと，一貫した政治的アプローチの必要性を認識させるものであった。そして，AKP 政権下で推進された「民主化」の一定の成功は，おもに軍が主導してきた軍事的アプローチによる対 PKK 政策を，文民政府による政治的アプローチに置き換えることのできる環境を整えていた。つまり，オザルの時代に政治的アプローチの実施を可能とさせていた要因である，安定した単独政権と党内での党首のリーダーシップはもとより，加盟プロセスの途上にあった EU との関係，そしてその後押しによって進展した「民主化」が導いた政軍関係の文民優位性が，AKP 政権においても揃いつつあったのである（岩坂 2014）。

そしてこの時期に AKP 政権のもとで実施された政治的アプローチは，より PKK そのものに焦点を当てた，和平交渉の模索として現れた。後にメディアによるリークによって発覚したオスロ・プロセスと呼ばれる秘密交渉は，2007年頃から始まったと考えられている。ここでは，交渉途中から MİT 長官となったフィダンなど政府関係者と，PKK 関係者が参加し，和平に向けて直接交渉が試みられた。交渉は2011年9月にリークされるまで計5回実施されており，信頼醸成や武装闘争の沈静化，停戦の模索などが話し合われた。2009年10月には，イラク北部との国境にあるハブル国境門（Habur）から，イラクに退避していた PKK メンバーを再入国させる計画が立案され，静かに実行に移されたが，予想以上に国民の注目と反発を集めたことにより期待された効果をあげることはできなかった（Ercan 2013, 120）。しかし，このような PKK への直接的な政治的アプローチが開始されたことは，トルコの対 PKK 政策において画期的な出来事であり，選択肢としての有効性を印象づけるものであった。

こうした状況を背景としつつ，AKP 政権はクルド人に向けた政治的アプロ

ーチとして「民主的開放」と名づけられた政策を開始させた。オスロ・プロセスとは異なり，これは AKP 政権によって一方的に実施された側面を持ち，対 PKK 政策において和平を導く環境を整えつつ「クルド人の代表としての AKP」を演出するものであった。これまでクルド系政党に偏りがちであったクルド人票を獲得することができれば，AKP 政権はより全国区の政党として基盤を強化することにもつながり，ひいては政権の長期的な維持も期待できると言える。とはいえ，AKP を政治的アプローチへと向かわせた背景は，こうしたものだけではなかった。「民主的開放」について述べた最初期のエルドアンの演説（章末の資料を参照）には，オザルに近い「国民」観と親イスラーム的な視点が如実に表れている。ここで見られるような表現は，政治家だけではなく，兵役に関わる家族を持つ多くの国民にも強くうったえうるものであったと言える。このような対 PKK 政策のあり方は，その後の AKP 政権においても基本的な意図・方針として継続していった。

　オスロ・プロセスと「民主的開放」によって政治的アプローチへと舵を切った対 PKK 政策であったが，AKP が49.8％という高い得票率を獲得し単独政権の存続を決めた2011年6月総選挙を境に，こうした動きは急速に停滞し，事実上の終焉を迎えた。これは，選挙での勝利への貢献という，AKP 政権にとっての政治的アプローチの一定の成果が得られたこと，そして和平交渉を先に進めるためには PKK の要求に具体的に回答する必要があったことなどが要因として考えられる（Ercan 2013, 121）。また，2011年に生じたトルコ軍と PKK との衝突や，ウルデレ（Uludere）でのトルコ軍によるクルド人への誤爆事件が，強い相互不信を招いたことも決定的であった（Ünal 2016, 107）。

4　AKP 政権と「解決プロセス」

「解決プロセス」の開始

　対 PKK 政策における政治的アプローチの新たな段階を提示したオスロ・プロセスと「民主的開放」は，2011年の頓挫と散発的な武装闘争の再開を経つつも，その経験が次の試みへとつながっていくこととなった。とりわけ PKK と

の和平交渉は，オスロ・プロセスとは異なり，その存在を国民に明らかにしつつ，クルド系政党も巻き込む形で進められた。こうした新たな和平交渉は，2012年後半にクルド人受刑者が刑務所でのクルド語の使用などを求めて開始したハンガーストライキの中止を，MİTと協議したオジャランが説得によって実現したことをきっかけとした。2012年末頃からBDP議員がイムラル島に渡りオジャランと面会を重ねることによって進められた交渉は，「解決プロセス」と名づけられ，PKKだけではなくBDPも交渉過程に加えることで，クルド社会全体に向けた政治的アプローチとして機能させることが試みられた。

　この「解決プロセス」における，最も重要な成果の1つが，2013年3月21日（ノウルーズ）に公開された，オジャランの書簡による呼び掛けである。この呼び掛けは，BDP議員が代読するという形でディヤルバクルにて発表された。オジャランは書簡において，武装闘争終結の機は熟したとし，PKKの武装闘争放棄と政治活動への転換を指示，武装メンバーのイラク北部への退去を求めた（*Radikal*, 21 March 2013）。この画期的な呼び掛けに反応する形で，2013年5月から武装メンバーが実際にイラク北部へと移動を開始した。また，AKP政権は，2013年4月に63名の専門家・NGOメンバーなどからなる「賢人会議（Akil İnsanlar Heyeti）」を設置し，7つに分けた地域ごとに国民の政策理解の促進と国民の要求把握に努めた。さらに，2014年7月には，「テロ終結および社会統合の強化に関する法律」を施行し，「解決プロセス」を法制度面からも支える体制を整えた。ここでは，本法律の目的のため「政治・法律・社会経済・心理・文化・人権・安全保障および武装解除の領域」を視野に入れることが謳われた。

　こうした手法と具体的な成果は広範な支持を集め，野党やNGOからのみならず，国民からも高い支持を受けた。2009年の時点で対PKK政策への賛成は48.1%，反対は36.4%であったが，2013年には賛成が58%に増加，2015年3月には67.7%にまで達した（*Sabah*, 9 March 2015）。また，民族別に見た場合にも，2009年は賛成の割合はトルコ人で42.7%，クルド人で75.7%だったものが，2014年にはトルコ人57%，クルド人83%にまで上昇した（Yılmaz 2014）。ただし，このような状況にもかかわらず，実際の和平交渉とそこで求められた内容

の履行はあまり進まなかったことには注意が必要である。オジャランの呼び掛けにしたがって始められた武装メンバーの退去も，AKP政権側が果たすべき改革を実施していないとして，実現したのは全体の20％程度であった（Ünal 2016, 108）。しかし，全体としては重大な停滞は生じることなく，緩やかではあるが着実に政治的アプローチは継続されていくこととなった。

ドルマバフチェ合意およびオジャラン書簡

　このような中で生まれたAKP政権の政治的アプローチの集大成とも言える成果が，2015年2月28日に発表されたドルマバフチェ合意である。イスタンブル・ドルマバフチェ宮殿の首相府オフィスで行われたAKP・HDP議員による会談と初の共同会見で発表された本合意は，HDP議員のオンデルがオジャランに代わって述べたように，恒久的な平和を目指すものとして位置づけられた。またオジャランは，PKKに対し武装闘争の放棄をあらためて呼び掛け，HDPもそれらを実現するために必要なもの，たとえば多元主義的な民主主義の理解やより民主的な新憲法の制定などを「和平のための10項目」として挙げた（*Milliyet*, 1 March 2015）。AKP政権の代表として会見にのぞんだアクドアン副首相も，こうした見解に賛意を示した（*Cumhuriyet*, 28 February 2015）。その後，3月12日にHDP会派副代表ブルダンが監査委員会（İzleme Heyeti）の設置を表明，アクドアン副首相も最終決定はダヴトオール首相にあるとしながらもこの設置を認める発言を行うなど，「解決プロセス」の新段階に向けて具体的な計画が示されるに至った。

　そして2015年3月21日には，2013年と同様にオジャランからの書簡がディヤルバクルで読み上げられた。オジャランはそこで武装闘争が「継続不可能である」と述べてこれまで以上に強い言葉で武装闘争の放棄をうながすとともに，PKKが武装闘争を終結させ新しい時代に適した政治的・社会的戦略を打ち出すために会議を開くことは「必須かつ歴史的」であると主張した。また，クルド人運動がトルコ共和国から分離しないことも明言した。また，監査委員会に加えて，国会議員を含む対面委員会（Yüzleşme Komisyonu）の設置に関わる提案も行った（*Radikal*, 28 February 2015）。

しかし，こうした「解決プロセス」の成果に対し，エルドアン大統領は否定的な見解を示し，AKP 政権との方向性の違いが浮き彫りとなった。エルドアンは，すでに賢人会議がある状況であらたな組織の設置は不要とし，監査委員会に強い反発を示した。また，「解決プロセス」はあくまでも MİT の主導で実施されるべきものとして，ドルマバフチェ合意そのものにも不快感をあらわにした (*Hürriyet*, 20 March 2015)。エルドアンのこのような姿勢は，ドルマバフチェ合意とそれに続くオジャランの呼び掛けにおける HDP の存在感が，AKP を上回っていたことにも影響を受けたと考えられる。HDP がオジャランとともに PKK の武装闘争の放棄をうながしたことは，仲介者として HDP の評価を高めた。これは，HDP 共同代表であるデミルタシュの人気とあいまって，「クルド人の代表としての AKP」像の確立を妨げるものであったと言える。

そしてエルドアン大統領は，4 月末には「向き合って席に着くテーブルはない」と発言し，「解決プロセス」そのものの停止を示唆した。これをアクドアン副首相が追認したことを受け，HDP は AKP 政権を強く批判したが，事態は急激に悪化していった (*Milliyet*, 28 April 2015；1 May 2015)。そして迎えた 2015 年 6 月総選挙では，クルド系政党で初めて党として総選挙に参加した HDP が躍進し議会第 4 党となった一方で，AKP は初めて単独過半数を割り込み，単独政権の維持に失敗した。この結果によって AKP と HDP の対立は決定的なものとなり，組閣の失敗で 11 月に再度実施されることとなった総選挙に向けて，AKP は巻き返しを図りトルコ民族主義的な主張を強めていった (岩坂 2016)。結果として 11 月総選挙では AKP は単独政権に返り咲くことに成功したが，HDP も議会第 3 党に躍進し，以降は「解決プロセス」が頓挫したのみならず，PKK が停戦終了を宣言したことで AKP 政権は対 PKK 政策を政治的アプローチから軍事的アプローチへと切り替えることとなったのである。

5　遠のくクルド問題「解決」

AKP 政権が進めてきたオスロ・プロセスや「民主的開放」，そしてそれに続く「解決プロセス」といった対 PKK 政策の政治的アプローチは，エルドアン

やAKP政権が1980年代のオザル・ANAP政権期と同様のトルコ「国民」観を持っていたことで模索され，環境が整ったことで実行された。しかし，その最大の成果となるはずであったドルマバフチェ合意がエルドアン大統領の強い反発で損なわれてしまったことで，アプローチそのものが軍事的なものへと回帰せざるをえなくなったといえる。

　このエルドアンの突然とも思える転換は，2015年6月総選挙を控えた状況で，トルコ民族主義を標榜する民族主義者行動党（Milliyetçi Hereket Partisi；MHP）へ票が流れつつあるという情報を受けたことが原因であると指摘されることがあるが，AKPとHDPの協力の限界を認識し「クルドの代表としてのAKP」という戦略が事実上不可能となったことが背景にあった点がより重要だと考えられる。AKPがクルドの利益の代弁者となるには，PKKやHDPなどと協力しつつも常に主導権を握る必要があるが，ドルマバフチェ合意およびオジャランの書簡はPKKやHDPに主導権を明け渡してしまう，すなわちクルド人の支持をAKPが独占できない状況を生むこととなった。これは，「解決プロセス」がPKKだけではなくクルド系政党をも取り込む形で開始された以上，避けられない事態であったとも言えるだろう。

　また，オザル・ANAP政権期とAKP政権期における軍事的アプローチの持つ意味の相違についても考慮する必要がある。オザル・ANAP政権期には，軍事的アプローチを避け政治的アプローチを採用することには，対PKK政策の主導権を軍に握らせないという意図もあった。非常事態宣言下で軍事的アプローチの主導権が軍から離れたこともあったが，これは一時的なものに終わった。エルドアンやAKP政権においても政治的アプローチの採用はみずからが対PKK政策の主導権を握るという意図では同様であるが，「民主化」進展の結果として政軍関係が文民優位で安定した状況下では，軍事的アプローチをとることは必ずしも軍に主導権を譲ることにはつながらない。そのためエルドアンは，このタイミングで政治的アプローチに固執せず軍事的アプローチに切り替えることも十分に選択可能であったと言える。この点に，トルコの政治構造の変化にともなう対PKK・対クルド政策の変容を見ることができる。

　ただ，現在の軍事的アプローチは，従来の評価と同様に対PKK政策として

必ずしも成功とは言えない状況にある。2015年11月総選挙以降，PKKの武装闘争に関連すると見られる事件での死者数が急増しており，軍事力で圧倒しPKKを壊滅させるには至っていない。また，HDPはデミルタシュを含め逮捕者が続出し，議会における存在感も著しく低くなったことで，近い将来に政治的アプローチが選択される可能性は減じられていると言えるだろう。このような状況で，果たしてエルドアンとAKP政権は軍事的アプローチをとりつづけるのか，今後の動向が注目される。

注

(1) クルド人はトルコ・イラク・シリア・イランに居住しており，トルコには約1500万人が暮らしていると言われている。特に集中している南東部・東部（イラク・シリア・イラン国境地域）のほか，イスタンブルやアンカラなどの大都市にも多く居住している。
(2) PKKはその名称を何度か変更しているが，名称の変遷については本章第2節を参照のこと。本章では，特に名称変更に関して言及する場合を除き，PKKの語を用いる。
(3) 「開放」はaçılımの本来の意味であるが，政策の意図を考慮すると「寛容化政策」あるいは「自由化政策」と呼ぶこともできる。
(4) 2010年から，トゥンジェリ大学（Tunceli Üniversitesi，現・ムンズル大学 Munzur Üniversitesi）において学部選択科目としてクルド語・ザザ語が開講された。また同年に，マルディン・アルトゥクル大学（Mardin Artuklu Üniversitesi）では，現存言語研究科（Yaşayan Diller Enstitüsü）に大学院レベルのクルド語・アラビア語・シリア語コースが，翌2011年には文学部にクルド語・文学学科が学生の受け入れを開始した。
(5) 本章では，政治的アプローチとは，対象の武力による制圧を目指す軍事的アプローチとは異なり，対象との直接的な和平交渉や対象の武装闘争を上回る人々の支持を獲得するなどの非軍事的手段によって，反乱を治めようとする方策を指す。
(6) クルド語（クルマンジ）ではNewroz。春分の日として，クルド人にとっては象徴的な祭日である。
(7) この点について，アイドゥンとエムレンジェ（Aydin and Emrence 2015）は，PKKを支持するクルド人などとの関係性の変化が長期的な和平に不可欠であると論じた。
(8) イスラーム的な思想を持つクルド人の非合法・武装組織としては，1980年代初頭に設立されたヒズブッラー（Hizbullah）が挙げられる。この組織は，次第に武装闘争から政党活動へと重点を移し，2012年には関係者が自由ダウワ党（Hür Dava Partisi）を設立した。
(9) GKKについては，たとえばオンデル（Önder 2015）を参照。
(10) オザルの死因には諸説があるが，2012年に法務省法医学委員会がオザルの遺体を再度検体した結果，毒物が検出されたものの死因は不明であると発表された（*Milliyet*, 12

December 2012)。
(11) これまでのクルド系政党は，議会議席獲得の条件である全国得票率10％以上の獲得が困難であることから，無所属で立候補し当選した議員が会派を組む形で活動を行ってきた。

資料　エルドアン首相演説「民主的開放」抜粋（於 AKP 会派会議，2009年8月11日）
　もしトルコが，エネルギーや予算，国家収入，平穏，若芽のような若者を，テロの犠牲にしてこなかったら，また，この25年間を衝突や廃墟となった村々で無駄にしてこなかったら，今日どうなっていただろうか。もし問題が現れたときに必要な措置が取られていたならば，解決が見出せていたならば，我々の何万もの人々が命を落とす前にこの問題が解決されていたならば，今日トルコはどうなっていただろうか。この問いを皆さん自身に問うていただきたい。どこで過ちが犯されたのか。どこで誤った態度が示されたのか。誰がどのように，我々の同胞愛をあえて損なわせ，我々の間に不和の種を蒔こうとしたのか。互いに結婚し，親戚となったトルコ人，クルド人，ラズ人，チェルケス人を互いに敵対させることなどできるのだろうか？（中略）
　独立行進曲（筆者注：トルコ国歌）を耳にするとき，我々の胸が高鳴らないことがあろうか。『イエメンの唄』を耳にして，我々の目に涙が溢れないことがあろうか。フズーリーの詩が魂に語りかけるように，アフメディ・ハーニーの詩もまた同様に，我々を感動させないことがあろうか。ネシェト・エルタシュが『魂の山』を歌うとき，我々は身震いをする。シヴァン・ペルヴェルが『アレッポ』や『ハザル』を歌うとき，それは私たちの心の奥深くに突き刺さる。（中略）我々をバラバラにする権利が誰にあるというのか。我々を敵対させる権利が誰にあるというのか。ホロンは我々のホロンだ。ゼイベクは我々のゼイベクだ。ハライは我々のハライだ。ズルグトは我々のズルグトだ。トルコ共和国のすべての同胞たちを散り散りにする権利が誰にあるというのか。トルコ，クルド，ラズ，チェルケス，ジョージアは皆我々の同胞である。誰もこれに影を落とすことはできない。
　子の死よりも大きな悲しみはない。神よ，この苦しみを誰にも味わわせませぬよう。どの家族にも，このような辛い思いをさせませぬよう。しかしここ25年から30年の間，トルコの東部で，西部で，北部で，南部で，母親たちはどんな気持ちで電話を取ったことか。受話器に手を伸ばすとき，（彼女らは）恋しい息子の声を聞く喜びと，殉職の知らせを聞く絶望との，深い別れの淵に立たされていたのだ。私はその瞬間を，ある家庭で体験したことがある。「その前の晩，息子が電話をしてきました。息子は『お母さん，私たちは今，（前線に向け）出発し，進んでいます。どうか祈っていてください。でも死ぬことは恐れません』と言ったのです。その24時間後，その（息子が死んだという）報せを受けました」。死んだ子の胸ポケットにあったというお守りを見せられ，私はとても大きな衝撃を受けた。この悲しみに，どんな母親が耐えられるというのか。この悲しみに心臓が耐えられる母親などいないだろう。彼女たちは皆こう言う。「私が育て，養い，兵士にし，（戦場に）行き，帰ってこなかった」と。このような母親たちをどんな言葉で慰めるのか。トル

コの多くの母親が，この30年，ジュディ山のように，ムンズル山のように，その場に立ち尽くしてきた。父親の目から流れる涙は洪水となり，心に流れ込んだ。母性にイデオロギーはない。母性に政治はない。息子がどんな理由で命を落としたとしても，死んだ子のためにヤースィーン章，ファーティハ章が読まれるなら，人々が同じメッカの方角を向いて祈るなら，ここに極めて重大な誤りがあることは明らかである。

(*Habertürk*, 12 August 2009 ; *Hürriyet*, 12 August 2009)

参考文献

岩坂将充（2014）「トルコにおける『民主化』の手法──文民化過程にみる『制度』と『思想』の相互作用」『国際政治』178：132-145。

岩坂将充（2016）「トルコにおける2015年総選挙とエルドアン体制の政策変容」『中東レビュー』3：96-109。

澤江史子（2005）『現代トルコの民主政治とイスラーム』ナカニシヤ出版。

Abbas, Tahir (2016) "Perspectives on Ethno-National Conflict Among Kurdish Families With Members in the PKK," *Terrorism and Political Violence*, 28(2): 297-315.

Akkaya, Ahmet Hamdi, and Joost Jongerden (2013) "Reassembling the Political: The PKK and the Project of Radical Democracy," *European Journal of Turkish Studies*, 14: n. pag. Print.

Aktan, Gunduz S., and Ali M. Koknar (2002) "Turkey," in Yonah Alexander (ed.), *Combatting Terrorism: Strategies of Ten Countries*, Ann Arbor: University of Michigan Press.

Arreguín-Toft, Ivan (2001) "How the Weak Win Wars: A Theory of Asymmetric Conflict," *International Security*, 26(1): 93-128.

Aydınlı, Ersel (2002) "Between Security and Liberalization: Decoding Turkey's Struggle with the PKK," *Security Dialogue*, 33(2): 209-225.

Aydin, Aysegul and Cem Emrence (2015) *Zones of Rebellion: Kurdish Insurgents and the Turkish State*, Ithaca; London: Cornell University Press.

Bacik, Gokhan, and Bezen Balamir Coskun (2011) "The PKK Problem: Explaining Turkey's Failure to Develop a Political Solution," *Studies in Conflict and Terrorism*, 34(3): 248-265.

Bila, Fikret (2007) *Komtanlar Cephesi*, İstanbul: Detay Yayıncılık.

Birand, Mehmet Ali, and Soner Yalçın (2001) *The Özal: Bir Davanın Öyküsü (5. Baskı)*, İstanbul: Doğan Kitapçılık.

Ciftci, Irfan, and Sedat Kula (2015) "The Evaluation of the Effectiveness of Counterterrorism Policies on the PKK-Inflicted Violence during the Democratization Process of Turkey," *Journal of Terrorism Research*, 6(1): 27-42.

Criss, Nur Bilge (1995) "The Nature of PKK Terrorism in Turkey," *Studies in Conflict*

and Terrorism, 18(1): 17-37.
Černy, Hannes (2014) "Ethnic Alliances Deconstructed: The PKK Sanctuary in Iraqi Kurdistan and the Internationalization of Ethnic Conflict Revisited," *Ethnopolitics*, 13(4): 328-354.
Dogan, Salih (2015) "Turkey's Policy in Iraq and Its Effect on the Struggle with the PKK," *Orient (Germany)*, 56(1): 46-52.
Eccarius-Kelly, Vera (2012) "Surreptitious Lifelines: A Structural Analysis of the FARC and the PKK," *Terrorism and Political Violence*, 24(2): 235-258.
Efegil, Ertan (2008) "Turkey's New Approaches toward the PKK, Iraqi Kurds and the Kurdish Question," *Insight Turkey*, 10(3): 53-73.
Ercan, Harun (2013) "Talking to the Ontological Other: Armed Struggle and the Negotiations Between the Turkish State and the PKK," *Dialectical Anthoropology*, 37(1): 113-122.
Gambetti, Zeynep, and Joost Jongerden (eds.) (2015) *The Kurdish Issue in Turkey: A Spatial Perspective*, New York; London: Routledge.
Gunes, Cengiz, and Welat Zeydanlıoğlu (eds.) (2014) *The Kurdish Question in Turkey: New Perspectives on Violence, Representation, and Reconciliation*, New York; London: Routledge.
Gunter, Michael M. (1991) "Turkey and the Kurds: New Development in 1991," *Journal of South Asian and Middle Eastern Studies*, 15(2): 32-45.
Güller, Mehmet Ali (2001) *Hükümet-PKK Görüşmeleri (1986-2011)*, İstanbul: Kaynak Yayınları.
Kayhan Pusane, Özlem (2015) "Turkey's Military Victory over the PKK and Its Failure to End the PKK Insurgency," *Middle Eastern Studies*, 51(5): 727-741.
Kayhan Pusane, Özlem (2016) "Turkey's Struggle with the PKK and Civilian Control over the Turkish Armed Forces," *Conflict, Security and Development*, 16(3): 263-287.
Kim, Eunyoung, and Minwoo Yun (2008) "What Works? Countermeasures to Terrorism: A Case Study of PKK," *International Journal of Comparative and Applied Criminal Justice*, 32(1): 65-88.
Kirişci, Kemal (2011) "The Kurdish Issue in Turkey: Limits of European Union Reform," *South European Society and Politics*, 16(2): 335-349.
Köse, Talha (2017) "Rise and Fall of the AK Party's Kurdish Peace Initiatives," *Insight Turkey*, 19(2): 139-165.
Marcus, Aliza (2007) *Blood and Belief: The PKK and the Kurdish Fight for Independence*, New York: New York University Press.
O'Connor, Francis Patrick (2015) "Preconflict Mobilization Strategies and Urban-Rural Transition: The Case of the PKK and the FLN/EZLN," *Mobilization*, 20(3): 379-399.

Orhan, Mehmet (2015) *Political Violence and Kurds in Turkey: Fragmentations, Mobilizations, Participations, and Repertoires*, New York; London: Routledge.

Önder, Mehmet Seyman (2015) *Devlet ve PKK İkileminde Korucular*, İstanbul: İletişim.

Özcan, Ali Kemal (2007) "The Vacillating PKK: Can It Be Resurrected?" *Middle Eastern Studies*, 43(1): 107-124.

Özcan, Ali Kemal (2010) *Turkey's Kurds: A Theoretical Analysis of the PKK and Abdullah Öcalan*, New York; London: Routledge.

Özeren, Süleyman, Murat Sever, Kamil Yilmaz and Alper Sözer (2014) "Whom Do They Recruit?: Profiling and Recruitment in the PKK/KCK," *Studies in Conflict and Terrorism*, 37(4): 322-347.

Saeed, Seevan (2016) *Kurdish Politics in Turkey: From the PKK to the KCK*, New York; London: Routledge.

Sezgin, Ibrahim Can (2013) "The Link Between the Foreign Policy of States and Escalating Political Violence: Turkey and the PKK," *Critical Studies on Terrorism*, 6(1): 167-188.

Uslu, Emrullah (2007) "Turkey's Kurdish Problem: Steps Toward a Solution," *Studies in Conflict and Terrorism*, 30(2): 157-172.

Ünal, Mustafa Coşar (2012a) *Counterterrorism in Turkey: Policy Choices and Policy Effects toward the Kurdistan Workers' Party (PKK)*, New York; London: Routledge.

Ünal, Mustafa Coşar (2012b) "The Kurdistan Workers' Party (PKK) and Popular Support: Counterterrorism towards an Insurgency Nature," *Small Wars and Insurgencies*, 23(3): 432-455.

Ünal, Mustafa Coşar (2014) "Strategist or Pragmatist: A Challenging Look at Ocalan's Retrospective Classification and Definition of PKK's Strategic Periods Between 1973 and 2012," *Terroeism and Political Violence*, 26(3): 419-448.

Ünal, Mustafa Coşar (2016) "Is It Ripe Yet?: Resolving Turkey's 30 Years of Conflict with the PKK," *Turkish Studies*, 17(1): 91-125.

Ünver, Hamid Akin (2015) *Turkey's Kurdish Question: Discourse and Politics since 1990*, New York; London: Routledge.

Yılmaz, Hakan (2014) *Türkiye'de Kimlikler, Kürt Sorunu ve Çözüm Süreci: Algılar ve Tutumlar*, İstanbul: Açık Toplum Vakfı.

トルコ日刊紙（すべて電子版）
Cumhuriyet / Habertürk / Hürriyet / Milliyet / Radikal / Sabah

第9章

政治と経済
―― 経済自由化と社会的保護 ――

間　寧

1　経済自由化政策の貧困層への影響

　公正発展党（AKP）政権の誕生は，2001年2月に起きたトルコ史上最悪の経済危機を契機にしていた。トルコリラの対ドル価値は翌年2月までの1年間で半減し，実質GDPは年率で6％減少した。連立政権を構成していた3党は2002年11月総選挙で経済危機の責任を問われて全議席を喪失した[1]。AKPは，単独過半数政権を樹立，前政権が2001年6月に開始した経済再建プログラムを引き継ぎ，IMFスタンドバイ取極に基づく構造調整を実施した[2]。その後の経済成長と安定化は2007年総選挙でAKPの大勝利を導いたがAKP政権は2008年5月でIMFスタンドバイ取極を終了，構造調整に事実上終止符が打たれた。その後，構造調整で重要な役割を果たした市場管理機関は独立性を失いAKP政権の影響下に入るが，経済活動から国家を撤退させる方針は変わらなかった。すなわち税負担，政府支出，および貿易，投資，金融を中心とする領域で経済自由化が進展した（図9-1）。

　AKP政権下で進んだ経済自由化はどのような経済的効果をもたらしたのだろうか。経済自由化は一般的に，経済成長を促進する一方，所得分配を悪化させると理解されている。前者の経済成長に関しては，トルコ経済の2000年代の高成長が世界的金融緩和に支えられたもので，経済の構造変化によるものではなかったとの議論が有力である。他方，後者の所得分配についての知見は少ないため，本章は経済自由化政策の貧困層への影響を検証する。特に注目すべきことは，トルコにおける新自由主義経済プログラムが1990年代の実践経験を反

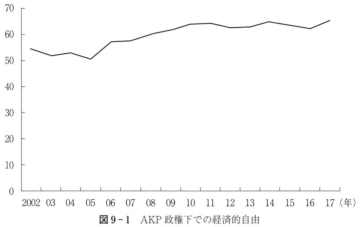

図 9-1　AKP 政権下での経済的自由
注：100が最も自由。経済自由度指標総合点は、所有権、政府透明度、司法府影響力、租税負担率、政府支出、財政健全性、ビジネス自由度、労働市場自由度、通貨自由度、貿易自由度、投資自由度、金融自由度の単純平均。上記の元データを見ると、AKP 政権下では税負担、政府支出、および貿易自由度、投資自由度、金融自由度の項目で上昇が目立つ。
出所：Heritage Foundation (2017) のデータより筆者作成。

映した改良版，修正ワシントン合意に基づいていたことである。修正ワシントン合意は成長と同時に所得分配と社会的保護を重視する。社会的保護は，保健，障害，高齢，遺族，家族・児童，失業，住居，社会的疎外という8つの領域に関わるリスクや必要からくる負担を軽減するための公的または私的主体による介入と定義される（Eurostat 2016, 10）。本章が分析の対象とするのも，AKP 政権下での所得分配と社会的保護である。

2　AKP 政権下での成長と分配

　新自由主義は古典的自由主義よりも市場主義を重視し，社会の広範囲が国家の介入によらず市場を通じて組織されることを主張する（Weiss 2010, 186）。新自由主義の処方箋とされたいわゆるワシントン合意は，市場原理重視の内容が学術的および政治的批判を受けた結果，1990年代半ば以降は，ガバナンスと貧困削減への配慮をより多く払うものになった（Babb 2013；Rodrik 2005, 974）。ただし修正されたワシントン合意は貧困削減でも自助努力を条件とするなど，市

場経済原則を維持している (Ruckert 2010, 46-50 ; McLeavy 2016 ; Sandbrook 2014)。

　AKP政権下での新自由主義的経済政策もこの修正ワシントン合意を反映したIMFプログラムや世界銀行プロジェクトに支えられており，市場原理と社会的保護を融合させた (Öniş 2012 ; Dorlach 2015)。既存研究ではトルコにおける新自由主義経済が，(1)イスラム派ブルジョアジーの台頭と深く関わっていること，(2) AKP政権下ではイスラム的言説や伝統的家族制度を利用して促進されてきたことを強調するものが多い (Atasoy 2009 ; Balkan, Balkan, and Öncü 2015 ; Bozkurt 2013 ; Karatepe 2016 ; Öncü and Balkan 2016 ; Kaya 2015 ; Yilmaz 2015)。しかし本章は実際の経済的効果に注目しているため，以下ではAKP政権下での経済成長と所得分配についての先行研究を概観する。

経済成長

　2001年経済危機後トルコ経済は急成長を遂げたが (図9-2)，その主因は外的環境にある。トルコのマクロ経済を2001年経済危機前と危機後の時期に分け，かつ他の新興市場諸国とも比較したデミル (Demir 2009) は，同危機後のトルコ経済の好転は世界的な資本流動性の高まりによるところが大きく，危機前後でトルコ経済に構造的な変化は認められないと論じた。イェルダンとユニュヴァル (Yeldan and Ünüvar 2016) も同様の見解から，AKP政権の成長戦略を「投機主導の雇用無き成長」と形容している。トルコでの高金利が投機的短期資本を引きつけ，リラ高が資本集約産業の資本財輸入を促進，逆に伝統的な労働集約産業の足枷となったからである。しかも資本は生産性向上の原動力である製造業よりはレントの利益を得る建設業へ向かいがちである。デミラルプら (Demiralp, Demiralp, and Gümüş 2017) は，AKP政権発足後，建設業が急成長して収益率が高まった結果，製造業から建設業への資本移動が起き，製造業が衰退したことを示した。

　2001〜08年の時期は，IMFスタンドバイ取極の条件として求められた構造調整が進展したこともたしかである。AKP政権の経済政策は2008年までは新自由主義的政策としての一貫性を維持していた。しかし，その後は市場監視のためにIMF改革で設立された独立機関が骨抜きあるいは政府機関化され，レ

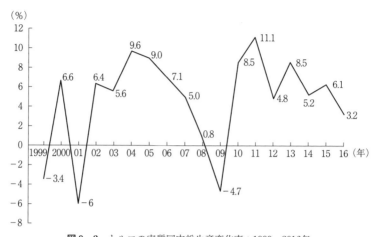

図9-2 トルコの実質国内総生産変化率：1999〜2016年
出所：Central Bank of the Republic of Turkey (http://www.tcmb.gov.tr) のデータより筆者作成。

ント醸成に利用された（Boratav 2016, 6）。国営企業がおおむね民営化されるなど（政府保有株式は残るものの），AKP政権は国家を経済活動から撤退させる一方で，市場管理権限を国家（およびAKP政権）の手にさらに集中させたと言える（Bekmen 2014, 70）。このような再集権化（de-delegation）をAKP政権は民主主義の多数派主義的解釈で正当化したが，再集権化を議会での立法でなく内閣が発布する「法的効果を持つ政令」で実現させる手法は，多数派主義にも反したと言える（Özel 2012, 127）。

所得分配

AKP政権の社会保障改革はIMFスタンドバイ取極や世界銀行プロジェクトに依拠し，3つの柱から成る。第1に，労働市場改革では，失業や非正規雇用の緩和のためにパートタイムや臨時雇用などの労働市場柔軟化（2003年），女性や若者を新規雇用する雇用者の社会保障負担軽減（2008年），雇用形態のさらなる多様化（2011年）などの措置を導入した。第2に，健康保険改革では，国民皆保険を2008年に導入するとともに国家公務員優遇を撤廃，また民間医療機関での診療も健康保険の対象とした。第3に，社会扶助では所得扶助を拡大した

(Özden 2014)。新自由主義の市場経済原則に従い，国家は社会福祉の直接的な供給からは撤退したが，福祉供給者への監督者および資金供給者として影響力を維持した（Eder 2010）。また健康保険制度でも受益者負担の拡大や民間健康保険による保険金上乗せ（公的保険の抑制が狙い）などの市場化も進展している（Üçkardeşler 2015）。このような社会保障改革が低所得で組織力を欠く層を対象としたことは，AKP 政権への支持の拡大に貢献した（Özden 2014；Öniş 2012, 141-142）。

トルコにおける社会保障政策の所得再分配効果は限定的である。社会的保護支出のほとんどは年金と保健で占められ，社会扶助は著しく低い(7)。そのためトルコの社会的保護支出は OECD の中でも最も高所得者を優遇する構造になっている（Üçkardeşler 2015）。家計所得の所得分配に平等化の傾向は見られるが，トルコの貧困削減はラテンアメリカのような所得再分配ではなく経済成長により達成されたとされる（Azevedo 2014）。パネルデータを用いた分析も，貧困への転落とそれからの浮上の原因が所得移転ではなく所得上の出来事（income event）であること，すなわち低所得者の所得決定要因は社会扶助ではなく（不安定な）非正規雇用であることを示した（Şeker and Dayıoğlu 2015）。また社会扶助は所得水準のみを基準に行われているため，正規労働市場への参加意欲を削ぐ上に，雇用の非正規化を助長する効果がある（Alcan 2016）。国民皆保険導入などの保健改革については，多くの研究が保健サービス利用の拡大や家計の医療支出軽減などの効果を確認している（Atun *et al.* 2013；Erus and Aktakke 2012；Tatar *et al.* 2011；Yardim, Cilingiroglu, and Yardim 2010；Yasar 2011）。

3　貧困層の相対的厚生

前節で概観した先行研究は，AKP 政権期の修正ワシントン合意に基づく新自由主義経済政策が，経済成長に本質的に貢献しなかったものの，所得分配を悪化させもしなかったことを示唆している。そこで本節では，AKP 政権下での修正新自由主義的改革が貧困層にどのような影響を与えたかを，トルコ統計局（TurkStat）が毎年実施している家計調査と世論調査のデータ，および社会

保障関連官庁のデータを用いて明らかにする。まず所得分配の状況が客観的指標よりも主観的指標で良好であることを示し，その理由を社会移転の進展との関連で考察する。

客観的指標と主観的指標の差異

　家計調査データは，貧困層の相対的厚生についてやや矛盾する2つの傾向を示している。トルコの所得分配は，客観的指標，たとえばジニ係数や最貧20％人口層所得（以下，最貧層と略す）のそれ以上の層に対する比率で見ると2006年以降（リーマンショックの余波を受けた2009年を除いて）改善を続けたが，2010年以降はあまり変わらず2015年には悪化している（図9-3）。他方，主観的指標，たとえば可処分所得が支出をどれだけまかなえるかについての回答（図9-4）は，最貧層の厚生が中間層に比べて2010年以降も改善していることを示している。さらに生活満足度（幸福度）の指標（図9-5）では，最貧層は中間層と比べて全時期を通じて改善している。所得分配改善が行き詰まる一方で最貧層の家計収支や生活満足度が必ずしも落ち込んでいない。このような傾向は，TurkStatとは全く別のデータからも確認できる。たとえば米国の独立系世論調査機関であるピュー研究所のデータによれば，トルコにおいて自らの生活水準を下層と見なす人々はAKP政権期において（リーマンショック時を除いて）一貫して減り続けた（図9-6）。

　客観的指標と主観的指標が整合的でない理由として考えられるのは，社会的保護政策，特に最貧困層への社会移転の拡充である。社会移転は，政府その他の機関により生活上の必要を満たすために家計に一方的に支給される現金ないし現物と定義され，貧困家庭を対象とする社会扶助，および各種年金のような定期的扶助の2つに分けられる（社会的保護と社会移転の大きな違いは，保健を前者は含むが後者は含まないことである）。社会移転における最貧層の相対的取り分（図9-7）および最貧層の家計収入における社会移転の比率（図9-8）は2010年以降も増えている。社会移転は不労所得であるため，所得水準に変化がないとしても，家計所得に占める社会移転比率の増加は生活満足度を高めると考えられる。

第9章　政治と経済

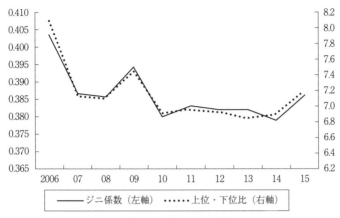

図9-3　トルコ家計可処分所得の不平等指標：2006～15年
注：上位・下位比は，上位20％家計の可処分所得累計の，下位20％家計の可処分所得累計に対する比率。
出所：TurkStat（http://www.turkstat.gov.tr）のデータより筆者作成。

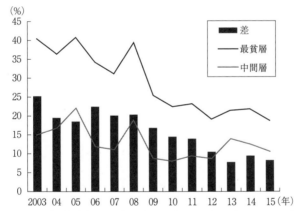

図9-4　家計収支維持が「とても困難」との回答比率：2003～15年
注：TurkStat が毎年全国規模で（2015年の場合，9397人）で実施している生活満足度調査（Life Satisfaction Survey）で，家計収支状況についての質問に対し，「とても困難」と答えた家計の比率。これ以外の回答選択肢は，「とても容易」「容易」「容易でも困難でもない」「困難」の4つ。所得階層は，可処分所得で序列化した家計を，全家計に占める割合で20％ごとに区切った層。
出所：TurkStat（http://www.turkstat.gov.tr）のデータより筆者作成。

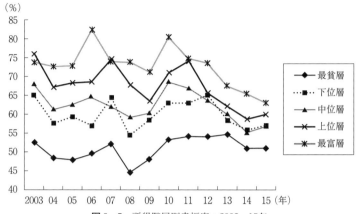

図 9-5 所得階層別幸福度：2003〜15年

注：「とても幸福」と「幸福」を合わせた比率（他のカテゴリーは「中間」「不幸」「とても不幸」）。所得階層は，可処分所得で序列化した家計を，全家計に占める割合で20%ごとに区切った層。

出所：TurkStat（http://www.turkstat.gov.tr）のデータより筆者作成。

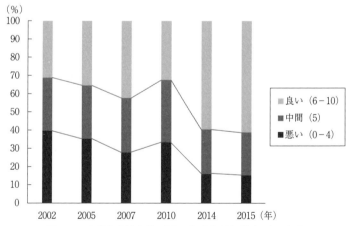

図 9-6 主観的生活水準：「良い」，「中間」，「悪い」の比率

注：「『生活の梯子』を想定して，その梯子の最上段が最善の生活，最下段が最悪の生活とすると，今あなたはどの段にいると感じますか」との質問への0から10までの数字での回答を，0-4を「悪い」，5を「中間」，6-10を「良い」として集計した比率。

出所：Pew Global Attitudes Survey のデータセットより筆者作成。データの詳細については第4章参照。

第9章　政治と経済

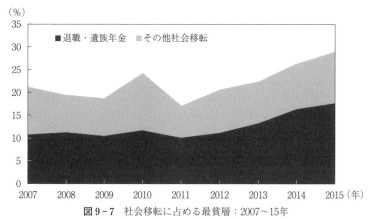

図9-7　社会移転に占める最貧層：2007〜15年
注：TurkStat が2007年以降毎年実施している家計所得調査（Income and Living Conditions Survey）基づいて推計された。なお所得の中に参照家賃は含まれないので，実際の所得を反映する。
出所：TurkStat（http://www.turkstat.gov.tr）のデータより筆者作成。

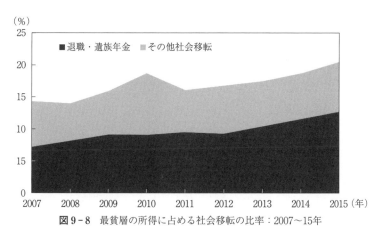

図9-8　最貧層の所得に占める社会移転の比率：2007〜15年
出所：TurkStat（http://www.turkstat.gov.tr）のデータより筆者作成。

社会移転の進展

　それでは社会移転のどのような内容が拡充されたのだろうか。社会移転は(1)退職・遺族年金と(2)その他社会移転の2つに大きく分かれる。AKP政権下では第1に，退職・遺族年金の支給水準格差が縮まった。トルコの年金制度では2008年に統合されるまで，3つの主要な年金基金が存在していたが，年金基金間で支給水準に差があった。AKP政権は最低年金支給額の増加率を，（低所得者の比率が多い）自営業者年金および民間部門年金において，（高所得者の比率が多い）公務員年金よりも高く設定し（Rehberi 2014 ; Karadeniz 2014, 14），退職・遺族年金に占める最貧層の相対的取り分を引き上げた。これは，社会移転支出の年金と保健の比率の高さに起因する高所得者優遇（Üçkardeşler 2015）の是正につながる。

　第2に，最貧層における社会移転受給比率が増加した。低所得者は，資力調査を条件とする年金および他の社会移転を受給する権利があるが，実際には支給されていない場合もある。個票データを用いた推計によると，65歳以上で自己収入が国民中位収入の6割に満たない人のうち，何らかの社会移転を受けている比率は2009年の59％から2013年の64.1％に増えている（Karadeniz 2014, 10）。社会移転のうち年金・保健を除いたその他社会移転は，ほぼ社会扶助に相当する。社会扶助は2002年に総支給額がGDP比で約0.5％だったが，2016年にはGDP比1.45％と約3倍になり，対象世帯も315万に拡大した（ASPB 2017a, 48）。

社会移転の限界

　ただし，社会移転が必ずしも貧困層に焦点を絞り切れていない限界も指摘しておきたい。本来貧困層を対象にすべき社会扶助は全国2200万世帯（2016年）の約15％に支給されているが，それら世帯は必ずしも貧困層と一致していない。図9-7からわかるように，社会扶助における最貧層（全世帯の20％）の取り分は2015年で25％程度にすぎないからである。社会扶助は本来の趣旨とはやや異なり，薄く広く支給されているのが実態である。これは有権者，特にAKP支持層に幅広く恩恵を与えるという政治的配慮とともに（Köseş and Bahçe 2010），トルコの社会移転が退職・遺族年金に偏っている現実を所与とした政策とも考

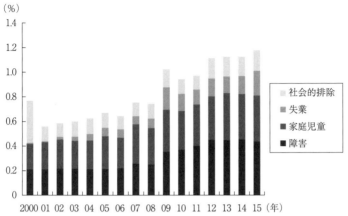

図9-9 年金と保健を除く社会的保護内訳のGDP比率：2000〜15年
出所：TurkStat (http://www.turkstat.gov.tr) のデータより筆者作成。

えられる。そもそも総額が少ない社会扶助を貧困層に厚く配分するよりも，社会移転の退職・遺族年金の格差を是正するほうが，貧困層への所得再配分につながる。

　社会移転統計は2007年以降分しか公開されていない上に社会扶助の内訳が示されていない。そこで，社会扶助にほぼ重なる，年金と保健を除く社会的保護のGDP比を見ると項目別では，障害者と家庭・児童への扶助が高い割合を占めてきたのがわかる（図9-9）。障害者にはAKP以前の政権はあまり配慮を示さなかったが，AKPは選挙公約で障害者の待遇改善を約束してきた。このような社会的弱者は政治的に組織化されていないため，AKPにとっては支持基盤に取り込みやすい重要な政治的資源でもある。家族・児童への扶助も，先行研究の指摘にあるように，家族制度を強化して伝統保守的家族を増やし，[10] AKP支持基盤の強化に役立つ。このような点で，社会移転は社会的保護を大きな目的としつつも，政権の政治的利益をも考慮して実施されているのである。

　社会扶助は，恩顧主義（クライエンタリズム）をも助長している。社会扶助が国民の社会権ではなく，与党からの恩恵として提供され，受領される傾向がある（Metin 2011）。社会扶助を所轄するのは社会保障機構の外に，同機構からは半ば自律的に存在する社会扶助局である。社会扶助局は社会相互扶助連帯促進

基金の財源を使って全国の県・郡に存在する社会相互扶助連帯財団（SYDTF）を通じて社会扶助を行う構図になっているのである。社会扶助局には中央組織しかないため，地方（現場）での執行は財団という民間組織が請け負うという形で社会扶助が実施されている。基金は一般会計予算とは別会計であり（一般会計予算外基金の1つ），国会承認を必要としないが実際にはその財源は2010年には8割近くが税収で，寄付金と支援は1割にすぎなかったことは（Urhan and Urhan 2015, 241-245），基金が恩顧主義政策の隠れ蓑になっていることを示唆している。しかも政府が資金配分した福祉供給者の大半は宗教系福祉団体だった（Eder 2010；Köseş and Bahçe 2010）。都市自治体が社会福祉目的で民間部門から財とサービスを購入することも，2005年都市自治体法改正により可能になっている（Göçmen 2014, 99）。

4 経済自由化の現実主義

　AKP政権が前政権から継承推進した経済自由化は，政治経済的現実にかなり即した施策からなっていた。すなわち国内経済に市場制度と競争原理を浸透させる一方で，市場や競争で弱い立場にある人々に社会移転を漸進的に拡充した。社会移転では，その大部分を占める年金・保健における受給者間の不平等の是正により，貧困層への相対的支給額が引き上げられた。これは就業構造からすると，国家公務員から民間部門労働者や零細自営業者への所得再分配を意味する。これが社会構造からすると，世俗主義エリート支持勢力から親イスラム派支持勢力への所得再分配であることは，AKP政権の支持基盤拡大にとって政治的に合理的である。

　社会的保護から年金と保健を除いた残りの社会扶助は，貧困層を優先しつつもそれより上位所得の家計にもかなり広く支給された。そこには社会扶助をAKP支持者への分配資源として用いる意図があることを本章は浮き彫りにした。しかも社会扶助の支給額は法律で決められるのではなく，社会扶助の県・郡別実施機関であるSYDTFが定め，県・郡知事が通知する。それは国民の社会権というより，政権が与える恩恵との色彩が強い。理論的にも実践的にも

改良修正された新自由主義政策は，トルコの AKP 政権の政治経済的現実に即してさらに合理化され実施されたと言える。

注
(1) 議席獲得に必要な10％の得票率をあげられなかったためである。
(2) スタンドバイ取極とは，国際通貨基金（IMF）加盟国が外貨準備不足で対外決済が困難になった時に，IMF から短期間（通常 3 年以内）の融資支援を受ける代わりに，対外決済能力を回復するための経済改革を行うという取り極めである。経済改革のうち財政改革では，①対政府負担金利減免禁止，②国営企業退職者の補充の 1 割以下への限定，③定年の段階的65歳への延長と 3 つの年金の統合，④国営企業統治強化，⑤医療支出の監視評価のための定量的枠組み開発，⑥公務員の給与及び雇用構造の包括的見直し，⑦法人税の引き下げ（30％から20％）と簡素化，⑧所得税の簡素化と累進化，⑨金融取引税廃止の代わりに利子・資産値上益への課税，⑩間接税の簡素化，などが実施された。金融改革では，⑪国営銀行の特権と義務の段階的廃止や新規株式公開，⑫公的管財下に置かれた銀行債権の競売，⑬金融部門に対する政府監督を監視するための委員会設置，などを実施した。これ以外にも外国投資推進策としては，⑭不動産購入を含めて国内外投資家を対等に扱う外国直接投資法を2003年に成立させ，⑮貿易自由地区を輸出加工地区に変更してインフラや税制を国際標準に近づけた（所得・法人両税免除は2009年に廃止）。なお構造調整改革は2001年 6 月に開始されていた。
(3) 世界銀行によれば，社会的保護政策は，（補助金を主な財源とする，現金給付，学校給食，対象限定食料援助などの）社会扶助と（保険料を主な財源とする老齢・遺族・障害者年金，失業保険などの）社会保険から構成される（The World Bank 2017）。
(4) IMF や世界銀行の専門家がラテンアメリカ経済の改革のために必要視しているとされた財政規律，インフラや社会厚生への公共支出，課税ベース拡大，金利自由化，貿易と直接投資の自由化，民営化などの10項目を，ウイリアムソン（Williamson 1990）がワシントン合意と名づけた。
(5) ドーラク（Dorlach 2015）は，AKP 政権期のトルコを新自由主義と社会民主主義の中間に位置づけている。
(6) 典型的なレント醸成方法は，建造物規制のある都市計画を修正したのちに名ばかりの入札を行い，都市の国有地を特定の個人に名目的価格で売却することである。これは表面上は国家収入の減少をもたらさないため（Boratav 2016, 7），新自由主義の財政規律原則に反さないように見えるが，正しくは得べかりし税収の損失をもたらしている。
(7) しかも社会扶助は，未労働者，失業者，不動産所有者という AKP 支持層に厚く，就業者には薄く配分されているとの指摘もある（Köseş and Bahçe 2010）。
(8) 2002年12月～2013年 1 月の年金支給額実質増加率（名目増加率から物価上昇率を差し引いた値）は，農業自営業者で250％，非農業自営業者で107％，農業民間部門で59％，

民間部門で48％，公務員で23％だった（ÇSGB 2013, 33）。
(9) AKP 政権下の社会扶助は，家庭扶助（宗教祭日の食料扶助，住居修繕扶助，社会住宅プロジェクト，燃料扶助，寡婦扶助，軍人家族扶助），教育扶助（教材扶助，条件付き現金給付，昼食扶助，通学寄宿援助，障害者学生無料送迎，学生寮建設），保健扶助（条件付き現金給付，低所得障害者扶助，不妊治療プロジェクト，健康保険料扶助），特別扶助（食事提供，被災害者扶助），高齢・障害者扶助，プロジェクト扶助へと拡大した（ASPB 2017b）。
(10) 本章では先行研究への言及に留めたが，伝統的家族制度を社会的保護政策の補助組織として利用したことも社会的保護の現実主義的施策の１つである。
(11) 社会相互扶助連帯財団（SYDTF）は祖国党（ANAP）政権期の1986年に創設されたが，それが社会扶助の中心的財源になったのは AKP 政権になってからである。

参考文献

Alcan, Deniz, Can, Raif, Taskin, Temel, and Wiseman, William David (2016) "Impact of Social Assistance on Labor Market Mobility: The Case of Turkey", http://documents.worldbank.org/curated/en/947141471889365784/Impact-of-social-assistance-on-labor-market-mobility-the-case-of-Turkey（2016年9月27日閲覧）.
ASPB, Aile ve Sosyal Politikalar Bakanlığı (2017a) *2016 Yılı Faaliyet Raporu*, http://www.aile.gov.tr/data/58b58e4c691407119c139239/2016%20%20Faaliyet%20Raporu.pdf（2017年6月23日閲覧）.
ASPB, Aile ve Sosyal Politikalar Bakanlığı (2017b) *Sosyal Yardım Programlarımız*, http://sosyalyardimlar.aile.gov.tr/sosyal-yardim-programlarimiz（2017年10月31日閲覧）.
Atasoy, Yıldız (2009) *Islam's Marriage with Neoliberalism: State Transformation in Turkey*, Basingstoke: Palgrave Macmillan.
Atun, Rifat, Sabahattin Aydın, Sarbani Chakraborty, Safir Sümer, Meltem Aran, Ipek Gürol, Serpil Nazlıoğlu, Özgülcü Şenay, Ülger Aydoğan, Banu Ayar, Uğur Dilmen, and Recep Akdağ (2013) "Universal Health Coverage in Turkey: Enhancement of Equity", *The Lancet*, 382(9886): 65-99.
Azevedo, Joao Pedro; Atamanov, Aziz (2014) "Pathways to the Middle Class in Turkey: How Have Reducing Poverty and Boosting Shared Prosperity Helped?" https://openknowledge.worldbank.org/handle/10986/17722（2016年9月26日閲覧）.
Babb, Sarah (2013) "The Washington Consensus as Transnational Policy Paradigm: Its Origins, Trajectory and Likely Successor", *Review of International Political Economy*, 20(2): 268-297.
Balkan, Neşecan, Erol M. Balkan, and Ahmet F. Öncü (2015) *The Neoliberal Landscape and the Rise of Islamist Capital in Turkey, Dislocations*, New York: Berghahn Books.
Bekmen, Ahmet (2014) "State and Capital During the Neoliberal Era", in İsmet Akça,

Ahmet Bekmen and Barış Alp Özden (eds.), *Turkey Reframed*, London: Pluto Press.
Boratav, Korkut (2016) "The Turkish Bourgeoisie under Neoliberalism", *Research and Policy on Turkey*, 1(1): 1-10.
Bozkurt, Umut (2013) "Neoliberalism with a Human Face: Making Sense of the Justice and Development Party's Neoliberal Populism in Turkey", *Science & Society*, 77(3): 372-396.
ÇSGB, Çalışma ve Sosyal Güvenlik Bakanlığı (2013) *Faaliyetlerimiz ve Gündemimizdeki Konular*, https://www.csgb.gov.tr/media/2054/faaliyet_gundem.pdf (2017年8月30日閲覧).
Demir, Fırat (2009) "Turkish Post-Crisis Development Experience from a Comparative Perspective: Structural Break or Business as Usual?" in Ziya Öniş and Fikret Şenses (eds.), *Turkey and the Global Economy: Neo-Liberal Restructuring and Integration in the Post-Crisis Era*, New York; London: Routledge.
Demiralp, Seda, Selva Demiralp, and İnci Gümüş (2017) "The State of Property Development in Turkey: Facts and Comparisons", *New Perspectives on Turkey*, 55: 85-106.
Dorlach, Tim (2015) "The Prospects of Egalitarian Capitalism in the Global South: Turkish Social Neoliberalism in Comparative Perspective", *Economy and Society*, 44 (4): 519-544.
Eder, Mine (2010) "Retreating State? Political Economy of Welfare Regime Change in Turkey", *Middle East Law and Governance*, 2(2): 152-184.
Erus, Burcay, and Nazli Aktakke (2012) "Impact of Healthcare Reforms on out-of-Pocket Health Expenditures in Turkey for Public Insurees", *Eur J Health Econ*, 13(3): 337-346.
Eurostat (2016) *European System of Integrated Social Protection Statistics, Esspros: Manual and User Guidelines 2016 Edition*, European Union, http://ec.europa.eu/eurostat/documents/3859598/7766647/KS-GQ-16-010-EN-N.pdf/3fe2216e-13b0-4ba1-b84f-a7d5b091235f (2017年10月31日閲覧).
Göçmen, İpek (2014) "Religion, Politics and Social Assistance in Turkey: The Rise of Religiously Motivated Associations", *Journal of European Social Policy*, 24(1): 92-103.
Karadeniz, Oğuz (2014) "Asisp Country Document Update 2014 Pensions, Health and Long-Term Care: Turkey," https://ec.europa.eu/social/keyDocuments.jsp?advSearchKey=asisp&mode=advancedSubmit&langId=en&policyArea=&type=0&country=0&year=0&orderBy=docOrder, https://ec.europa.eu/social/ (2017年6月20日閲覧).
Karatepe, İsmail Doğa (2016) "The State, Islamists, Discourses, and Bourgeoisie: The Construction Industry in Turkey", *Research and Policy on Turkey*, 1(1): 46-62.
Kaya, Ayhan (2015) "Islamisation of Turkey under the Akp Rule: Empowering Family,

Faith and Charity", *South European Society and Politics*, 20(1): 47-69.

Köseş, Ahmet Haşim, and Serdal Bahçe (2010) "'Hayırsever' Devletin Yükselişi: AKP Yönetiminde Gelir Dağlımı Ve Yoksulluk", in Bülent Duru and İlhan Uzgel (eds.), *AKP Kitabı: Bir Dönüşümün Bilançosu*, Ankara: Phoenix.

McLeavy, Julie (2016) "Neoliberalism and Welfare", in Simon Springer, Kean Birch and Julie MacLeavy (eds.), *The Handbook of Neoliberalism*, New York: Routledge.

Metin, Onur (2011) "Sosyal Politika Açsından AKP Dönemi: Sosyal Yardım Alanında Yaşananlar", *Çalışma ve Toplum*, 28.

Öncü, Ahmet, and Erol Balkan (2016) "Nouveaux Riches of the City of Minarets and Skyscrapers: Neoliberalism and the Reproduction of the Islamic Middle Class in İstanbul", *Research and Policy on Turkey*, 1(1): 29-45.

Öniş, Ziya (2012) "The Triumph of Conservative Globalism: The Political Economy of the AKP Era", *Turkish Studies*, 13(2): 135-152.

Özden, Barış Alp (2014) "The Transformation of Social Welfare and Politics in Turkey: A Successful Convergence of Neoliberalism and Populism", in İsmet Akça, Ahmet Bekmen and Barış Alp Özden (eds.), *Turkey Reframed*, London: PlutoPress.

Özel, Işık (2012) "The Politics of De-Delegation: Regulatory (in) Dependence in Turkey", *Regulation & Governance*, 6(1): 119-129.

Rehberi, SGK (2014) *Memur ve Emekli Maaşlarının Yıllara Göre Seyri*, http://www.sgkrehberi.com/haber/27020 (2017年3月5日閲覧).

Rodrik, Dani (2005) "Growth Strategies", in Philippe Aghion and Steven N. Durlauf (eds.), *Handbook of Economic Growth*, Amsterdam: Elsevier Science.

Ruckert, Arne (2010) "The Forgotten Dimension of Social Reproduction: The World Bank and the Poverty Reduction Strategy Paradigm", *Review of International Political Economy*, 17(5): 816-839.

Sandbrook, Richard (2014) *Reinventing the Left in the Global South*, Cambridge: Cambridge University Press.

Şeker, Sırma Demir, and Meltem Dayıoğlu (2015) "Poverty Dynamics in Turkey", *Review of Income and Wealth*, 61(3): 477-493.

Tatar, Mehtap, Salih Mollahaliloğlu, Bayram Sahin, Sabahattin Aydın, and Anna Maresso (2011) "Turkey: Health System Review", *Health Systems in Transition*, 13(6): 1-186.

The World Bank (2017) *Social Protection*, http://www.worldbank.org/en/topic/social protectionlabor/overview (2017年10月31日閲覧).

Üçkardeşler, Emre (2015) "Turkey's Changing Social Policy Landscape, Winter 2015", *Turkish Studies Quarterly* (Winter): 149-161.

Urhan, Gülcan, and Betül Urhan (2015) "AKP Döneminde Sosyal Yardım", in Meryem Koray and Aziz Çelik (eds.), *Himmet, Fıtrat, Piyasa*, İstanbul: İletişim Yayınları.

Weiss, Linda (2010) "The State in the Economy: Neoliberal or Neoactivist?" in Glenn Morgan (ed.), *The Oxford Handbook of Comparative Institutional Analysis*, GB: Oxford University Press.

Williamson, John (1990) "What Washington Means by Policy Reform", in John Williamson (ed.), *Latin American Adjustment: How Much Has Happened?* Washington, D.C.: Institute for International, Economics.

Yardım, Mahmut Saadi, Nesrin Cilingiroğlu, and Nazan Yardım (2010) "Catastrophic Health Expenditure and Impoverishment in Turkey", *Health Policy*, 94(1): 26-33.

Yasar, Gulbiye Yenimahalleli (2011) "'Health Transformation Programme' in Turkey: An Assessment", *The International Journal of Health Planning and Management*, 26(2): 110-133.

Yeldan, Erinç A., and Burcu Ünüvar (2016) "An Assessment of the Turkish Economy in the AKP Era", *Research and Policy on Turkey*, 1(1): 11-28.

Yılmaz, Zafer (2015) ""Strengthening the Family" Policies in Turkey: Managing the Social Question and Armoring Conservative-Neoliberal Populism", *Turkish Studies*, 16(3): 371-390.

終　章

「周辺」強化の定着過程

間　寧

1　「周辺」強化がもたらしたもの

　各章は「周辺」の強化を浮き彫りにしたが，各章の知見は今後のトルコ政治を見通す上でどのような視座を提供しているのか。多様な知見の中からあえて共通項を取り出すとすれば，「周辺」強化が必ずしも民主主義制度の定着につながらないという点であろう。「周辺」の強化は当初，民主主義や国際関係協調を促進するかに見えた。公正発展党（AKP）政権第1期から第2期目にかけて，EU加盟交渉開始条件としての民主化改革，市民社会組織規制緩和（第3章），対アレヴィー・クルド自由化（第2章，第8章），地方分権（第6章），トルコの国連安全保障理事会非常任理事国選出（2008年）や米国のブッシュ政権，オバマ第1期政権との良好な関係（第7章），文民統制強化などが実現したからである。

　ただしこれらの政策は，上述章が明らかにしたように，AKP政権の基盤強化戦略に組み込まれていた。そのため，「周辺」強化の最大の受益者はAKPであり，何らかの民主化・自由化政策はAKP政権への利益を生まないと判断されると放棄されるか後退するに至った[1]。このように「周辺」強化は，状況依存的に進み，「周辺」内でも受益者間不平等をもたらした。他方，「周辺」強化が，社会経済的に不利な立場にあった人々に恩恵を与えたこともたしかである。AKP政権は大学をも含む公共機関でのイスラーム的スカーフ着用を解禁したし，社会的保護政策により低所得層の生活状況を改善した（第9章）。以下では，「周辺」強化の定着過程の課題を各章の議論をもとに3つに整理し，今後のト

ルコ政治の見通しにつなげたい。

2　政治制度

非公式な制度化

「周辺」強化が規則でなく時々の力関係に従って進む様子は，オドンネルが新興民主主義国の大きな問題として指摘した「非公式な制度化」を想起させる (O'Donnell 1996)。新興民主主義国では選挙のみが制度として定着し，民主主義のための選挙以外の規則，特に三権分立が遵守されない。代わりに恩顧主義 (政治家と有権者の間の庇護と忠誠の関係) のような非公式の慣行が実質的な制度となる。トルコにおける「非公式な制度化」は，三権分立において顕著である。AKP政権は当初良好な関係にあったギュレン派を司法府に浸透させ，その後同派がAKPに反旗を翻すと同派をAKPに従順な法曹人とすげ替えた。地方行政でも見かけはすでに制定された部分的改正に見せながら実質的には広域自治体を自治単位とする地方行政変革が起きた。この法改正は，本来は大都市自治を目的に設立された広域自治体の管轄範囲を全県にまで及ぼすことで，(1)県 (と郡) を管轄してきた中央政府 (内務省) の権限を大幅に弱める一方，(2)県内に存在していた広域自治体以外の自治体の法人格を廃止した (第6章)。これは強化された「周辺」の内部における集権化とも捉えられる。

ただしトルコの政治制度には，状況依存的政策や非公式な制度化を是正する作用も残っていた。たとえば大統領制導入 (2017年4月) は現大統領への集権化を目的とする (明白に非公式ではないが) 属人的な制度変更だった。しかしAKPはその後に実施予定の大統領選挙での過半数得票が難しいと見ると，中小政党である民族主義者行動党 (MHP) を自陣営に取り込む対価として，MHPを国会選挙での10パーセント阻止条項 (足切り) から救うべく国会選挙での政党連合を合法化した。この公式な制度化で，すべての政党は政党連合が可能になったため，主要野党も結集して選挙連合を形成した。これにより「周辺」勢力の排除を目的とした10パーセント阻止条項は形骸化し，1982年憲法体制下での大きな問題の1つであった代表公正性の欠如が大幅に緩和された。このように

「周辺」強化は「非公式な制度化」に向かう傾向が強いものの，強大な与党でさえ常に選挙力学に従わざるをえない。選挙はトルコで現在抑制均衡機能を果たしている唯一残された制度といえる。

大統領制下での選挙力学

「周辺」勢力排除を想定していた10パーセント阻止条項は，選挙連合の合法化によりほぼ無効化したが，それは2018年6月に大統領選挙と同時に実施される国会選挙の選挙力学をどのように変えたのか。第1に，第5章によれば，10パーセント阻止条項が適用されたこれまでの議会選挙では，与党に近い有権者で「勝ち馬乗り（バンドワゴン）」効果が，野党に近い有権者で「弱者肩入れ（アンダードッグ）」効果が，それぞれ顕著に表れた。しかし10パーセント阻止条項の無効化により，与党陣営では「勝ち馬乗り」効果が大幅に弱まることでMHPが利益を得る。また野党では，選挙連合を組んだ4野党に「弱者肩入れ」は起きないものの，選挙連合に入れなかった唯一の院内政党である人民民主党（HDP，親クルド）は，2015年の2回の総選挙と同様，「弱者肩入れ」効果により10％の得票率を獲得する可能性が高い。さらに，野党選挙連合内の至福党（SP）はAKPと起源を同じにする親イスラーム政党で同党と支持基盤が大きく重なる。そのためSPは「勝ち馬乗り」効果低下の恩恵を受け票を伸ばすことが予想される。第2に，一般的に大統領制での国会選挙は政権（大統領）選択に直接影響を与えないため，与党に近い有権者は国会選挙では勝ち馬（与党）ではなく自分が最も好ましいと考える政党に投票する。このように10パーセント阻止条項の無効化だけに着目すると，(1)MHPが選挙連合の相手であるAKPから票を奪える可能性が増す，(2)野党の合計得票率が10パーセント阻止条項適用の場合と同水準を維持するか若干増える，という効果が予想される。

トルコが新たに導入した大統領制は，2つの点で集権的である。第1に，行政府の長である大統領に立法と司法に関する重要な権限が付与され，三権分立とは逆の三権集中が起きている。第2に，大統領が与党党首になれるため，大統領は与党および国会議員に強い統制力を及ぼせる。三権集中と個人政党化は，権力維持に好都合のように見えるが，客観的情報や専門的判断が伝わらなくな

り，政策失敗や世論無視につながりやすい。トルコは集権的大統領制へ議院内閣制から移行したため，比較的制度化された政党制を受け継いだ。しかもAKPはトルコ有権者の8人に1人を党員とし，政府直結陳情システム（AKİM）をも整備した国内最大の組織政党である。一般の大統領制においては，個々の政党が明確な綱領を持たず組織も弱く，もっぱら大統領選挙の時に活性化する大統領候補支援団体の性格が強いのに比べて，AKPは現在，はるかに有利な状況にある。今後はAKPが個人政党化への動きにどう対応するかが，同党への有権者支持と集権的大統領制の行方を決める1つの要因となろう。

3　社会的多様性

多様化政策の限界

　トルコにおいても「周辺」強化は多様な社会集団への権利拡大と同時に，「周辺」内において数的多数派（与党勢力）による数的少数派との取引やその取り込みをもたらしている（第2章）。その考えは「周辺」内に新たな中心を作り出しているかのごとくである。これは「中心」（世俗主義的国家エリート）に色濃かった，社会の多様性を認めない考えと同根で，「中心・周辺」論のマルディン（序章参照）が2007年に発した警告を思い起こさせる（Çakır 2007）。マルディンはトルコにおけるイスラームは歴史的に見ても重層構造になっており，信仰上でも価値観の多様性を認める洗練されたイスラームと統一的宗教観を強いる集団主義的イスラームがあると指摘した。そして後者の集団主義的イスラームは近隣者の宗教的態度を監視するかのような近隣圧力（mahalle baskısı）を及ぼすこと，その圧力が今日，AKP政権とは独立した形で強まっており，AKPに対してさえも及ぶと語った。

　近隣圧力はマルディンの言うようにAKP政権が意図的に強めたわけではないとしても，AKP政権第2期（2007〜11年）に始まる宗教的自由化（ないし対宗教規制緩和）が集団的イスラームの考えを持つ人々を鼓舞したことは十分考えられる。ただし最近においては，近隣圧力よりむしろAKP政権による宗教的価値観政策の強化が顕在化している実態が，第3章や第4章からも理解できる。

それでも、トルコ社会全体がイスラーム化しているかについて第3章は否定的だし、第4章でも宗教的価値観を利用した政権支持強化策の効果は認められなかった。2017年4月国民投票でもイスタンブルの宗教保守的地域での低い支持率はAKP政権にとって大きなショックだった。聖職者養成校の拡大は宗教的価値観が強い国民を増やすことに貢献したが、そのような人々が現在の宗教教育の内容と質に疑問を持つようになっているとの指摘もある（第3章）。いずれにせよ、政権による多様化政策の行き詰まりは、市民社会がその分断性や重層性を主体的に維持ないし変質させていくのかという議論を呼ぶ。

社会の分断性と重層性

第3章は、典型的な世俗主義的市民社会組織が、1980年代以降のアイデンティティ政治の広がりに対してトルコの世俗主義一元的国家という「中心」的価値を防衛するために設立されたのに対し、典型的なイスラーム的市民社会組織は「周辺」的価値観を世界で普遍的な規範（思想信仰の自由などの基本的人権）の体系内で擁護したことを明らかにした。これはその後、市民社会の中でイスラーム的市民社会組織が影響力を拡大したことを理解する上で重要な知見である。ただしやはり同章が論じるように、市民社会は世俗・宗教という軸（二元論）のみでは捉えられず、親政権・反政権という別の軸も存在し、状況によっては民主主義や女性の権利擁護の価値観がすべての市民社会組織で共有される。このような市民的意識の高まりは、2013年夏のゲズィ抗議運動の大きな原因だった（第3章）。なお、すでに2000年代初めから街頭運動、特に合法的運動が増え、これら運動の中心が、政党政治による主張実現が難しいクルドや左派などの運動であるという指摘もある（Uysal 2017）[3]。

他方、イスラーム的市民社会組織の中で最も穏健と見られていたギュレン派が2016年7月のクーデタ未遂に関わった。ギュレン派が市民社会組織を装う秘密組織であるとの世俗主義者を中心とする主張は、トルコ世論のみならずトルコ研究者にもあまり受け入れられていなかった。しかしクーデタ未遂後に刊行された、ギュレン派研究の第一人者たち（Yavuz and Balcı 2018）、ギュレン派の元幹部2名（Veren 2016; Keleş 2016）[4]、クーデタ未遂発生前3年間のギュレン派

士官の急速な昇格をデータで裏付けた元軍法検事（Üçok 2016）、クーデタ未遂2日間の動向と検察の集めた証拠を克明に記述した新聞記者（Selvi 2017）らの著書は、(1)ギュレン派の活動が学生支援奉仕として始まったものの、優秀な信徒を軍部、警察、官僚機構に浸透させ国家を支配することに目標を変質させたこと、(2)クーデタ未遂が、その多くが准将や少将にまで昇格していたギュレン派の将校に対してギュレン派幹部が命令を下して実行されたことを示している（間 2017）。それでもギュレン派が市民社会組織としてこれほどトルコで受け入れられてきたのは、トルコ政治における世俗主義派とイスラーム派への分断がトルコ社会には非現実的と映ったためであろう。社会奉仕を掲げしかも世俗主義派とイスラーム派の両要素を包含しているように見えた組織が現実主義的な人々の支持を集めるのは当然と言える。また国際社会でのギュレン派の受容度の高さは、2001年の9・11アメリカ同時多発テロ事件以降の欧米社会で反イスラーム世論が強まる中、ギュレン派が近代的、平和的、穏健なイスラーム運動として自らを宣伝した結果でもある（Lacey 2014）。

4　国内治安と国際関係

対PKK交渉方法と功績独占動機

　第8章は、トルコのクルド問題解決政策が、原則論ではなく方法論によりいとも簡単に挫折しかねない脆弱な構造を浮き彫りにした。エルドアンが対クルディスタン労働者党（PKK）政策で、交渉という戦略を選びながらもその交渉過程でPKK勢力が全面に出ることを嫌ったためにこれを覆するという行動は、国民の対PKK意識とも共通している。当時の世論は、クルド問題の解決のためには政治的交渉が必要であると認識していていたものの、その交渉過程においてオジャラン党首が政府の交渉相手になることには拒否感が強かった。すなわちPKKとの交渉は、秘密裏に始まったものの途中から国民周知の下で進むことになったため、困難が増した。しかもPKKは2014年秋以降、シリアにおけるその姉妹組織（民主統一党［PYD］）が成功した都市ゲリラ戦（シリアのクルド地域のコバニでイスラーム国［IS］を撃退）をトルコのクルド地域で再現することを

試みるなど，シリア内戦の力学がPKKを通じてトルコ国内へ波及する危険性も高まった。

第8章が示したエルドアンの交渉方法をめぐるこだわりは，PKKテロ撲滅の功績独占を動機にしているとも考えられる。政治家は有権者の人気を得るために功績主張を行うが（credit claiming）(Mayhew 1974, 52-61)，功績独占は競合者の功績主張を阻む。功績独占の事例は第6章でも見られる。AKP政権はその第1期に地方分権化を推し進めたものの，それがクルド地域におけるさらなる自治権要求を触発すると，親クルド政党市政の自治権を封じ込んだ。もちろん親クルド政党市政の自治権拡大要求は，親クルド政党の実質的指導者であるオジャランPKK党首のクルド地域支配戦略（第8章）に依拠していた。それでもAKP政権は文化的多様性やムスリム同胞意識を強調すればクルド住民の支持をめぐる親クルド政党やPKKとの競争に勝てると見込んでいた（第6章）。功績の主張は恩顧主義政治でも政治家が有権者との絆を強める上で重要な役割を果たす（Kitschelt and Wilkinson 2007, 23）。たとえば，社会的保護政策のうち社会扶助の制度化の度合いが低く，AKPが過半数を握る地方自治体に大きな裁量が与えられているため，社会扶助対象者に対してAKPが功績主張することが可能になる（第9章）。

国際・対日関係

国際関係では第7章が明らかにしたように，米国がクリントン，ブッシュ両大統領期の優位政策（超大国として他国に関与しかつ優位に振舞う政策）からオバマ政権期のオフショア・バランシング政策へ軸足を移した頃，トルコでは地域秩序の安定と国際秩序への貢献を重視するアフメット・ダヴトオール（外相と首相を経験）の外交ドクトリンが，積極的仲裁外交などの政策として実現しはじめていた。このようにオバマ政権期当初，責任委譲国米国と責任請負国トルコの関係は整合的であるかに見えたが，次第にオフショア・バランシング政策の構造的問題が露呈した。そもそも責任委譲国は双務関係を想定しないため，責任請負国に対する責務を認めない。そのため委譲国は請負国を意思決定過程から排除したり，請負国の意に反する政策を取ったりすることも躊躇しない。こ

れに対し，請負国は責務履行の当然の見返りとして域内関係への自国の関与を増し，自国利害の観点から地域安定化を試みるとともに，委譲国の協力も求める。オフショア・バランシングはこのように，委譲国と請負国の間に認識上および利益上の齟齬を生み，両国関係を予想外に損ねる可能性を持つと考えられる。トルコは冷戦期においても，米国の対ソ連封じ込めにおいて責任請負国だったが，オバマ政権期に委譲国・請負国間の齟齬が特に顕著だったのは，トルコが中東地域において以前にも増して積極的，「中心」的な役割を果たしていたからであろう。

　AKP政権のこのような積極外交には，有権者の対AKPへの親近感を強める意図も読み取れる。AKPはトルコ外交の世界的「中央」への追従を見直して中東地域の「中心」としての地位を築くとともに，中東で抑圧された「周辺」の人々や国を擁護することで，トルコの「周辺」の人々の共感を得ることを試みた（Kirdiş 2015）。しかし国家関係をエリートと大衆の二項対立に見立てたポピュリスト的外交は，欧米との軋轢を生む可能性をはらんでいた（Özpek and Tanrıverdi Yaşar 2018）。そのため責任請負国としてのトルコがAKP政権の下で「周辺」の価値観と利害を対外政策にさらに反映させたことも，責任委譲国である米国の中東政策との間に齟齬を生み，委譲・請負関係に緊張をもたらした要因と見ることもできる。

　他方，トルコ外交が欧米偏重を是正したことはトルコのロシアや中東諸国との関係強化や，日本との関係進展にもつながった。日本とトルコ両国にとって，ロシアは付き合わざるをえない隣国であるという点で両国は一定の対ロシア現実主義を共有している。日本トルコ関係において，経済関係の深化は途に就いたばかりなのに対し，外交関係は長期にわたり良好である（第1章）。日本と中国の関係では，緊密な経済関係が緊張した外交関係に阻害されるのを防ぐのが政経分離だと言われる。日本とトルコの関係は，政治が経済に先行するという意味で政経独立の状況にある。第1章が指摘するように，良好な外交関係に貢献しているのは，皇室や市民社会団体の積極的な関与に加え，利害関係よりは互いの国のイメージや信頼感など価値観を柱とするソフトパワー外交である[9]。

注

(1) 2007年総選挙後に知識人らからなる委員会が起草していたトルコでは最も民主的な内容の憲法改正案もAKP保守派の反対により日の目を見なかった。

(2) 本来，議院内閣制の下での多数派安定政権確立を大義にしていた10パーセント阻止条項が，大統領制に移行後も維持されていることは別途議論されるべき問題である。

(3) 合法的，非合法的内訳は，データアクセスが可能だった2006年までについて言える。

(4) 2名の元幹部は，表面上は穏健性を装いつつも実際は指導者を頂点とするピラミッド型の秘密組織として国家機関に浸透して「平和裏に」国家を掌握する目的が1990年代半ばにギュレン派組織幹部を集めた会議で知らされたと証言している。

(5) 彼は軍部内のギュレン派の動向を把握して軍指導部に警告を発したためにギュレン派検事・判事による陰謀裁判で投獄された経験を持つ。

(6) 残る問題は，フェトゥッラー・ギュレン自身が直接命令していたか（現在は状況証拠のみ），およびギュレン派以外の同調者がどれだけいたかである（Khan 2018, 53）。

(7) PKKとの「解決プロセス」開始直後の2013年4月にメトロポール社（Metropoll）が全国規模で行った世論調査では，「PKK問題の解決方法としてどちらの方法を認めますか」との問いに対し，「政治的話し合いを続ける」との回答は3分の2（67%）に達した一方，「軍事的戦い」は33%だった。しかし「政府がオジャランと面会して続けている新たな『解決プロセス』政策を支持しますか」との問いには，過半数の51%が「支持しない」と答え，「支持する」は37%に留まった（http://www.metropoll.com.tr/arastirmalar/siyasi-arastirma-9/1729 ［2018年4月7日閲覧］）。

(8) トルコ政府とPKKのオスロでの秘密和平交渉は相互信頼不足などにより2011年に失敗に終わったが，交渉の事実がイスラーム系組織であるギュレン派によりインターネット上に暴露されると，エルドアンはPKKとの和平交渉を継続すると言明し，いわば公開での和平過程が2013年に始まった。

(9) ソフトパワーは，強制や支払いではなく魅力により求めるものを獲得する能力で，国の文化，政治的理想，政策などの魅力から生じる（Nye 2004, x）。今井（2015, 168-169）によればアフメット・ダヴトオールは外相としてトルコ外交においてソフトパワーの発揮を重視していた。

参考文献

間寧（2017）「浸透と排除——トルコにおけるクーデタ未遂とその後」『アジ研ワールド・トレンド』23：36-43。

今井宏平（2015）『中東秩序をめぐる現代トルコ外交』ミネルヴァ書房。

Çakır, Ruşen (2007) "Prof. Şerif Mardin: 'Mahalle Havası Diye Bir Şey Var Ki AKP'yi Bile Döver'", http://rusencakir.com/Prof-Serif-Mardin-Mahalle-havasi-diye-bir-sey-var-ki-AKPyi-bile-dover/749 （2018年2月2日閲覧）。

Keleş, Ahmet (2016) *Feto'nun Günah Piramidi*, Istanbul: Destek.

Khan, Mujeeb R. (2018) "The July 15th Coup: A Critical Institutional Framework for Analysis", in M. Hakan Yavuz and Bayram Balci (eds.), *Turkey's July 15th Coup: What Happened and Why*, Salt Lake City: University of Utah Press.

Kirdiş, Esen (2015) "The Role of Foreign Policy in Constructing the Party Identity of the Turkish Justice and Development Party (Akp)", *Turkish Studies*, 16(2): 178-194.

Kitschelt, Herbert, and Steven Wilkinson (2007) "Citizen-Politician Linkages: An Introduction", in Herbert Kitschelt and Steven Wilkinson (eds.), *Patrons, Clients, and Policies*, New York: Cambridge University Press.

Lacey, Jonathan (2014) ""Turkish Islam" as "Good Islam": How the Gülen Movement Exploits Discursive Opportunities in a Post-9/11 Milieu", *Journal of Muslim Minority Affairs*, 34(2): 95-110.

Mayhew, David R. (1974) *Congress*, Yale University Press.

Nye, Joseph S. (2004) *Soft Power: The Means to Success in World Politics*, 1st ed., New York: PublicAffairs.

O'Donnell, Guillermo A. (1996) "Illusions About Consolidation", *Journal of Democracy*, 7(2): 34-51.

Özpek, Burak Bilgehan, and Nebahat Tanriverdi Yaşar (2018) "Populism and Foreign Policy in Turkey under the AKP Rule", *Turkish Studies*, 19(2): 198-216.

Selvi, Abdulkadir (2017) *Darbeye Geçit Yok*, Istanbul: Doğan Kitap.

Üçok, Ahmet Zeki (2016) *Tek Başına: Hakikat Peşinde Koşanlar Yorulmazlar*, Istanbul: Doğan Egmont.

Uysal, Ayşe (2017) *Sokakta Siyaset*, Istanbul: İletişim.

Veren, Nurettin (2016) *FETO*, Istanbul: Destek.

Yavuz, M. Hakan, and Bayram Balcı (2018) *Turkey's July 15th Coup: What Happened and Why*, Salt Lake City: University of Utah Press.

あとがき

　ミネルヴァ・トルコ・プロジェクト（ミネトル＝監修の中村覚先生による略称）は，日本国内のトルコ研究者が2016年6月末の暑い日の夕方，東京の六本木に結集して始まった。最初の課題は，「シリーズ・中東政治研究の最前線」が目指す「地域研究と政治学を融合させた学術専門書」を実現するための方法を決めることだった。

　このミネトル最初の研究会で，(1)各章で扱われる政治学的テーマについてトルコの該当事例を選び出す，(2)該当事例の中で何らかの疑問を見つける，(3)疑問について政治学またはトルコ研究の先行研究でどこまで解明が進んでいるかを明らかにする，(4)解明が不十分な点に絞って，具体的証拠を用いた（実証的な）分析を行う，(5)疑問に対して，一般論的でない，該当事例についての答えを提示する，という方針が決まった。これにより，一般的知見とともに執筆者独自の分析を示せるはずである。

　言うは易く行うは難し。しかし，完成形のイメージがあると行うも易しになる（かもしれない）。先行例を探してみると，Camp, Roderic Ai (ed.), *The Oxford Handbook of Mexican Politics*, Oxford: Oxford University Press, 2012 に行き当たった。メキシコ政治の諸テーマについて，先行研究を踏まえた上で独自の分析を行い，各章が学術論文になっている。これが本書のモデルとなった。なお情勢解説は，考察対象が表層的な事象に限定されがちであるため，最小限に留めることにした。

　合計4回開催した研究会では，毎回全員が草稿を報告してコメントを受け，その後の改稿に反映させた。研究会後に穴場レストランで熟成生ビールを飲みながらトルコ談義を続けたことも懐かしい。初稿完成後には，中村先生やミネルヴァ書房の前田有美さんの丁寧かつ的確なご指摘を賜ることで刊行に至った。執筆者を代表してお2人に心よりお礼を申し上げたい。

本書刊行までを振り返ると，各章草稿の骨格が固まった頃にクーデタ未遂（2016年7月）が起き，その後も大統領制移行の憲法改正（2017年4月）や大統領・国会選挙の1年半繰り上げ決定（4月）など，事態は急進展を続けた。「24時間は政治にとって長期である」（デミレル元首相・大統領）とされるトルコらしいとも言える。トルコ政治の流動性ゆえ，本書の刊行は2018年6月24日大統領・国会選挙の後になってしまった。新制度の立ち上がりを決定づけるこの二大選挙後の状況変化についても，本書が提示した論理と実証が何らかの示唆となれば幸いである。

　2019年1月

間　寧

索　引
(＊は人名)

あ　行

アサド政権　171
＊アタテュルク　→ケマル，ムスタファ
アナトリア考古学研究所　17, 19, 31-33
アナトリアの虎　4, 14
＊安倍晋三　28
アラブの春　169
アレヴィー　127
アレヴィー・オープニング　43, 53-56, 58, 59
安全保障　18, 27
アンダードッグ効果　119, 123
イスラーム国（IS）　162, 170, 172
イスラエル　159
一党優位制　95-97, 110, 111
イラン　161
イラン革命　161
イランの核開発　167
インフラ　24, 26
＊ウォルト, S.　155
＊エジェヴィト，ビュレント　120
エジプト　159
エネルギー　24
＊エルドアン，レジェップ・タイイップ　12, 28, 55, 57, 59, 168, 179, 180, 189, 191, 194-196
エルトゥールル号（事件）　17, 18, 20, 21, 25, 27-30, 33, 35-37, 39
＊エルバカン，ネジメッティン　189
円借款　23
欧州（ヨーロッパ）　24, 29
欧州地方自治憲章　133, 140
欧州評議会　140
欧州連合（EU）　24
＊オザル，トゥルグト　19, 25, 183, 186-191,
195
＊オジャラン，アブドゥラー　179, 184, 187, 189, 190, 192-195, 224, 225
オスマン帝国　20
オバマ政権　164
＊オバマ，バラク　155
オフショア・バランサー　165
オフショア・バランシング　155, 156, 175, 176, 225, 226
恩顧主義　211, 212, 220, 225

か　行

解決プロセス　180, 192-195, 227
海上自衛隊　27, 30
化学兵器　171
拡大中東政策　163
可処分所得　206
価値観戦略　95, 97, 109, 110
関税同盟　4, 24
キプロス問題　23
義務教育　9, 14
＊ギュル，アブドゥラー　28, 30
ギュレン運動　75, 78
ギュレン派　223, 224
＊ギュレン，フェトフッラー　174
業績投票　97
共通の脅威認識　162
共和人民党（CHP）　2, 48, 57
亀裂　98
亀裂投票　97
近隣圧力　222
クーデタ　3, 7, 223, 224
クーデタ未遂事件　76, 173
＊クルチダルオール，ケマル　57
クルディスタン労働者党（PKK）　3, 50, 52,

231

58, 172, 179-196, 224, 225, 227
クルド　224
グローバル化　3, 4
軍　179, 180, 183-188, 190, 191, 195
軍事政権　8
軍事的アプローチ　182, 183, 185, 186, 188, 190, 194-196
経済成長　203
ゲズィ抗議運動　74
*ケマル, ムスタファ　48, 51
権威主義化　74, 86
健康保険　204, 205
限定的な関与　164
憲法裁判所　185
広域市法　133, 142, 146
公共改革　137
公正党（AP）　3
公正発展党（AKP）　1, 43, 47, 50, 52-59, 95, 123, 127, 128, 165, 179, 180, 182, 189-196, 219, 222, 226
功績主張　225
功績独占　225
構造的リアリズム　160
国際協力機構（JICA）　25-27, 38
国際貢献　35
国際通貨基金（IME）スタンドバイ取極　201, 204
国内移民　6, 7
国民統合　179
国連　21-23
国連安保理　21
国連軍　21
個人政党化　221, 222
コバニ　172

さ　行

サウジアラビア　159, 161
*サルトーリ, G.　95, 110
三権集中　221
三権分立　220, 221

三層外交　17, 36
*シーシー, アブドルファッターフ　171
ジェムの家（cemevi）　44, 51, 52, 55, 57-59
至福党（SP）　221
市民社会　66, 223
市民社会組織（CSO）　65, 78
社会移転　206, 210, 212
社会的亀裂　97, 111
社会的保護　205, 206, 213, 214, 225
社会扶助　204-206, 210-214
社会扶助局　211
自由解放経済政策　19
宗教教育　7
周辺　1-3, 6, 7, 219-223, 226
宗務庁　48, 51-53, 59
10パーセント阻止条項　220, 221, 227
所得分配　204, 206
シリア内戦　170
シリア難民　26
親イスラーム政党　115, 125
親クルド政党　126
新自由主義　202, 203, 205
親日　18, 35, 36
親日国　17
人民防衛隊（YPG）　172
人民民主党（HDP）　110, 180, 186, 193-196, 221
スタンドバイ取極　213
生活満足度　206
政治的アプローチ　180, 182, 186-196
聖職者養成校　8, 9, 14
政党連合　220
政府開発援助（ODA）　31, 38
責任委譲国　157, 176, 225, 226
責任請負国　155, 157, 158, 174-176, 225, 226
責任転嫁　155, 157
世俗・宗教軸　68, 81, 86
世俗主義　183, 189
選挙　221
選挙連合　221

索引

戦後　21, 34
戦略的パートナー　34
戦略的パートナーシップ　28, 35
戦略投票　118, 119, 122, 123
戦略擁立　126
祖国党（ANAP）　3, 186, 187, 189, 195
阻止条項　117-120, 125, 127, 128
ソフトパワー　226, 227
ソ連　24, 35
ソ連封じ込め　162

た 行

第一次世界大戦　20
対政権軸　68, 81, 86
大統領制　220-222
第二次世界大戦　21
＊ダヴトオール，アフメト　57, 165, 225, 227
多極共存型民主主義　45
多元的外交　6
多党化　115, 119
多文化主義　43-48, 51, 54-56, 58
多文化主義社会　43
多文化主義政策　45
多様化政策　222, 223
地域秩序の安定　166
知識人の炉辺　188
秩序を制定する役割　167
地方自治体会議　149
地方分権化　133, 137, 141, 142
＊チャムルオール，R.　53
中央　226
中央アジア　24, 29
中近東文化センター　31
中心　1-3, 7, 222, 223
中心対周辺　2, 222
中東の北層　158
朝鮮戦争　21
＊チルレル，タンス　25
定期的扶助　206
停戦　179, 184, 187, 190

デタント　162
テヘラン　28
＊デミレル，スュレイマン　25, 34
統一党（BP）　49
統一名簿　125
トルコ　159, 161, 174, 175
トルコ・イスラーム総合　7
トルコ国際協力開発庁（TİKA）　26
トルコ産業家実業家協会（TÜSİAD）　139, 140
トルコ・モデル　169
トルコ労働者党（TİP）　48
ドルマバフチェ合意　180, 193-195

な 行

日土関係　18
『日土協會會報』　36
日米同盟　18
日露戦争　20
日本　226
日本・トルコ協会　18, 21, 29-31, 33, 34, 36-39
年金制度　210

は 行

バグダード条約　161
ピヴォット戦略　159
非公式な制度化　220, 221
非合法組織　179, 181, 182
非常任理事国　21
武装闘争　179, 183-185, 189-194, 196
＊ブッシュ・ジュニア，ジョージ　156
武力闘争　180
ペルシャ湾岸　160
＊ペンペル，T. J.　96, 110
防衛　28
補完性の原理　136, 143
ポピュリスト的外交　226

233

ま行

＊マルディン，シェリフ・A.　2,222
＊ミアシャイマー，J.　155
＊三笠宮　23,31-33,37,39
　三笠宮基金奨学金　32
　三笠宮記念財団　32
　三笠宮記念庭園　31,33
　三笠宮通り　33
　ミッレト　46,58
　ミッレト制　46
　民主化　163
　民主人民党（DEHAP）　7
　民主的開放　179,180,191,194,197
　民主党（DP）　2
　民主統一党（PYD）　172,224
　民族主義者行動党（MHP）　110,115,120,122,123,220,221
　無所属候補　121,126
＊ムスリム，サリフ　172

ムスリム同胞団　170
＊ムバラク，ホスニ　169
＊ムルシー，ムハンマド　170
＊メンデレス，アドナン　22

や行

優位に振舞う政策　156

ら行

リベラリズム　160
リベラル国際主義　167
冷戦　20,24,25
＊レイン，C.　156
労働市場　204,205
ローザンヌ条約　46,47,51,52

わ行

ワシントン合意　202,203,205,213
湾岸危機　163

執筆者紹介 （執筆順，＊は編著）

＊間　寧（はざま・やすし）　**序章，第4章，第9章，終章，あとがき**
　　編著者紹介欄参照。

大曲祐子（おおまがり・ゆうこ）　**第1章**
　1970年　東京都生まれ。
　2012年　一橋大学大学院社会学研究科地球社会研究専攻博士後期課程単位取得退学。
　現　在　日本・トルコ協会事務局次長。伊藤忠商事㈱調査・情報部。
　著　作　『神の法 vs. 人の法——スカーフ論争からみる西欧とイスラームの断層』共著，日本評論社，2007年。
　　　　　『トルコを知るための53章』共著，明石書店，2012年。

柿﨑正樹（かきざき・まさき）　**第2章**
　1976年　埼玉県生まれ。
　2015年　ユタ大学大学院政治学部博士課程修了。Ph.D.（Political Science）。
　現　在　テンプル大学ジャパンキャンパス学部課程政治学科上級准教授。
　著　作　「エルドアン大統領の歴史認識——ケマリズム史観への挑戦」『中東研究』第530号，2017年。
　　　　　"The Republican People's Party and the Military in 1970s Turkey," International Journal of Turkish Studies, 19 (1/2): 57-73, 2013.
　　　　　"Anti-Iraq War Protests in Turkey: Global Networks, Coalitions, and Context," Middle Eastern Studies, 47(1): 81-99, 2011.

幸加木文（こうかき・あや）　**第3章**
　1974年　茨城県生まれ。
　2013年　東京外国語大学大学院地域文化研究科博士後期課程修了。博士（学術）。
　現　在　千葉大学大学院社会科学研究院特任研究員。
　著　作　『イスラムと近代化——共和国トルコの苦闘』共著，講談社，2013年。
　　　　　「公正発展党との非対称な対立に見るギュレン運動の変動——2010年代トルコの政治情勢の一考察」『中東研究』第521号，2014年。
　　　　　「公然化するギュレン運動の行方——2016年7月トルコのクーデタ未遂事件を機に」『中東研究』第531号，2018年。

荒井康一（あらい・こういち）**第5章**
  1978年 東京都生まれ。
  2008年 東北大学大学院環境科学研究科博士後期課程修了。博士（環境科学）。
  現　在 群馬県立女子大学非常勤講師。
  著　作 『中東・イスラーム研究概説──政治学・経済学・社会学・地域研究のテーマと理論』共著，明石書店，2017年。
        「トルコ東部における動員的投票行動の計量分析──『近代化論』と『エスニシティ論』の再検討」『日本中東学会年報』第24巻2号，2009年。
        「トルコにおける親イスラーム政党の成功と今後の課題──AKP中道化の背景とゲズィ抗議運動の意味」『中東研究』第519号，2014年。

山口　整（やまぐち・せい）**第6章**
  1971年 兵庫県生まれ。
  1997年 京都大学大学院文学研究科修士課程修了。修士（西南アジア史学）。
  2018年 神戸大学大学院国際文化学研究科博士前期課程修了。修士（国際関係・比較政治論）。
  著　作 『変貌するアジアと日本の選択──グローバル化経済のうねりを越えて』共著，昭和堂，2012年。

今井宏平（いまい・こうへい）**第7章**
  1981年 長野県生まれ。
  2011年 中東工科大学（トルコ）大学院国際関係学研究科博士課程修了。Ph.D.（International Relations）。
  2013年 中央大学大学院法学研究科政治学専攻博士後期課程修了。博士（政治学）。
  現　在 日本貿易振興機構アジア経済研究所研究員。
  著　作 『中東秩序をめぐる現代トルコ外交──平和と安定の模索』ミネルヴァ書房，2015年。
        『国際政治理論の射程と限界──分析ツールの理解に向けて』中央大学出版部，2017年。
        『トルコ現代史──オスマン帝国崩壊からエルドアンの時代まで』中央公論新社，2017年。

岩坂将充（いわさか・まさみち）**第8章**
  1978年 徳島県生まれ。
  2007年 ビルケント大学大学院経済社会科学研究科政治学専攻博士課程単位取得退学，上智大学大学院外国語学研究科地域研究専攻博士後期課程満期退学。
  2011年 博士（地域研究）（上智大学）。
  現　在 北海学園大学法学部政治学科准教授。
  著　作 「議院内閣制における政治の『大統領制化』──トルコ・エルドアン体制と大統領権限の強化」『日本比較政治学会年報』第18号，2016年。
        「トルコにおける政軍関係と分断構造」『日本比較政治学会年報』第20号，2018年。
        「固定化する分断──2018年トルコ議会選挙の分析から」『中東研究』第533号，2018年。

《監修者紹介》

中村　覚（なかむら・さとる）
　1970年　北海道生まれ。
　2002年　東北大学大学院国際文化研究科博士後期課程修了。博士（国際文化）。
　現　在　神戸大学大学院国際文化学研究科教授。
　著　作　*Challenge of Qatar and Japan to Build Multilayered Relations*, Doha: Qatar University, 2016.
　　　　　Conflict Resolution and Creation of a Security Community in the Gulf Region, 共著, Berlin: Gerlach Press, 2017.
　　　　　『中東の予防外交』共編著, 信山社, 2012年。

《編著者紹介》

間　寧（はざま・やすし）
　1961年　神奈川県生まれ。
　2004年　ビルケント大学政治学研究科博士課程修了。博士（政治学）。
　現　在　日本貿易振興機構アジア経済研究所中東研究グループ長。
　著　作　『後退する民主主義，強化される権威主義——最良の政治制度とは何か』共著, ミネルヴァ書房, 2018年。
　　　　　『「ポピュリズム」の政治学——深まる政治社会の亀裂と権威主義化』共著, 国際書院, 2018年。
　　　　　"Economic and corruption voting in a predominant party system: The case of Turkey," *Acta Politica*, 53(1), January 2018.

シリーズ・中東政治研究の最前線①	
トルコ	

2019年6月10日　初版第1刷発行　　〈検印省略〉

定価はカバーに表示しています

監修者	中　村　　　覚
編著者	間　　　　　寧
発行者	杉　田　啓　三
印刷者	田　中　雅　博

発行所　株式会社　ミネルヴァ書房
　　　　607-8494　京都市山科区日ノ岡堤谷町1
　　　　電話代表　(075)581-5191
　　　　振替口座　01020-0-8076

©中村・間ほか, 2019　　創栄図書印刷・新生製本

ISBN978-4-623-08519-4
Printed in Japan

今井宏平 著
中東秩序をめぐる現代トルコ外交
——平和と安定の模索
A 5・400頁
本体 8000円

川中　豪 編著
後退する民主主義，強化される権威主義
——最良の政治制度とは何か
A 5・272頁
本体 5000円

髙岡　豊・溝渕正季 編著
「アラブの春」以後のイスラーム主義運動
A 5・336頁
本体 3500円

松尾昌樹・岡野内　正・吉川卓郎 編著
中東の新たな秩序
A 5・362頁
本体 3800円

足立研幾 編著
セキュリティ・ガヴァナンス論の脱西欧化と再構築
A 5・312頁
本体 5500円

河村有介 著
アラブ権威主義国家における再分配の政治
——エジプト福祉レジームの変容と経路依存性
A 5・244頁
本体 6500円

日本比較政治学会 編
分断社会の比較政治学
A 5・240頁
本体 3000円

日本比較政治学会 編
執政制度の比較政治学
A 5・276頁
本体 3000円

日本比較政治学会 編
体制転換／非転換の比較政治
A 5・250頁
本体 3000円

——ミネルヴァ書房——
http://www.minervashobo.co.jp/